KB178668

김명호 | 중국인 이야기 **9**

김명호 | 중국인 이야기 ⁹

한길사

중국인 이야기 ❾

지은이 김명호
펴낸이 김언호

펴낸곳 (주)도서출판 한길사
등록 1976년 12월 24일 제74호
주소 10881 경기도 파주시 광인사길 37
홈페이지 www.hangilsa.co.kr
전자우편 hangilsa@hangilsa.co.kr
전화 031-955-2000~3 **팩스** 031-955-2005

부사장 박관순 **총괄이사** 김서영 **관리이사** 곽명호
영업이사 이경호 **경영이사** 김관영 **편집주간** 백은숙
편집 박희진 노유연 이한민 박홍민 김영길 최창근
관리 이주환 문주상 이희문 원선아 이진아 **마케팅** 정아린
디자인 창포 031-955-2097
CTP출력 및 인쇄제책 예림

제1판 제1쇄 2022년 5월 10일
제1판 제2쇄 2023년 5월 10일

값 19,000원
ISBN 978-89-356-7654-5 04900
ISBN 978-89-356-6212-8 (세트)

● 잘못 만들어진 책은 구입하신 서점에서 바꿔드립니다.

"우리는 인민에 의지했지만 옛 친구 장제스는
미국에 너무 의존했다.
지금은 나보다 미국을 더 원망할 것이 분명하다.
미국은 약한 자는 버린다."

■마오쩌둥

중국인 이야기 ❾

일러두기

중국어 인명·지명 등 고유명사는 외래어표기법 '주음부호와 한글대조표', 중국어 사전의 '병음·주음 자모대조표'에 근거해 표기했다. 20세기 이전 생몰의 인명, 잡지와 신문명, 좀더 친숙하거나 뜻을 잘 드러내는 일부 용어는 우리말 한자 독음으로 읽었다.

예) 쩡궈판 → 증국번, 런민르바오 → 인민일보, 이허위안 → 이화원,
     톈안먼 → 천안문, 쯔진청 → 자금성, 타이허뎬 → 태화전

동북의 건설자들 *1*

"지금 동3성은 어딜 가나 일본인들이 널려 있다.
일본을 적당히 이용하고, 이용당할 생각이다.
일본에 배울 것은 배우되 농락당하지는 마라.
여기 권총과 실탄이 있다. 필요할 때 써라.
시간이 없다. 서둘러라.
소리만 요란하고 질질 끌면 실패한다."

만주의 조용한 개혁자

"나는 청나라를 위해 일하고, 밥을 먹었다.
청조의 역사를 내 손으로 편찬하게 해주기 바란다."

개혁은 다름 아닌 인재 양성

청(淸) 제국 멸망 17년 후인 1927년 9월 3일, 83세의 노인이 베이징(北京)에서 세상을 떠났다. 전국 언론매체가 마지막 만주(당시는 동3성) 총독 자오얼쉰(趙爾巽)의 사망을 연일 대문짝만하게 다뤘다. 북벌군 사령관 장제스(蔣介石)의 군사정변과 중국 공산당의 첫 번째 무장폭동으로 온 중국에 화약 냄새와 피비린내가 진동할 때였다. 선양(瀋陽)에 20여 년간 거주했던 영국 선교사가 훗날 구술을 남겼다.

"자오얼쉰은 의지가 강하고 겸허했다. 완급을 조절할 줄 아는 정치적 안목도 뛰어났다. 인민의 이익을 보호하기 위해 버릴 건 버리고 취할 건 취했다. 총독은 개혁이라는 말을 입에 올린 적이 없다. 여러 번 만났어도 딱 한 번, 개혁은 2년 안에 끝내지 않으면 실패한다는 말 외에는 들어본 적이 없다. 지금 생각해보니 자오의 개혁은 사람 발굴과 인재 양성의 기반 구축이었다. 사망 소식이 퍼지자 6만여 명이 거리를 메운 선양의 반일시위도 이틀간

러·일전쟁 발발 전인 1903년 가을, 랴오둥반도의 끝자락
뤼순(旅順)을 방문한 자오얼쉰(앞줄 오른쪽 둘째).
자오얼쉰 왼쪽은 동생 자오얼펑.

중지됐다. 나도 신만주 건설의 초석을 놓은 총독을 애도하며 눈물을 흘렸다."

자오얼쉰은 공직자들에게 진보, 효율, 절약을 강조했다. 표준에서 어긋나면 가차 없이 처벌했다. 연로하고, 외국 유학도 거치지 않고, 외국어도 할 줄 모르는, 유교(儒敎)의 세례를 받은 총독이었다. 혁명파들의 조정 전복 활동을 엄하게 다뤘지만, 완고하지 않았다. 중국에 필요한 것을 정확히 알고 있었고, 만주의 개혁도 조용하게 점진적으로 추진했다. 재정이 확보되자 학교부터 세우고 해외 유학을 장려했다. 2년간 2,700명 이상의 준재들을 독일, 영국, 일본, 미국에 보낸 공은 말살될 수 없다. 마적(馬賊) 장쭤린(張作霖)을 정부군에 편입시킨 모험도 자오얼쉰이 아니면 불가능했다. 장쭤린의 아들 장쉐량(張學良)이 말년에 이런 구술을 남겼다.

"아버지는 삶과 죽음을 동일시하는 사람이었다. 아무도 무서워하지 않았다. 자오얼쉰만은 예외였다. 말만 나와도 긴장했다. 인사 갈 때 따라간 적이 있었다. 작고 조용해 보이는 노인 앞에서 어찌나 진땀 흘리며 눈치 보는지 웃겨 죽는 줄 알았다."

서태후도 인정한 산둥의 명문 집안

1905년, 일본이 러·일전쟁에서 승리했다. 청 제국의 실권자 서태후(西太后)는 일본의 군사력이 얼마나 위협적인지 실감했다. 교전국은 아니었지만, 10년 전 일본에 패했을 때보다 충격이 더 컸다. 주전장이 제국의 발상지 만주, 특히 랴오둥(遼東)반도였기 때문이다. 당시 만주는 농업 생산력이 높지 않았다. 랴오둥반도는 예외였다. 기후, 토양, 지형 등 지리적 조건이 다른 곳에 비해 월등했다. 의화단 사건의 여파로 한 차례 홍역을 치르고 러·일전쟁을 계기로 철저히 파괴됐다. 세수(稅收)가 줄어들고 약탈이 빈발했다.

서태후는 만주에 파견할 사람을 물색했다. 산시(山西), 후난(湖南) 두 성(省)의 신정(新政)을 성공적으로 이끈 호부상서 자오얼쉰 외에는 대안이 없었다. 만주총독 격인 성징장군(盛京將軍)에 봉했다.

"만주는 황실의 발원지다. 네 모친처럼 교육에 힘써라. 교육만 제대로 하면 다른 난제는 저절로 해결된다."

서태후는 자오의 집안 내력을 잘 알고 있었다.

자오얼쉰의 집안은 66년이라는 짧은 기간 동안 6명의 대과 급제자(進士)를 배출한 산둥(山東)의 명문이었다. 주목은 조부 때부터 받았다. 할아버지와 작은할아버지가 진사였고 아버지도 진사였다. 아버지는 운이 없었다. 비적 토벌 나갔다 포위되자 스스로 목숨을 끊었다. 순절(殉節)했다고 주변에서 호들갑을 떨었지만 잠시였다. 가세가 기울자 종이 살 돈도 없었다. 아들 네 명을 모친이 직접 교육했다. 세 명이 대과에 급제하자 "이제야 지하에 있는 남편 볼 면목이 있다. 만나서 큰소리 치러 가겠다"는 유서 남기고 음독했다.

자녀들은 모친의 어처구니없는 행동에 어이가 없었다. 슬프다고 곡(哭)해야 하는 건지 뭔지 갈피를 잡지 못했다. 1,000년간 면면히 이어온 과거에서 진사는 10만 명에 불과했다. 당대의 진사 세 명이 머리를 짜내도 비석에 뭐라고 써야 할지조차 결론을 못 냈다. 이럴 땐 과거엔 낙방했어도 장남이 제일이었다. "기이한 엄마의 땅"이라며 '기모지'(奇母地) 석 자를 일필휘지하자 동생들도 무릎을 쳤다. 지금도 산둥성 타이안(泰安)에 가면, 침착하고 억셌지만 차남 얼쉰과 3남 얼펑(爾豊)이 총독 되는 건 보지도 못하고 남편 만나러 간 성격 급한 부인의 묘를 만날 수 있다.

만주는 중앙의 통제가 느슨했다. 상인들은 중앙은행 화폐보다 루블화나 엔화를 선호했다. 성징장군 자오얼쉰은 새로운 화폐를 선보였다. 상인들의 반발이 빗발쳤다. 자오는 자본가와 지주 180여 명을 잡아들였다. 17명의 목이 땅에 떨어지자 효과가 있었다. 상인들이 외국돈 들고 은행으로 몰려왔다. 도시 농촌 할 것 없이 신식학교도 닥치는 대로 세웠다. 엉터리 교사들은 농사나 지으라고 교단에서 끌어내렸다. 치안이 문제였다. 치안대는 도둑놈 소굴보다 더했다. 마적 두목 장쭤린을 회유하기로 작심했다. 기상천외한 일이 벌어졌다.

마적들의 말을 치료한 젊은 수의사

1626년, 후금(後金)의 칸 누르하치(努爾哈赤)가 선양에서 세상을 떠났다. 8년 후 아들 황타이지(皇太極)가 부족들을 평정했다. 선양을 '성징'(盛京)이라 높여 부르고 천제(天祭)를 올렸다. 청 제국을 선포하고 여러 부족의 족칭(族稱)도 만주족으로 통일시켰다. 황타이지 사후 푸린(福臨)이 황위를 이었다. 베이징으로 천도한 순치제(順治帝) 푸린은 성징을 펑톈부(奉天府)로 승격시켰다. 만주 전역(동3성)의 군·정을 총괄할 성징장군을 파견했다.

1907년 흠차대신을 총독으로 보내기 전까지 92명의 성징장군이 만주에 군림했다. 자오얼쉰은 마지막 성징장군이었다. 만주와의 인연은 성징장군으로 끝나지 않았다. 최후의 동3성 총독 겸 흠차대신도 2년간 역임했다. 장쭤린과의 인연은 총독 시절부터 시작됐다.

장쭤린은 일본 군함 운요호(雲揚號)가 강화도를 집적거리기 6개월 전인 1875년 3월 랴오닝(遼寧)성 하이청(海城)의 극빈 가정에서 태어났다. 부친은 도박을 좋아했다. 놀음판 기웃거릴 때마다 아들을 데리고 갔다. "도박은 규정이 엄하다. 무슨 일을 하건 도박처럼 규정을 잘 지켜야 한다"며 어린 장쭤린을 교육시켰지만, 본인은 꼼수 부리다 맞아 죽었다. 모친은 수의사와 재혼했다. 도박꾼 아버지도 없는 것보단 있는 게 나았다. 장쭤린은 1년 남짓 다니던 사숙(私塾)과 발길을 끊었다. 그냥 다니라는 선생의 만류를 뒤로했다. 훗날 동북왕(東北王) 장쭤린은 사숙 선생 탕징전(湯景鎭)에게 장남 장쉐량의 유아교육을 맡겼다. 실력은 아무래도 좋았다. 한번 맺은 인연이 더 소중했다.

12세 소년 장쭤린은 찐빵 장수로 사회에 얼굴을 내밀었다. 치안대원들이 오다가다 집어먹는 바람에 본전만 날려버렸다. 봇짐장수도 재미를 못 봤다. 남의 집에서 돼지 뒷바라지하며 밥을 먹었다. 장쭤린이 키운 돼지는 살찌는 속도가 느렸다. 늦게 죽으려고 약아

장쭤린은 1912년 3월부터 1928년 말까지 집권한
중화민국 북양정부의 마지막 국가원수였다.
총통보다는 대원수 직함을 좋아했다. 1928년 1월 자금성.

빠지게 만들어놨다는 이유로 주인에게 쫓겨났다.

　장쭤린은 갈 곳이 없었다. 3일간 모친이 사는 곳까지 걸어갔다. 모친의 새 남편은 말(馬) 치료가 전문이었다. 새로 맞이한 부인의 아들에게 치료법을 가르쳤다. 인근에 3대째 내려오는 녹림(綠林) 두목이 있었다. 녹림은 도적의 존칭이었다. 두목의 애마가 중병에 걸렸다. 장쭤린이 치료를 자청했다. 1주일 만에 완치시키자 녹림들 사이에 소문이 퍼졌다. 마적과 토비(土匪)들이 다친 말 끌고 장쭤린의 진료실 앞에 줄을 섰다. 마적들은 사육과 기마술까지 뛰어난 젊은 수의사를 좋아했다. 왕래가 빈번했다.

자오얼쉰 밑으로 들어간 마적 장쭤린

　청·일전쟁이 발발하자 장쭤린은 종군했다. 패잔병으로 돌아왔지만 세상 이치에는 눈을 떴다. 도박장과 유흥업소 전전하며 자신의 전공(戰功)을 늘어놨다. 과장술이 어찌나 뛰어났던지 지주 자오잔위안(趙占元)이 사위로 삼겠다고 나섰다. 전쟁에 승리한 일본군의 행패가 도를 넘었다. 주민들은 "러시아 곰들이 떠난 자리에 일본 원숭이들이 몰려들었다"며 불만을 감추지 않았다. 공권력이 느슨해지자 토비나 마적들의 극성도 더 심해졌다. 주민들은 보호책을 강구했다. 무기를 구입하고 마적들을 고용했다. 명칭은 보험대(保險隊)였다. 자오잔위안은 사위 장쭤린에게 보험대를 조직해보라고 권유했다. 장쭤린은 장인이 출자한 돈으로 20여 명을 무장시켰다. 이웃 마을의 유력 인사들을 부지런히 찾아다니며 설득했다. 다들 장쭤린의 화려한 언사에 귀가 솔깃했다. 장쭤린은 순식간에

7개 촌락을 하나로 묶은 보험구를 출범시켰다. 마적 입문이나 다름 없었다.

장쭤린의 보험대는 보험구 안전에 안주하지 않았다. 틈만 나면 다른 보험구를 습격해 세력을 넓혔다. 만주국 국무총리를 역임한 장징후이(張景惠)는 원래 두부장수였다. 회고를 소개한다.

"토비나 녹림은 제법 규모가 있는 도적집단이었다. 일본인들은 보험대와 토비를 혼동했다. 녹림까지 통틀어 마적이라고 불렀다. 내가 이끌던 보험대는 100여 명가량이었다. 하루는 장쭤린이 우리 구역을 방문했다. 준수한 용모에 해학이 넘쳤다. 나는 군말 없이 고개를 숙였다. 두목 자리를 내주고 부두목으로 내려앉았다. 장쭤린은 화나면 국물도 없었다. 투항하러 온 두리싼(杜立三)과 부하들을 몰살했다."

1911년 6월 동3성 총독으로 부임한 흠차대신 자오얼쉰은 장쭤린을 제거하기로 결심했다. 군량미 탈취와 관병 살상이 이유였다. 측근 주칭란(朱慶瀾)에게 지시했다.

"직접 가서 체포해라."

장쭤린은 명사수였다. 관복 입고 나타난 주칭란의 관모에 달린 수술을 한 방에 날려버렸다. 자오얼쉰은 장쭤린의 대담한 반응에 혀를 내둘렀다. 생각을 바꿨다. 특사 편에 투항을 권유하는 서신을 보냈다.

"헤이산(黑山)에서 만나 방법을 논의하자."

장쭤린에게 혼쭐이 났던 주칭란(무릎에 중절모)은 중국 국가
의용군행진곡의 명명자였다. 한국 독립운동가들을 지원한 공으로
1968년 우리 정부로부터 건국공로훈장을 받았다.
불교 문물 보호에도 힘썼다.
2019년 3월 29일 충칭에서 열린 광복군총사령부 복원식에서
이낙연 국무총리는 주칭란의 자녀들에게 감사를 표했다.
1937년 봄 파먼사(法門寺).

장쭤린은 유인이라고 의심했다. 특사에게 엉뚱한 조건을 제시했다.

"복통으로 귀순하러 갈 수가 없다. 방법이 있다. 내일 새벽에 닭 혀로 속을 채운 만두 50개 먹으면 통증이 완화된다."

자오얼쉰은 장쭤린을 살리기로 작정했다. 당장 조치하라고 지시했다. 이튿날 새벽, 닭 혓바닥 만두 50개를 받은 장쭤린은 감동했다. 수갑과 족쇄를 차고 자오얼쉰 앞에 나타나 벌을 청하며 무릎을 꿇었다. 자오얼쉰은 계단을 내려가 17년 후의 국가원수를 일으켜 세웠다. 몇 개월 후 벌어질 엄청난 사건을 예고하는 만화 같은 장면이었다.

마적으로 마적을 제압하다

만주에서 마적은 묘한 직업이었다. 부업인 사람도 있었지만 본업이 더 많았다. 농가나 상가에 자금유통이 빈번한 가을에서 이듬해 2월까지가 대목이었다. 봄바람이 불면 두목은 부하들에게 수입을 분배하고 초가을까지 휴식에 들어갔다. 쉬는 기간 마적들은 부업을 찾았다. 노동이나 음식점 종업원, 지주 집안 잡무 처리, 사창가 심부름꾼 등 하는 일도 각양각색이었다. 교사나 경찰도 있었다.

2년 전 타계한 하얼빈(哈爾賓) 출신 대만 작가 리아오(李敖)의 회고를 소개한다.

"우리 할아버지는 어렸을 때 엄마 손 잡고 구걸 다녔다. 열세 살 때 먹고살기 위해 만주로 이주했다. 60년간 마부, 노동자, 농민, 딱딱이(야경꾼), 묘지기, 토비, 경찰, 금은방 주인을 했다. 장비(張飛)가 즐겨 쓰던 장팔사모(丈八蛇矛) 비슷한 무기 들고 가끔 몇 달씩 없어졌다 나타났다고 들었다. 나이 들어 생각해보니 전형적인 마적이었다."

할머니에게 들은 장쮀린에 관한 얘기도 빠뜨리지 않았다.

"장쮀린은 1896년 토비에 투신했다. 작은 키에 체격도 부실하다 보니 두목의 관심을 끌지 못했다. 인질 감시만 시켰다. 여자 인질은 돈 들고 찾으러 오지 않으면 죽여버리거나 두목이 데리고 살았다. 장쮀린은 천성이 나쁘지 않았다. 여자까지 인질로 삼는 것 보고 토비 생활을 걷어치웠다. 마적에서 출발해 만주를 휘어잡고 천하에 군림하기까지 장인과 부인의 도움이 컸다."

마적들은 가정 이루기가 불가능했다. 부업에 종사하는 동안 결혼하는 경우도 있었지만 극소수였다. 부인들은 남편의 본업이 뭔지를 잘 몰랐다. 실종되거나 불행한 일이 발생해야 짐작할 정도였다. 남편이 없어지면 할 수 있는 일이 두 가지였다. 간 큰 여인들은 해 질 무렵 진한 화장하고 나갔다가 새벽이슬 맞으며 돌아왔다. 평범한 아낙들은 개나리꽃 피기 기다리는 것 외에는 방법이 없었다. 장쮀린은 장인이 지주였다. 집안 걱정할 필요가 없었다. 만주 총독 자오얼쉰은 장쮀린의 남다른 환경을 높이 샀다.

자오얼쉰의 통치방법은 마적을 이용해 마적을 제압하는, 이마제

마(以馬制馬)였다. 장쭤린의 귀순도 처음에는 반신반의했다. 충심을 시험할 필요가 있었다. 귀순 1개월 후, 토비 토벌을 지시했다. 장쭤린은 마적 시절 자신에게 허리를 굽힌 장징후이, 장쭤샹(張作相), 탕위린(湯玉麟)까지 귀순시키고 나서야 시험에 통과했다. 부하가 늘어나자 밑으로 오겠다는 마적 두목들이 늘어났다. 장쭤린은 치밀했다. 무장을 해제하고 오는 마적들만 받아줬다. 순식간에 병력이 늘어나자 자오얼쉰은 장쭤린의 보험대에 경찰과 동등한 권한을 부여했다.

당시 만주의 마적집단은 진서우산(金壽山), 펑더린(馮德麟), 두리싼의 세력이 가장 강했다. 장쭤린의 귀순으로 만주의 마적세계는 긴장했다. 일본과 가까웠던 펑더린도 자오얼쉰에게 귀순을 타진했다. 조건이 까다로웠다.

"매월 기밀비 1만 냥을 지급해라. 병력의 제한을 두지 마라. 지도와 감독은 받아들일 수 없다."

자오얼쉰은 강경했다.

"병력을 감축하고 기병대를 보병대로 개편해라. 감독할 관원 파견을 수용해라. 기밀비 지급은 동의한다. 단, 세금 징수권은 줄 수 없다. 관군으로 임용한 후 모든 직무는 성징장군이 결정한다."

일본이 중재에 나서자 자오얼쉰은 마지못한 듯이 펑더린의 요구를 받아들였다. 펑더린은 장쭤린보다 일곱 살 위였다. 서로 호형호제하면서도 만날 때마다 긴장했다. 주머니에 숨긴 권총을 만지작거렸다. 은퇴 후 교육사업에 투신하다 세상도 일찍 떠났다. 장쭤린은 펑더린의 자녀들을 친자식처럼 챙겼다. 장쉐량과 동갑인 펑더린의 장남이 세운 대학에 거금을 지원했다.

진서우산의 귀순 과정은 장쭤린이나 펑더린에 비해 상세한 기록은 없지만 귀순 후에도 악행을 멈추지 않았다. 만주에 진출한 일본 기녀들에게만 인기가 있었다. 관비(官匪) 토벌이라는 기상천외한 명분을 내건 장쭤린에게 살해당했다는 것이 정설이다. 두리싼은 러·일전쟁 때 러시아 편을 드는 바람에 귀순할 기회를 놓쳤다. 랴오허(遼河) 양안에 거대한 세력을 형성해 마상황제(馬上皇帝) 소리 즐기는 것도 잠깐, 장쭤린의 계략에 넘어가 목숨을 부지하지 못했다.

1911년 10월 10일, 후베이(湖北)성 우창(武昌)에서 혁명군이 들고일어났다. 1개월 후 14개 성이 독립을 선포했다. 만주도 들썩거렸다. 헤이룽장(黑龍江)성 순시 중이던 총독 자오얼쉰은 혁명 소식을 접하자 펑톈으로 돌아올 준비를 서둘렀다. 측근들이 반대하자 찻잔을 집어던졌다.

"혁명은 적의 최고 지도자가 도망가면 성공한다. 동3성은 청 황실의 발상지다. 나는 청나라의 녹을 먹은 사람이다. 반역자들을 처단할 의무가 있다. 장쭤린에게 전보를 보내라."

펑톈 교외에 대기하던 장쭤린의 대병력을 사열한 자오얼쉰은 흐뭇했다. 엄청난 지시를 했다.

"만주의 군 통솔권을 네게 일임한다. 혁명파들을 소탕해라."

이 한 마디는 만주에 새로운 권력자의 출현을 예고하고도 남았다. 장쭤린은 평소 못마땅했던 마적 출신들까지 포함해 2,000여 명을 저승으로 보냈다.

1933년 2월, 러허(熱河)를 시찰 나온 행정원장 쑹쯔원과 만주의 수뇌들.
앞줄 오른쪽부터 탕위린, 쑹쯔원, 장쉐량, 장쭤샹.

청 제국의 발상지 만주를 탐내다

청 태조 누르하치는 몽골 여인을 황후와 황비로 맞아들였다. 순전히 정치적인 이유였다. 태종 황타이지는 더 심했다. 일후사비(一后四妃), 황후와 4명의 황비가 모두 몽골 여인이었다. 그것도 칭기즈칸의 후예인 황금가족 집안 자매들이었다. 명나라 숭정(崇禎) 8년, 후금 천총(天聰) 9년, 도르곤(多爾袞)이 지휘하는 원정군이 몽고의 차하르(察哈爾)에서 생각지도 않았던 보물을 손에 넣었다.

보통 보물이 아니었다. 전승되는 일화를 소개한다.

"한(漢)나라에서 몽골족이 세운 원(元)나라까지 황제를 상징하는 옥새였다. 원나라 말기 주원장(朱元璋)이 파견한 서달(徐達)의 대군이 대도 연경(燕京, 지금의 베이징)을 점령했다. 원의 마지막 황제 순제(順帝)는 옥새를 끼고 북쪽으로 도망쳤다. 200년 후, 목동이 이상한 양을 발견했다. 3일간 한자리에 쭈그려 앉아 풀을 먹지 않았다. 땅을 파보니 옥새가 있었다. 훗날 이 보물은 차하르 칸의 수중에 들어갔다. 칸 사후 옥새를 보관하던 태후는 아들과 함께 귀순을 결심했다. 옥새를 황타이지에게 헌납했다. 황타이지는 천하를 얻은 기분이었다. 이듬해(1636년) 4월, 선양에서 황제 즉위식을 했다. 만주라는 족명을 처음 사용하고 국호도 대청(大淸)으로 바꿨다. 동시에 몽골 여인 5명을 황후와 황비로 책봉했다."

당시 중국에는 명, 만주, 몽골 3대 정치세력이 있었다. 명나라의 강력한 상대는 만주였다. 몽골은 명과 만주의 쟁취 대상이었다. 만주와 몽고는 생활이나 습관, 언어, 종교 등이 같거나 비슷했다. 만·몽연맹이 수월했다. 황타이지가 조선을 침략했을 때도 몽골은 병력이 빈 만주 땅에 발을 들여놓지 않았다.

20세기 초 비슷한 일이 또 벌어졌다. 청의 세력이 약화되자 러시아와 일본이 만주를 집적거렸다. 만주는 청 제국의 발상지였다. 베이징 입성 후 만주를 성역화했다. 만주족의 혈통을 보존하기 위해 한족의 이주를 금지했다. 비옥한 땅에 상주 인구가 적다 보니 천국이 따로 없었다.

국력이 약해지자 단속이 느슨해졌다. 한족들이 만주로 몰려들기 시작했다. 200여 년간 놀고먹던 만주인들은 생활력이 약했다. 먹고살기 위해 목숨 걸고 이주한 한족들의 상대가 안 됐다.

총독에서 물러나 청사고 편찬에 매진

장쭤린도 할아버지 때 허베이(河北)성 다청(大城)에서 굶어 죽기 싫어 만주로 이주한 이민의 후예였다. 성도 장씨가 아니었다. 장남 장쉐량의 구술을 소개한다.

"우리 성은 원래 리(李)지 장(張)이 아니었다. 고조할아버지 때 장씨 집안 여자가 우리 집안에 시집와서 아들을 낳았다. 친정에 대를 이을 아들이 없자 머리를 썼다. 남편 들들 볶고 시아버지에게 이상한 수작도 걸었다. 결국 미친 여자라며 쫓겨났다. 정신 나간 여자 몸에서 나온 애라며 자식까지 들판에 버리자 냉큼 안

1926년 4월 베이징의 기업과 금융기관 연합회는 임시치안회를 조직,
장쭤린의 입경을 권하기로 합의했다. 앞줄 오른쪽 여섯째가 자오얼쉰.

고 친정으로 갔다. 이씨 집안은 여자라면 진절머리를 쳤다. 재취를 들이지 않았다. 결국 대가 끊겼다. 부친에게 장남인 나라도 원래의 성을 찾겠다고 한 적이 있었다. 아버지는 맘대로 하라고 하더니 엉뚱한 말을 했다. 이미 지난 일 어쩔 수 없다. 성이 장가건 뭐건, 내 자식이면 그만이다. 중국엔 우리 할머니 같은 대단한 여인들이 많다. 그런 일 막으려면 부인이 많아야 한다고 했다."

동3성 총독 자오얼쉰은 혁명파를 제압한 장쭤린을 중용했다. 장쭤린은 지혜로웠다. 혁명세력을 무자비하게 진압했지만 한 번에 그쳤다. 뿌리째 뽑는 것이 불가능하다는 사실을 깨닫자 새로 잠입한 혁명세력들과 원만한 관계를 유지했다. 혁명파들도 다른 성처럼 독립을 고집하지 않았다.

위안스카이(袁世凱)도 장쭤린을 눈여겨보기 시작했다. 자오얼쉰과 위안스카이의 조력으로 장쭤린은 승승장구했다. 1912년 청나라가 완전히 멸망했다. 중화민국이 수립되고 위안스카이가 총통에 취임하자 자오얼쉰은 총독에서 물러났다. 칭다오(靑島)에 은거하며 만·몽연합으로 복벽(復辟)을 도모했다.

총통 위안스카이는 기용할 명망가들을 물색했다. 자오얼쉰에게도 요직을 권했지만 거절당했다.

"나는 청나라의 신하였다. 칭다오를 수양산(首陽山)으로 알고 백이·숙제 흉내나 내겠다."

국사관(國史館) 관장직은 수락했다. 조건이 있었다.

"나는 청조(淸朝)의 관리였다. 청나라를 위해 일하고, 밥을 먹었다. 청조의 역사를 내 손으로 편찬하게 해주기 바란다."

자오얼쉰은 1927년 83세로 세상을 떠날 때까지, 15년간 '청사고'(清史稿) 편찬에 매달렸다. 자오얼쉰은 기력이 왕성했다. 나이 70에 셋째 부인 사이에서 첫아들을 봤다. 아들이 크면 만주의 왕이나 다름없는 장쭤린의 딸을 며느리로 삼고 싶었다. 장쭤린에게 편지를 보냈다. 거절하는 답장이 올 줄은 상상도 못 했다. 이유가 분명했다.

북양정부의 마지막 집권자

"사생결단은 미련한 것들이 하는 짓이다.
정전을 논의할 때가 되었다."

전쟁의 불안감 없애줄 새로운 동북왕

중화민국은 북양정부와 국민정부의 통칭이다. 북양정부는 1912년
에 집권한 위안스카이가 이듬해 10월 6일 초대 대총통에 선출되면
서 출범한 청나라 멸망 후 최초의 합법적인 중국정부였다. 주축은
위안스카이가 배출한 북양군벌이었다. 북양정부는 장제스의 북벌
군에게 멸망하기까지 4단계를 거쳤다.

설립자 위안스카이 사망 후 돤치루이(段祺瑞)와 우페이푸(吳佩
孚)가 장악한 완(晥)파와 즈(直)파가 4년씩 정국을 주도했다. 돤치
루이와 우페이푸는 북양군벌의 적자(嫡子)였다. 출신성분도 좋았
다. 돤은 리훙장(李鴻章)이 톈진(天津)에 설립한 군사교육기관인
북양무비학당(北洋武備學堂) 1기생이었다. 졸업 성적도 1등이고 독
일에서 포병 교육까지 받았다. 리훙장이 "배움에 지친 적이 없고
민첩하다"며 엉덩이를 두드려줄 정도였다. 우페이푸는 수재였다.
열두 살 때 사서오경(四書五經)을 한 자도 틀리지 않고 암송했다.
집안이 가난해 먹고살기 위해 군복을 입었다.

북양정부의 마지막 집권자 장쭤린은 돤치루이나 우페이푸와 달

랐다. 배운 것도 없고, 마적 출신이다 보니 북양정부와 연줄이 없었다. 펑톈의 혁명세력을 진압한 공으로 펑톈성의 군정을 장악한 후에도 위안스카이를 만날 기회가 없었다. 1912년 임시 대총통 명의로 보내온 육군 중장 계급장과 27사단장에 임명한다는 종이 한 장이 다였다. 1년 후 위안스카이가 장쭤린을 베이징으로 불렀다. 때가 되면 관직을 높여주겠다는 암시만 하고 돌려보냈다.

위안스카이는 의심이 많았다. 한동안 장쭤린을 갖고 놀았다. 측근을 펑톈장군(奉天將軍) 겸 동3성 절제사에 임명했다. 장쭤린은 미련하지 않았다. 새로 부임한 위안의 측근도 장씨였다. "500년 전 우리는 형제였다"며 금덩어리를 안겨줬다. 뒤로는 두 차례 사람을 베이징에 파견해 낙마 운동을 했다. 겨우 쫓아내자 육군상장 돤즈구이(段芝貴)가 어마어마한 직함으로 펑톈에 나타났다. 돤즈구이는 만만한 상대가 아니었다. 장쭤린은 여론에 기댔다. '펑런츠펑' (奉人治奉), 펑톈은 펑톈 사람이 다스려야 한다는 벽보가 도처에 나붙었다. 시위도 줄을 이었다. 당시 펑톈은 만주 전역을 의미했다. 돤즈구이는 제 발로 펑톈을 뒤로했다. 위안스카이는 여론을 무시하지 않았다. 장쭤린에게 성무장군(盛武將軍) 겸 펑톈순안사(奉天巡安使)라는 직첩을 내리고 세상을 떠났다. 장쭤린은 사돈을 헤이룽장성 성장에 임명하고, 지린(吉林)성 성장도 측근으로 교체했다. 이쯤 되면 동북왕(東北王)이나 다름없었다.

장쭤린은 부하 아낌이 다른 군벌과 달랐다. 얻어맞고 돌아오면 참지를 못했다. 떠도는 일화가 있다.

베이징 입성을 앞둔 장쭤린(맨 앞).

"윤락가에 일본 여인들이 많았다. 동북군 사병들이 자주 출입했다. 하루는 일본 군인과 싸움이 벌어졌다. 동북군 두 명이 맞아 죽었다. 일본 측에서 관례라며 한 명당 500위안씩 보상금을 지불했다. 보고를 받은 장쭤린은 열이 올랐다. 부하들에게 1,500위안 주며 일본인 세 명을 패 죽이고 오라고 지시했다."

부인들과 자녀들에겐 엄격했다. 거드름 피우거나 사고 친 적이 없었다. 셋째 부인 남동생이 거리에서 술 먹고 난동 부리자 총살했다. 딸들의 결혼 상대는 직접 골랐다. 누가 권해도 듣지 않았다. 셋째 딸을 며느리 삼고 싶다는 자오얼쉰의 청도 그래서 거절했다.

"저는 대인을 의부(義父)로 모셨습니다. 딸도 대인을 할아버지라 불렀습니다. 삼촌과 결혼하면 족보가 엉망이 됩니다. 통촉해주시기 바랍니다."

자오얼쉰도 고개를 끄덕였다.

장쭤린은 훗날 장남 장쉐량에게 이런 당부를 했다.

"자오 총독에게 미안한 일이 있다. 내가 죽으면 셋째를 총독의 외아들과 결혼시켜 외국으로 보내라."

삼촌과 조카는 금슬이 좋았다. 미국에서 대학을 마치고 유엔에 근무했다. 한국전쟁 초기 유엔 안보리에 참석한 중공대표 우슈취안(伍修權)의 통역이 장쭤린의 딸이었다.

장쭤린은 무슨 일이건 속도가 빨랐다. 완고하고 부패하지도 않았다. 동북의 군비를 확장하고 교육과 경제를 성장시키기 위해서라면 물불을 가리지 않았다. 한때 원수진 일이 있어도 인재는 과감히 기용했다. 출신이나 학력 따위는 따지지 않았다. 만주인들은 이런 장쭤린을 좋아했다. 청·일전쟁과 러·일전쟁의 전쟁터가 되면서 겪었던 불안감을 없애줄 지도자라고 믿었다. 명참모들이 새로운 동북왕을 에워쌌다.

교육 투자는 엄청났다. 1922년에 설립한 둥베이(東北)대학은 중국 최대 규모였다. 매년 투자액이 2위였던 베이징대학의 세 배가 넘었다. 전국에 있는 유명 교수들을 대거 초빙했다. 군수산업도 게을리하지 않았다. 공병창 설립에 5억 위안을 투자했다. 당시 북양정부 1년 재정수입이 1억 7,000만 위안일 때였다.

쑨 과부의 은혜를 잊지 않은 소년

장쭤린은 마적에서 출발했다. 지방군대의 지휘관이 되기까지 온갖 모욕을 삼키고 고통을 두려워하지 않았다. 당시 동3성에는 마적 두목에서 정규군 지휘관으로 변신한, 장쭤린 같은 인물이 한둘이 아니었다. 1907년 봄, 8명이 삼국지의 도원결의를 흉내 냈다. 출신은 마부, 공사판 노동자, 두부장수, 목동, 벽돌공장 인부, 수의사 등 다양했지만, 본업 걷어치우고 마적으로 성공한 당대의 괴짜들이었다. 나이순으로 형 동생을 정했다. 시간이 흐르면서 사석이라면 모를까 형제 서열은 별 의미가 없어졌다. 셋째 펑더린과 일곱째 장쭤린의 세력이 컸기 때문이다.

세상일이 다 그런 것처럼, 펑더린과 장쭤린의 인연도 시작은 우연이었다. 장쭤린이 젖비린내 풍길 때부터 펑의 마적단은 랴오시(遼西) 일대를 휩쓸고 다녔다. 건장했던 애마가 비실대자 용한 수의사를 물색했다. 펑은 부하가 데리고 온 자그마한 체격의 수의사

마적에서 군인으로, 군인에서 다시 경찰로 태어난 왕년의 마적들.
1918년 평톈(지금의 선양).

가 맘에 들었다. 틈만 나면 말 치료 핑계로 놀러 갔다. 가끔 먹을 것 사주고 말 치료비도 후하게 줬다. 이웃 마을에 사는 쑨(孫) 과부를 깍듯이 모시는 것 보고 감탄했다.

장쭤린의 일화에 쑨 과부는 빠지는 법이 없다. 열세 살 때 부친이 도박장에서 맞아 죽자 장쭤린은 갈 곳이 없었다. 항구도시 잉커우 (營口) 주변을 발길 닿는 대로 떠돌아다녔다. 먹는 날보다 굶는 날이 많았다. 한번은 3일간 기웃거려도 강냉이 한 톨 주는 집이 없었다. 마침 보리 수확기였다. 큰 농사짓는 집 앞에는 밥때마다 일꾼들이 들끓었다. 장쭤린은 일꾼들 틈에 섞여 밥을 먹고 사라졌다. 몇 날을 그러다 보니 들켜버렸다. 일꾼들에게 밥도둑놈이라며 두들겨 맞았다. 문전이 워낙 시끄럽다 보니 집주인이 뛰쳐나왔다.

집주인은 소문난 부자였다. 세상 떠난 남편의 성을 따라 다들 쑨 과부라고 불렀다. 쑨 과부는 소년을 부엌으로 데리고 갔다. 온몸에 성한 곳이 한 군데도 없었다. 사경을 헤매는 소년을 며칠간 보살폈다. 기력을 회복한 장쭤린은 쑨 과부에게 평생 어머니로 모시고 싶다는 말을 하고 싶었지만, 꼴이 꼴이다 보니 입이 떨어지지 않았다. 장쭤린은 쑨 과부의 은혜를 평생 잊지 않았다. 동북왕 시절은 물론 북양정부 원수로 부임할 때도 문전을 지나치지 않았다. 쑨 과부의 마지막 길도 평복으로 참석해 곡을 했다. 쑨 과부는 겸손한 여인이었다. 자신의 별명이 '동3성 황태후'(東三省皇太后)라는 것도 모르고 세상을 떠났다.

사람을 못 믿은 펑더린, 인재를 알아본 장쭤린

펑더린은 장쭤린보다 늦게 청나라에 귀순했다. 위안스카이는 장쭤린을 경계했다. 27사단장에 임명하면서 펑더린에게도 28사단의 지휘를 맡겼다. 둘을 서로 감시하고 경쟁하게 할 생각이었다. 장쭤린은 여론을 조성하고 펑을 부추겼다. 펑은 의협심만 많았지 단순했다. 위안스카이가 파견한 펑톈장군 돤즈구이를 위협했다. 생명에 위험을 느낀 돤은 장쭤린에게 매달렸다. 장은 돤을 죽여버리겠다는 펑을 진정시켰다.

장쭤린의 도움으로 가산까지 챙겨 텐진에 도착한 돤은 위안스카이에게 펑더린을 험담했다.

"위험한 인물이다. 언제 마적 근성이 튀어나올지 모른다. 장쭤린은 충성심이 강하다. 그를 독군(督軍)에 임명하고 펑더린을 부독군으로 임명하지 않으면 동3성의 안정을 보장 못 한다."

베이징의 통보에 울화가 치민 펑더린을 장쭤린이 달랬다.

"독군이면 어떻고 부독군이면 어떻습니까? 장군은 저의 셋째 형님입니다. 같이 의논하고 지시에 따르겠습니다."

1917년 7월 1일 새벽 1시, 엉뚱한 일이 벌어졌다. 전 강남제독 장쉰(張勳)이 지휘하는 변발군(辮髮軍)이 베이징에 입성했다. 3시간 후 공화제 폐지와 폐제(廢帝) 푸이(溥儀)의 황제 복위를 선언했다. 동3성의 실력자 장쭤린과 펑더린에게도 베이징에 와서 복벽에 참여해달라는 전문을 보냈다. 청나라와 인연이 깊었던 장쭤린은 움직이지 않았다. 펑은 장쭤린이 쥐고 있던 펑톈독군직을 탈취할 기회라고 오산했다. 장쉰의 복벽운동은 12일 만에 물거품이 됐다. 쓴잔을 마신 펑더린은 28사단의 지휘권을 장쭤린에게 이양하고 은퇴했다. 펑더린의 실패에는 이유가 있었다. 대세를 읽는 정치적 판단이 부족하고 의심이 많았다. 밑에 사람 안 믿는 것을 자랑으로 아는 오만의 결정체였다.

장쭤린은 달랐다. 지략과 모략이 뛰어나고, 가는 곳마다 냉대받던 천하의 기재(奇才) 왕융장(王永江)을 한눈에 알아보고 곁에 뒀다. 다섯째 부인 장서우이(張壽懿)도 지혜로운 여인이었다. 장서우이는 헤이룽장 장군 서우산(壽山)이 친구 부인을 슬쩍해서 태어난 딸이었다. 장쭤린 급서 후 28세의 장쉐량이 동3성의 대권을 장악한 것은 순전히 장서우이 덕분이었다. 왕융장은 동3성을 군수산업 위주의 중공업 기지로 만들고, 경찰제도를 확립시켰다. 경제개혁과 인재양성도 왕융장이 아니면 불가능했다.

시 한 편으로 장쭤린의 오만함을 질책한 왕융장

청나라 말기, 다롄(大連) 교외 진저우(金州)에 왕커첸(王克謙)이라는 회계원이 있었다. 지주들 장부 정리해주며 양식 걱정은 안 했다. 부자들도 왕을 회계쟁이라며 막 대하지 않았다. 거드름 피우는 부잣집 부인네들은 더했다. 허드렛일 다니는 왕의 부인만 보면 기가 죽었다. 이유가 있었다. 아들 융장(永江)과 융차오(永潮)가 17세 때 지방고시에 합격한 수재였다. "서진(西晉)의 소년 천재 육기(陸機)와 육운(陸雲)을 능가한다"는 소문이 다롄까지 자자할 정도였다.

진저우의 거상이 왕씨 형제라면 사족을 못 썼다. 금쪽 같은 두 딸을 형제에게 출가시켰다. 사돈 왕커첸에게도 잡화점을 차려줬다. 융차오는 성미가 불같았다. 기다리던 관직 발령이 수포가 되자 관청에 불 지르고 자살했다. 융장은 뇌물의 중요성을 모르던 동생의 죽음에 충격이 컸다. 관직에 나가기를 포기하고 의학연구에 몰두했다.

동3성 총독 자오얼쉰은 귀가 열린 사람이었다. 소문으로만 듣던 왕융장에게 펑톈 민정국을 맡기고 싶다며 장쮀린의 의견을 구했다. 장쮀린이 반대하자 직접 찾아가라며 왕융장을 달랬다. 혁명세력을 진압하고 자오얼쉰의 목숨을 구한 장쮀린의 관저는 문전성시였다. 왕융장은 1시간을 기다렸지만 장쮀린을 만나지 못했다. 영웅의 오만을 질책하는 풍자시 한 편 남기고 등을 돌렸다. 시를 받아본 장쮀린은 화를 내지 않았다.

고향으로 돌아온 왕융장은 약방을 차렸다. 당시 진저우의 약방은 일본인들이 장악하고 있었다. 왕융장은 파산했다. 의서(醫書) 집필로 시간을 보냈다. 장모는 전형적인 동북 여자였다. 허구한 날 개떡 같은 사위들 골라왔다며 남편의 멱살을 잡았다. 장인은 할 말이 없었다. 왕융장을 데리고 가출했다. 독서에나 열중하라며 펑톈 교외에 오두막집을 구해줬다.

1915년 10월 15일, 장쮀린은 대총통 위안스카이가 동3성에 파견한 진안상장군(鎭安上將軍) 돤즈구이의 대표 자격으로 조선을 방문했다. 6일간 머무르며 경복궁에서 열린 물산공진회를 참관하고, 조선총독 데라우치와 두 차례 회담했다. 적극적인 친일을 표방해 환심을 샀다. 이듬해 6월, 2개월 전 장쭤린을 펑톈성 독군 겸 성장에 임명한 위안스카이가 세상을 떠났다. 10월에는 조선에서 좋은 인상 남긴 데라우치가 총리로 도쿄에 부임했다.

신분이 상승한 장쭤린은 측근들에게 인재 추천을 당부했다. 막료 한 사람이 왕융장을 천거하자 박장대소를 그치지 않았다.

"누군지 안다. 내가 작은 관직에 만족해 우쭐댈 때 시 한 편으로 나를 질책한 사람이다. 직접 영접하겠다."

왕융장을 만난 장쭤린은 한숨부터 내쉬었다.

"나는 마적으로 입신한 반문맹이다. 제도가 뭔지 모른다. 군관들도 거의 마적 출신이다. 민폐가 극심하다. 경찰복 입혀놔도 마적 근성을 버리지 못한다. 음식점 가서 공짜 밥 먹고, 대낮에 술 주정하며 부녀자를 희롱한다. 간부란 놈들도 사창가에서 뜯은 돈으로 도박장에서 밤을 지새운다. 삼류 마적이나 도둑놈보다 더 흉악한 놈들이 부지기수다. 경찰개혁을 부탁한다. 나와 의논할 필요 없으니 하고 싶은 대로 해라. 경찰개혁이 끝나면 교육사업에 매진하고 싶다. 나는 교육을 받은 적이 없다. 자식 교육도 아들은 몽둥이로 했다. 딸들은 남자 구경 못 하도록 외부 출입만 엄격히 금지했다. 실력 없는 엉터리 교사들을 강단에서 끌어내라. 지금 동3성은 어딜 가나 일본인들이 널려 있다. 일본을 적당히 이용하고, 이용당할 생각이다. 일본에 배울 것은 배우되 농락당하지는 마라. 여기 권총과 실탄이 있다. 필요할 때 써라. 시간이 없다. 서둘러라. 소리만 요란하고 질질 끌면 실패한다."

경찰청장 왕융장은 부패 경찰 18명을 추려냈다. 공개 처형하고 시신을 3일간 폭시(暴屍)했다. 군기가 바짝 든 경찰들이 도박장과 아편굴을 급습했다. 군관이건 사회 명사건 무조건 체포했다. 무장 군인들이 동료를 석방하라며 경찰청으로 몰려왔다.

펑텐 주둔군 지휘관 탕위린은 장쭤린의 결의 형제 중 한 명이었다. 왕융장의 멱살 잡고 모자까지 집어던졌다. 밖에서는 경찰과 군인 사이에 총격전이 벌어졌다. 경찰 2명이 목숨을 잃었다. 탕위린은 장쭤린에게 항의했다. 장쭤린이 딴청을 부리자 펑텐을 떠나겠다며 차고 있던 권총 두 정을 패대기쳤다. 잠시 쉬고 돌아오라는 장쭤린의 말을 뒤로했다.

장쭤린이 보기에 왕융장은 경찰 재목은 아니었다. 차분하고 민첩한 사람이 무장한 경찰을 지휘하다 보니 마적보다 더 거칠었다. 경찰복 오래 입었다간 사람 버리겠다며 재정청장을 맡겼다. 왕융장은 장쭤린의 돈 보따리였다. 광산개발과 무역으로 2년 만에 펑텐성의 채무를 상환하고도 남았다. 장쭤린은 곳간이 채워지자 하늘을 넘봤다. 1922년, 동3성의 독립을 선포했다. 4년제 대학과 군수 공장 설립을 위해 왕융장을 펑텐성 성장에 임명했다.

"오사카에 있는 군수공장에 버금가는 병기공장을 만들자. 외국 기술자들을 동북으로 초빙해라. 인재 양성 없이 군사력만 증강하면 폭력집단으로 전락한다. 4년제 대학을 설립하고 우수한 교수들을 모셔와라. 동북은 독일과 프랑스를 합친 것보다 넓다고 들었다. 면적에 비해 인구가 적다. 이민을 권장하자. 여비와

둥베이대학교 개교식에 참석한 왕융장(앞줄 오른쪽 다섯째).
오른쪽 넷째는 장쉐량. 교장은 왕융장이 겸했다.
1923년 4월 26일, 펑톈.

주거지 부담할 테니 누구나 와서 살라고 해라."

왕융장은 귀가 번쩍했다. 1차 세계대전에 패한 독일에는 실업자로 전락한 병기 기술자들이 거리에 널려있었다.

정병 육성하고 병공창 세워 힘을 기르다

1916년 6월, 북양정부의 비조(鼻祖) 위안스카이가 세상을 떠났다. 중국 천지가 더 복잡해지기 시작했다. 42개의 군벌 집단이 깃발을 날렸다. 1928년 겨울, 국민혁명군 총사령관 장제스가 전국을 통일하기까지, 군인정치가와 군인이 내세운 13명이 번갈아 베이징에 군림했다. 장제스의 마지막 상대는 평소 무시하던 펑텐군벌 장쭤린이었다.

장쭤린은 작은 군벌로 출발했다. 소련과 일본이라는 두 강국의 압력을 극복하며 최강의 육·해·공군 수십만을 양성했다. 때론 거칠고, 난폭하고, 꼴 보기 싫은 문인과 지식인처럼 외세를 대했지만 적절히 활용할 줄도 알았다. 양국이 탐내는 철도 부설과 광산 채굴권을 미끼로 묘하게 처신했다.

일본과의 우호는 자청했다. 장점은 받아들이고 이권도 내줬다. 친일파 소리 정도는 들어도 무시해버렸다. 소련과의 곡예는 볼 만했다. 말로는 결맹을 요구하며 행동은 애매하게 했다. 두 나라가 동북의 이권을 놓고 경쟁하는 사이에 군사력을 증강했다.

토지만은 예외였다. 일화 한 편을 소개한다. 일본인들은 중국 명사들의 글씨 받기를 좋아했다. 펑텐을 방문한 일본 외교관이 장쭤린에게 붓글씨를 청했다. 장쭤린은 호랑이 '호'(虎)자와 '張作霖黑'을 일필휘지했다. 놀란 측근이 장쭤린의 귀에 입을 댔다.

"墨이 맞습니다. 흙 토(土)가 빠졌습니다."

장쭤린은 씩 웃으며 말을 받았다.

"내가 아무리 무식해도 그 정도는 구분할 줄 안다. 호랑이는 동북 산속에 널려 있다. 원숭이들에게 한 마리쯤 줘도 아깝지 않다. 땅은 육신(肉身)이나 마찬가지다. 촌토(寸土)도 줄 수 없다. 그래서 빼버렸다."

1922년, 1차 즈펑(直奉)전쟁이 벌어졌다. 장쭤린이 지휘하는 펑파는 우페이푸의 즈파군에게 패했다. 펑톈으로 돌아온 장쭤린은 우페이푸의 이름만 들어도 치를 떨었다. 세 번 암살을 기도했다. 실패하자 생각을 바꿨다. 참모들에게 참패 소감을 털어놨다.

"녹림 출신 부대는 기율이 느슨했다. 교전에서 패하면 넋을 잃고 군인 같지가 않았다. 엄격한 훈련 받은 동북강무당(東北講武堂) 출신이 지휘하는 부대는 패해도 무너지지 않았다. 그간 나는 군사학교 출신 인재들을 가볍게 봤다. 능력을 인정하면서도 참모나 교관이 적합하다고 생각했다. 머릿속이 복잡한 애들이라 병력을 거느리게 되면 내 지시에 어긋나는 행동을 할 줄 알았다. 그 애들 엄호가 아니면 살아서 돌아오지 못할 뻔했다. 불학무술(不學無術)한 교관에게 교육 받은 군인들은 믿을 수 없다. 해외에서 군사교육 받은 유학생과 군관들을 끌어모아 젊은 지휘관을

동북공병창 건립 전 장쮜린이 독일에서 수입한 박격포.

양성해야 한다."

장쭤린은 최측근으로 자리 잡은 왕융장에게 은밀히 지시했다.

"전국에 흩어져 있는 동북 출신 중에 군사 전문가를 물색해라."

왕융장은 무슨 일이건 대책이 준비된 사람이었다. 한린춘(韓麟春)을 천거했다.

"일본 육군사관학교 포병과를 졸업했다. 주미 무관으로 워싱턴에 있다. 술은 입에도 안 대고 여자라면 질색이다. 도박을 즐긴다는 소문이 있다."

장쭤린은 무릎을 쳤다.

"도박은 흠이 아니다. 인생은 어차피 도박이다. 전쟁은 특히 그렇다. 우리 모두 도박꾼이지 뭐냐. 당장 귀국을 종용해라. 그간 나는 숫자만 많으면 강군이라고 생각했다. 정병주의(精兵主義)에 치중할 생각이다. 동북강무당의 시설을 확충하고 일류 교관들을 초빙해라. 제 이름도 쓸 줄 모르는 군관들은 도태시켜라. 문제는 글줄은 알아도 말만 잘하는 무능한 놈들이다. 공기 좋은 곳에 가서 돼지나 키우라고 권해라."

당시 중국은 문맹 퇴치를 위한 평민교육이 유행이었다. 왕융장은 미국 프린스턴대학교 재학 시절 아인슈타인에게 극찬받은 평민교육가 옌양추(晏陽初)를 매년 여름 동북강무당으로 초청했다. 장쭤린은 사람 홀리는 재능이 있었다. 북양정부의 고관과 각 성의 군인, 정객들이 펑톈으로 몰려왔다. 빠지는 사람도 많았지만 열 명에 두세 명은 쓸 만했다. 한린춘을 만난 장쭤린은 입이 벌어졌다. 동북병공창장에 임명했다.

한린춘은 빼어난 무기 전문가였다. 국제 무기시장 사정에도 밝았다. 1차 세계대전이 끝나자 전승국들은 패전국 독일을 철저히 짓밟았다. 독일의 세계적인 군수산업체 크루프병공창도 해체했다. 독일은 군벌 전쟁으로 날을 지새우는 중국을 주목했다. 잉여 무기를 팔기 위해 중개업자들을 상하이에 파견했다. 한린춘은 장쭤린이 준 무기 구입 자금을 들고 상하이로 갔다.

도박장 불빛이 한린춘을 유혹했다. 알거지까지 갔지만 이왕 갔으니 도박이나 실컷 하고 오라며 장쭤린이 더 보내준 돈이 2배(일설에는 4배)로 늘어나자 손을 털었다. 도박장에서 딴 돈으로 무기와 제조 장비를 닥치는 대로 구입했다. 동양 최대규모의 동북병공창 설립은 장쭤린의 혜안과, 무기천재 한린춘의 도박 실력이 아니면 어림도 없었다.

장쭤린과 한린춘은 동북병공창에서 만든 엄청난 양의 무기들이 훗날 엉뚱한 곳에 쓰일 줄은 상상도 못 했다.

즈펑전쟁에 패하고 동3성 건설에 주력

1922년 4월 28일, 즈펑전쟁이 벌어졌다. 결과는 즈파의 승리였다. 즈파 영수 우페이푸의 기세는 구름을 뚫고도 남았다. 의기양양하게 펑파 사령부 소재지를 시찰했다. 텐진에 도착하자 진풍경이 벌어졌다. 저명인사와 외교사절이 줄을 이었다. 전 동3성 총독 자오얼쉰이 충고했다.

"전쟁은 아직 끝나지 않았다. 장쭤린은 예사 인물이 아니다. 최

1차 즈펑전쟁에서 패한 장쭤린은 2차 전쟁에서 승리했다.
1924년 10월, 베이징의 장쭤린.

정예 사단은 이번 전쟁에 내보내지 않았다."

우페이푸는 승리에 들떴다. 조롱으로 응수했다.

"장쭤린을 발탁한 사람이 바로 너다. 비적들이 나라를 어지럽힌다. 네 책임이 크다. 장쭤린은 적장이 아니다. 토벌 대상이다. 내빼는 바람에 숨통을 끊어버리지 못했다."

시 한 편으로 일본과 결탁한 장쭤린을 약 올렸다.

"북녘땅 만주를 보노라니, 보하이만(渤海灣)에 풍랑이 거세다. 지린, 헤이룽장, 랴오닝은 인민의 안식처. 창바이산(長白山)에 울타리 치고 헤이룽장 강변에 성곽 쌓아, 왜구의 머리에 철퇴를 날리겠다."

장쭤린은 동3성이라는 확실한 근거지가 있었다. 즈파군의 맹공을 저지하며 산하이관(山海關)에 도달하자 숨을 돌렸다. 관 밖은 동3성, 장쭤린의 천하였다. 펑톈으로 돌아온 장쭤린은 장남 장쉐량을 불렀다.

"사생결단은 미련한 것들이 하는 짓이다. 정전을 논의할 때가 됐다. 경험이 중요하다. 직접 처리해봐라. 저 망할 것들이 요상한 무기로 우리를 압박했다. 배후가 어딘지도 확인해라."

장쉐량은 펑톈 주재 미국 영사에게 중재를 부탁했다. 내전에 간섭할 수 없다는 이유로 거절당했다. 영국도 마찬가지였다. 영·미양국이 우페이푸를 지원하고 있음을 확인한 장쉐량은 기독교청년회(YMCA)를 동원했다. 미국인 목사 두 명이 개인 자격으로 산하이관 전선을 찾았다. 산하이관 일대는 여전히 전쟁터였다. 양측 모두 3,000여 명이 전사할 정도로 치열했다. 즈파군 지휘관은 미국인 목사의 제안을 전선 사령관에게 보고했다. 6월 16일 자정, 친황다오(秦皇島)역 대합실에 장쉐량과 미국인 목사가 나타났다. 영국인 역장실에서 우페이푸의 특사와 정전에 합의했다.

동북왕 장쭤린의 공식 직함은 동3성순열사(東三省巡閱使)였다. 베이징의 북양정부는 허깨비였다. 미국과 영국의 입김을 피할 힘이 없었다. 요구대로 장쭤린을 파면했다. 병력 7만과 군비 3,000여만 원을 날려버렸지만, 장쭤린의 원기(元氣)는 손상되지 않았다. 동3성 독립선포로 응수했다.

"우방 인민의 생명과 재산을 보호한다. 청 황실과 중화민국이 체결한 조약은 승인하고 준수한다. 차후에 벌어질 모든 교섭은 동3성 보안총사령부가 담당한다. 베이징 측이 동3성, 몽골, 러허(熱河), 차하르(察哈爾)와 맺은 조약은 총사령관의 윤허를 거치지 않았다. 승인할 수 없다."

『뉴욕타임스』의 보도가 눈길을 끌었다.

"워싱턴회의에서 미국과 영국은 일본을 고립시켰다. 일본은 내놓고 장쭤린을 지지하지 못했다. 우페이푸는 미국과 영국의 지원으로 승리했다. 펑텐 측 실패의 중요 원인이다. 동북으로 철수한 장쭤린이 자치를 선언하자 서남과 창강(長江) 유역의 군벌들이 호응했다. 남방의 혁명세력을 대표하는 쑨원(孫文)은 북벌을 선언하며 열강의 내정간섭을 경고했다. 효과는 미지수다. 현재 중국을 통일시킬 가능성이 가장 큰 인물은 우페이푸다."

내전이 계속되자 청년들은 전쟁에 나가고,
노인과 아동들이 생활 전선에 나섰다.
전쟁 시절 펑톈 거리의 반찬가게.

일본 관동군에게 점령당한 후,
간판마저 없어진 동3성병공창.
1931년 가을 펑톈.

장쭤린의 심기를 건드리고도 남을 내용이었다.

전비 지출로 왕융장의 곳간은 바닥을 쳤다. 병을 핑계로 재정청 장을 사직했다. 장쭤린이 부르자 약장사나 하겠다며 펑톈을 떠났 다. 장쭤린이 삼고초려하자 조건을 제시했다.

"다시는 전쟁을 일으키지 않고 동3성 건설에만 매진한다. 군비 는 현재 수준을 유지한다. 군정을 분리시킨다. 군인은 행정에 관여 할 수 없다. 총을 지참한 군인들이 정부에 돈을 요구하는 경우가 많 다. 엄금시켜주기 바란다."

듣고 보니 별것도 아니었다. 즉석에서 수락했다.

왕융장은 장쭤린을 안심시켰다.

"동3성은 천혜의 보고다. 땅속에 없는 것이 없다. 부질없는 전쟁 에 휩쓸리지 않으면 동양 굴지의 중공업과 군수산업기지로 만들 자신이 있다."

왕융장은 약속을 지켰다.

방직공업부터 육성했다. 이민 오겠다는 기술자를 우대했다. 2년 만에 동3성에 진출한 일본 방직공장을 도산시켰다. 군수산업도 게 을리하지 않았다. 동3성병공창의 무기 생산라인이 4킬로미터에 달 했다.

1931년 9월 중순 일본 관동군이 만주를 점령했다. 동3성병공창 에 진입한 일본군은 입이 벌어졌다. 일본이 중·일전쟁에서 중국인 학살에 사용한 무기의 40퍼센트가 동3성병공창 제품이었다.

쑨원의 혁명정부와 군벌타도 논의

1922년 6월 즈평전쟁에서 승리한 즈파는 새 판을 짰다. 정통성을 회복하겠다며 5년간 열리지 않았던 국회를 소집했다. 의원들은 고분고분했다. 투표로 총통 쉬스창(徐世昌)의 옷을 벗겼다. 6년 전 완파 군벌 영수 돤치루이에게 밀려났던 전 총통 리위안홍(黎元洪)을 복직시켰다. 리위안홍은 즈파 영수 차오쿤(曹錕)이 총통에 선출되기까지 허수아비에 불과했다. 베이징 정부의 군정 대권은 차오쿤과 우페이푸가 쥐고 있었다. 1년이 지나자 즈파는 리위안홍을 압박했다. 총통 관저에 보급을 중단하고 경비초소도 없앴다. 반응이 없자 전화선을 절단했다. 수도관도 잠가버렸다. 리위안홍은 총통 직인 챙겨 들고 베이징을 떠났다. 도중에 시골 역에 감금되자 직인 내놓고 자유를 찾았다.

차오쿤은 의원들을 다룰 줄 알았다. 500명에게 5,000위안씩 뿌렸다. 노부모가 있거나 장인 장모가 여럿인 의원들에겐 효도비용으로 1만 위안을 지불했다. 민주적인 절차로 집권한 즈파는 호감을 샀다. 즈평전쟁을 지휘한 우페이푸 찬양과 패배자 장쭤린 조롱이 그치지 않았다.

"우페이푸는 수재 출신이다. 장 마적과 비교하지 마라. 우 수재는 우리 같은 없는 사람편이다."

차오쿤과 우페이푸는 민중이 변덕쟁이라는 것을 깜빡했다. 철도 노동자 파업을 가혹하게 진압하자 환호가 원성으로 변했다. 차오쿤은 우페이푸에게 책임을 돌렸다. 허난(河南)성으로 좌천시켰다.

장쭤린은 2년간 절치부심(切齒腐心)했다. 민심이 즈파를 떠나자

2차 즈펑전쟁 막바지 톈진에 모인 펑파와 완파 지휘관. 왼쪽 둘째부터
펑위샹, 장쭤린, 돤치루이, 루융샹, 장쭤린의 참모장 양위팅(楊宇霆).
펑위샹은 즈파였지만 베이징에 진입해 정변을 일으키고
총통 차오쿤을 연금시켰다.

기지개를 폈다. 차오쿤의 아들에게 출가시킨 딸부터 펑톈으로 불러들였다.

"차오쿤 집안과는 인연이 끝났다. 너를 개떡 같은 놈의 아들과 결혼시킨 내 잘못이 크다. 동북에는 똑똑하고 잘생긴 청년들이 널려 있다. 다시 골라줄 테니 걱정 마라."

광둥(廣東)에 군정부 간판 내건 쑨원과 톈진에 은거 중인 완파 영수 돤치루이, 저장(浙江)성을 장악하고 있던 완파 루융샹(盧永祥)과도 연합을 시도했다. 장쭤린의 밀사들이 펑톈과 광둥을 오가기 시작했다.

당시 쑨원의 구상도 장쭤린과 별 차이 없었다. 측근들에게 이런 말을 자주 했다.

"즈파와 완파의 이해가 충돌하면 돤치루이와 손을 잡아야 한다. 관외 세력인 장쭤린의 역할이 중요하다. 세 세력이 합작하면 차오쿤과 우페이푸를 제압할 수 있다. 즈파는 가장 강한 군벌이다. 도적을 잡으려면 두목부터 잡아야 한다. 군벌 타도는 즈파 타도로 시작해야 한다."

쑨원은 최측근 왕징웨이(汪精衛)를 두 차례 동북에 파견했다. 장쭤린은 장남 장쉐량과 함께 쑨원의 후계자나 다름없는 왕징웨이를 후대했다. 중국정치협상회의 기관지에 실린 전 동3성 보안사령부 참모의 구술을 소개한다.

"장쭤린은 국부의 특사를 위해 성대한 연회를 열었다. 각계 인사를 초청한 자리에 대례복 입고 직접 참석했다. 왕징웨이는 거침이 없었다. 남방의 혁명정부가 차오쿤과 우페이푸 토벌령을 내리면 펑톈군은 베이징을 향해 진격하자며 기염을 토했다. 장쮜린은 동의하면서도 개별 행동에 못을 박았다. 승리 후 국가의 통일과 건설 문제는 아무래도 좋다며 의견을 말하지 않았다. 차오쿤과 우페이푸만 토벌하면 된다는 말만 계속했다."

쑨원은 망명 시절부터 모금전문가였다. 장쮜린에게도 서신을 통해 손을 내밀었다.

"병력 유지에 초석이 되어주기를 갈망한다."

생활비 지원도 청했다. 장쮜린은 동3성병공창장 한린춘 편에 10만 위안을 보냈다. 10만 위안은 거액이었다. 한린춘이 동3성병공창 설립에 필요한 장비 구입비와 같은 액수였다. 군비 50만 위안과 예비비 70만 위안도 거절하지 않았다.

장쮜린과 돤치루이는 평소 험악한 사이가 아니었다. 계파투쟁이 벌어질 때마다 장쮜린은 돤치루이 편을 들었다. 차오쿤과 우페이푸에게 보복하려면 돤치루이의 지원이 절실했다. 즈파와의 전쟁에 패한 후 베이징의 골목에서 당구와 독일어 공부에 열중하던 돤에게 300만 위안을 보냈다. 돤치루이는 이 돈을 즈파 분열에 썼다. 허난성의 즈파 영수 펑위샹(馮玉祥)에게 200만 위안을 지원했다.

1924년 9월 7일, 장쮜린은 동3성 보안총사령부로 펑톈 주재 미국, 일본, 영국, 독일 영사를 불렀다. 자위를 위해 즈파와의 전쟁을 결심했다고 선언했다.

9월 10일, 동3성 육군의원을 동3성전시총병원으로 개조했다. 2차 즈펑전쟁의 막이 올랐다.

연합과 분열의 시대 2

"펑위샹 장군은 반대만 하다 세상을 떠났다.
봉건제도를 뒤집어엎고 공화제를 옹호하기 위해
청나라에 반대하고, 위안스카이에게 반대하고,
장쉰의 복벽에 반대했다.
군벌 타도와 정치개혁을 주장하며 돤치루이, 장쭤린,
차오쿤, 우페이푸에 반대했다.
민족해방과 민생의 행복을 위해 일본에 반대하고,
미국에 반대하고, 장제스에게 반대했다.
장군은 이상주의자였다."

북양정부 몰락 가져온 군벌전쟁

"혁명으로 공화제를 선포한 지 13년이 지났다.
아직도 황제놀이 하는 건 말이 안 된다."

전공 세운 펑위샹을 경계한 우페이푸

평소 쑨원, 돤치루이, 장쭤린의 생각이나 행동은 제각각이었다.
세 사람이 동맹을 결성한 이유는 즈파 타도 외엔 없었다. 동맹을 주
도한 펑파 수령 장쭤린은 즈파 분열도 시도했다. 합작에 응할 사람
을 물색했다. 즈파 지휘관들의 동정을 살폈다. 육군검열사와 서북
변방군 사령관을 겸한, 전 허난성 독군 펑위샹을 주목했다.

펑위샹은 극빈 가정 출신이었다. 제 발로 군문에 들어가 노력 하
나로 진급이 빨랐다. 세상 물정에 눈뜨자 북양군벌의 부패에 불만
이 많았다. 장쭤린을 "재앙덩어리"라며 사람 취급 하지 않았다. 자
신에겐 엄격하다 보니 따르는 사람이 많고 적도 많았다. 1차 즈펑
전쟁에서 큰 공을 세우자 즈파 수령 우페이푸는 펑위샹을 경계했
다. 자기 사람 파견해 감시를 게을리하지 않았다. 펑위샹은 성격이
불같았다. 우페이푸가 보낸 감시자가 군율을 위반하자 패 죽였다.

우페이푸는 발끈했다. 총통 차오쿤에게 건의했다.

"펑위샹을 허난성으로 보내자."

차오쿤은 우의 제안을 거절한 적이 없었다. 허난으로 떠나는 펑

에게 우페이푸가 종이 한 장을 내밀었다. 수십 명의 이름이 빼곡했다. 요직에 기용해달라며 쓴웃음을 지었다. 비서장 외에 펑의 측근은 단 한 명도 없었다. 펑은 배를 움켜쥐고 화장실로 달려갔다. 잠시 후 돌아와 명단을 변기에 빠뜨렸다는 말로 거절을 대신했다.

허난에 부임한 펑위샹에게 우페이푸가 전문을 보냈다.

"그쪽 예산에서 80만 위안을 보내라. 중앙에 경비가 부족하다. 무기 구입비로 매달 20만 위안도 보내주기 바란다."

펑도 답전을 보냈다.

"명령에 따를 수 없다. 조달 방법은 있다. 나 대신 다른 사람을 독군으로 보내라."

우페이푸는 펑을 실권이 없는 육군검열사로 내보냈다. 우페이푸의 정보참모가 구술을 남겼다.

"두 사람은 비슷한 점이 단 한 곳도 없었다. 여자 문제와 생활 방식은 예외였다. 우페이푸는 오로지 조강지처였다. 『타임』지 표지에 실린 우페이푸 사진을 보고 반한 독일 여기자가 인터뷰하겠다며 중국에 왔다. 인터뷰는 5분을 못 넘겼다. 우페이푸가 처자가 있는 남자 바라보는 눈길이 요상하다며 자리를 떠버렸기 때문이다. 돈도 자신을 위해서는 쓰지 않았다."

소문을 들은 장쭝창(張宗昌)이 가슴을 쳤다.

"우페이푸는 여자와 돈에 너무 검소해서 탈이다. 큰일 하기는 틀렸다. 멀리서 온 미모의 금발 여인에게 중국 남자 망신만 시켰다."

우페이푸(오른쪽 첫째)는 모범 가장이었다.
다른 군벌들처럼 여자들에게 한눈을 팔지 않았다.

그럴 만도 했다. 장쭝창은 부인과 자녀가 몇 명인지 본인도 잘 몰랐다. 러시아인 부인도 알려진 것만 세 명이었다. 펑위샹은 우페이푸보다 더 심했다. 복장부터가 사병들과 별 차이 없었다.

장쮜린, 펑위샹에게 공을 들이다

펑위샹은 베이징 교외의 전 항공총서 자리에 사령부를 차렸다. 우페이푸는 경비 지원에 인색했다. 펑의 불만이 극에 달했다. 참모들에게 불평을 터뜨렸다.

"우페이푸는 고약하다. 이번 인사로 우리를 궁지에 몰아넣었다. 굶겨 죽이거나 와해시킬 심산이다."

펑은 굴하지 않았다. 쓸 만한 교관을 초빙해 부하들 훈련에 열중했다. 사기가 오를수록 우페이푸와의 관계는 더 악화됐다. 그 틈을 장쮜린이 파고들었다.

장쮜린은 참모과장 푸싱페이(傅興沛)를 베이징에 파견했다. 푸싱페이는 펑위샹의 참모장 류지(劉驥)와 일본육군대학 동기였다. 회고를 남겼다.

"류지는 펑위샹의 신임이 두터웠다. 류지의 일본 부인은 대학 시절 나와 그렇고 그런 사이였다. 추억의 여자 친구도 만날 겸 집으로 찾아갔다. 펑위샹에게 내가 온 목적을 전해달라고 부탁했다. 류지는 신중했다. 내일 오전 사령관에게 보고하겠다. 정오에 전화벨이 울리면 받지 말고 기다려라. 전화가 없으면 목숨이 위험하니 빨리 펑톈으로 돌아가라고 신신당부했다."

다음 날 오후 푸싱페이는 옛 애인의 배웅을 받으며 류지가 보낸 차에 올랐다. 장쭤린의 안부와 구상을 전해 들은 펑위샹은 긴 말을 하지 않았다.

"알았다. 베이징은 눈과 귀가 많은 곳이다. 지체하지 말고 이 도시를 떠나라."

장쭤린은 푸싱페이가 살아서 돌아오자 흡족했다. 후속 업무는 장남 장쉐량에게 맡겼다.

펑위샹의 부인 류더전(劉德貞)이 세상을 떠났다. 장쉐량은 부관 마빙난(馬炳南) 편에 거액의 조위금을 보냈다. 펑은 엄청난 액수에 놀랐다. 사병이나 다름없는 부하 1만 3,000명을 1년간 먹이고도 남을 돈이었다. 펑은 자녀들이 어렸다. 측근들이 속현(續絃)을 서둘렀다. 2차 즈펑전쟁 7개월 전인 1924년 2월 펑위샹과 베이징기독교청년회 학생부 간사 리더촨(李德全)의 결혼식이 열렸다. 장쭤린이 톈진에 있는 장쉐량에게 전문을 보냈다.

"마빙난과 직접 참석해라. 펑장군은 독실한 기독교 신자다. 교회 다니는 사람들 물색해서 함께 가라."

돤치루이와 쑨원도 팔짱만 끼고 있지 않았다. 펑의 결혼에 신경을 썼다.

혼례를 마친 펑위샹은 기분이 좋았다. 마빙난에게 장쉐량과의 면담을 주선하라고 통보했다.

북양정부 몰락 재촉한 2차 즈펑전쟁

군벌(軍閥)이라는 명사는 『신당서』(新唐書)에 처음 등장한다. 전

자녀들과 함께한 펑위샹과 리더촨.
리더촨은 신중국 위생부장과 적십자회장을 역임했다.

공(戰功)이 혁혁한 집단이나 집안을 지칭했다. 근대에 들어와 폄사(貶辭)로 변질됐다. 시작은 중국 공산당의 초석을 놓은 천두슈(陳獨秀)였다. 1918년 말, "지식이 전무하고, 국가에 대한 공이나 능력도 없는, 마적이나 다름없는 군벌들이 정치에 관여해 국법을 파괴한다"며 북양정부를 맹공했다. 개량주의자 량치차오(梁啓超)도 유럽 여행 중 이런 말을 남겼다.

"군벌통치는 약육강식의 산물이다. 자멸할 날이 머지않았다."

1920년 중엽, 중공 초기 지도자 탄핑산(譚平山)이 비교적 명확한 정의를 내렸다. "특수한 세력을 장악해 특수한 계급을 창출하고, 특별한 조직을 형성한 사람"이라고 단정했다. 민주주의 혁명가 쑨원은 군벌을 확고한 기반을 가진 정치세력으로 인정했다. 정국군(靖國軍) 사령관 위유런(于右任)에게 보낸 답신에서 가볍게 언급했을 뿐, 군벌이라는 용어를 거의 입에 담지 않았다. 2차 즈펑전쟁을 준비하던 펑파 수령 장쭤린의 도움을 받아들이고 완파 영수 돤치루이와도 손을 잡았다. 영입을 타진한 펑위샹의 제안에도 군말 없이 응했다. 사생활은 물론, 매사에 문란했던 산둥군벌 장쭝창도 남들처럼 인간 잡종이라고 매도하지 않았다.

1926년 7월, 장제스가 지휘하는 국민혁명군이 북벌(北伐)에 불을 댕겼다. "군벌 타도"가 구호로 등장하기 시작했다. 이론가 후한민(胡漢民)이 "국익을 고민한 적이 없고, 해방을 요구하는 민중의 외침을 무시하는 집단, 관료, 정객, 토호 등 반혁명 세력에게 호랑이 옷을 입혀 전면에 내세우고, 뒤로는 제국주의와 결탁한 군벌 타도가 우리의 최종목표"라며 열변을 토했다. 장제스도 빠지지 않왔다.

"군벌은 지반 유지 외에는 관심이 없다. 사유재산 증식과 목숨 보존에만 급급하다 보니, 무슨 일이건 제국주의에만 의존한다."

북벌전쟁은 1928년 12월, 동북의 지배자 장쉐량이 국민당에 충성을 맹세하면서 막을 내렸다. 북양정부도 역사 속으로 사라졌다.

총 한 번 안 쏘고 베이징 점령한 펑위샹

1924년 9월 13일부터 50일간 계속된 2차 즈펑전쟁이 북양정부 몰락의 맹아(萌芽)였다. 이 전쟁은 전형적인 군벌전쟁이었다. 모략, 이간질, 회유, 빈말, 헛소문, 배신 등이 난무했다. 대군벌은 중소군벌 회유에 거금을 살포하고, 지방의 이름 없는 군벌들은 눈치 보기에 급급했다. 외세와의 결탁도 서슴지 않았다. 누가 이기건 매일반이다 보니, 일반 국민들은 관심이 없었다. 규모에 비해 군인들 외에는 인명 피해도 크지 않았다. 소풍 삼아 먼발치에서 전쟁 구경하는 관람객이 많을 정도였다. 결과는 남방의 혁명세력과 연합해 즈파 분열에 성공한 장쭤린의 완벽한 승리였다.

통일의 문턱까지 온 장쭤린에게 펑위샹이 찬물을 끼얹었다. 펑위샹은 186센티미터의 거구에 조잡하고 미련해 보였다. 실제는 딴판이었다. 매사에 주도면밀했다. 미약한 군 지휘권마저 박탈한 우페이푸에게 앙심을 품었다. 힘이 없다 보니 골려먹기를 좋아했다. 부하가 작은 일화를 남겼다.

"우페이푸는 술을 좋아했다. 샤오싱주(紹興酒)에서 브랜디까

북양정부 시절(1912~28) 중국에는 약 45개의 군벌이 근거지에서
왕 노릇을 했다. 사진에서 보는 것처럼 무명의 군벌까지 합치면
정확한 통계가 불가능할 정도였다.

지 무슨 술이건 가리지 않았다. 생일선물 행렬이 줄을 이었다. 펑 장군도 부관 편에 축하 서신과 커다란 항아리를 선물로 보냈다. 우 장군은 술인 줄 알고 한 사발 들이키다 확 토했다. 똥물인 줄 알았던 우 장군은 서신에 옥천산(玉泉山) 성수(聖水)라고 쓰여 있는 것을 보고 가슴을 쓸어내렸다. 서신 내용 모르는 부관이 실 수를 했다. 무슨 물이냐고 묻자 부대 빨래터에서 퍼온 물이라고 상세히 설명했다."

펑위샹은 독실한 기독교 신자였다. 일면식도 없는 쑨원을 존경 했다. 『성경』과 쑨원의 저술을 보물처럼 끼고 다녔다. 광적일 정도 로 금욕에 철저했다. 아편과 여자를 멀리하고 재물도 탐하지 않았 다. 부하들에게 청결도 강조했다. 병사 한 명의 발에서 썩은 냄새 가 진동하자 직접 닦아주며 양말 벗은 지가 얼마만이냐고 물었다. 석 달 됐다고 하자 나도 한 달에 한 번은 발을 물에 담근다며 화를 냈다.

2차 즈펑전쟁이 발발하자 우페이푸는 펑위샹에게도 출동 명령 을 내렸다. 전투병력을 배당받은 펑은 총통 차오쿤에게 달려갔다. 옛 부하를 베이징 경비부사령에 추천했다. 10월 23일 밤, 전지로 향하던 펑의 병력이 베이징으로 이동했다. 닫혀있던 성문이 열렸 다. 펑은 총알 한 방 안 쏘고 수도 베이징을 점령했다. 전선에 있던 우페이푸는 병력 5,000명을 데리고 남쪽으로 도망쳤다. 당황하기 는 장쭤린도 마찬가지였다.

펑위샹은 북양원로 돤치루이를 임시집정(執政)에 추대했다. 총

임시집정에 취임한 북양정부 원로 돤치루이.
1924년 11월 24일, 베이징.

통과 총리를 겸한 돤은 권위가 넘쳤다. 창강 유역의 즈파 실력자들이 지지를 표명하자 자신의 근거지 톈진에 회의를 소집했다. 11월 8일, 장쭤린과 펑톈 주재 외국 영사들이 탑승한 전용열차가 산하이관을 통과했다. 톈진에 도착하자 장갑차 12대가 장의 차량을 에워쌌다. 장쭤린의 참모들이 보기에 펑위샹은 애물단지였다. 암살을 기도했다. 장쭤린의 한마디에 계획을 접었다. 3일간 계속된 회의는 관할지역 재분배였다. 상하이를 포함한 노른자는 장쭤린이 차지했다. 지반이 없던 펑위샹은 실속이 없었다. 황무지나 다름없는 서북지역을 할당받았다.

평화는 요원했다. 사회 곳곳에 침투한 공산당과 새로운 모순이 발생했다.

펑위샹의 거사를 높이 평가한 쑨원

중국 근대사에 베이징정변(北京政變)이 세 번 등장한다. 1861년 10월, 26세의 서태후 즈시(慈禧)가 시동생과 손잡았다. 권신 쑤쉰(肅順)을 제거하고 권력 찬탈에 성공했다. 37년 후, 즈시가 또 일을 벌였다. 황제 주변에 얼쩡거리는 개혁파들에게 철퇴를 가하고 황제의 권력을 솜방망이로 만들어버렸다. 즈시 태후가 일으킨 두 차례 정변은 궁중의 권력 암투였다. 형장 주변에 몰려온 구경꾼과 망나니들의 칼춤만 요란했다.

1924년 10월 하순, 2차 즈펑전쟁이 치열할 때 발생한 베이징정변은 달랐다. 즈파 군벌의 일원인 펑위샹이 즈파가 장악한 중앙정권을 무너뜨린, 전형적인 쿠데타였다. 세계의 언론매체가 베이징을 장악한 펑을 주목했다. 오보가 대부분이었다. 1999년 9월, 타이베이 교외의 온천장에서 펑위샹과 한솥밥 오래 먹은 참모의 막내 아들이 재미있는 구술을 남겼다.

"펑 장군은 옹색한 하급장교의 아들이었다. 정규교육은 못 받았다. 1년 3개월간 서당 출입이 다였다. 어릴 때부터 교회만 열심히 다녔다. 먹고살기 위해 열두 살 때 군적에 이름 올리고 7년간 사병생활을 했다. 187센티미터 큰 체격에 틈만 나면 독서에 열중했다. 사격까지 백발백중이다 보니 상관들 눈에 들었다. 위안스카이의 오른팔 루젠장(陸建章)에게 예쁜 처조카가 있었다. 루 장군은 펑위샹을 총애했다. 1905년 봄, 직접 나서서 처조카와 결혼시켰다. 쑨원이 동맹회 기관지에 삼민주의(三民主義)를 발표할 즈음이었다."

결혼과 함께 펑위샹의 위상도 달라졌다. 처삼촌 덕에 좋은 보직을 도맡아 했다. 청소년 시절부터 군생활 하다 보니 뇌리에 충군(忠君) 사상이 가득했다. 광서제(光緒帝)와 즈시가 병사하자 기이한 행동으로 주위를 놀라게 했다. 3일 밤낮을 한자리에 앉아 통곡만 해댔다. 식음을 전폐하고 잠도 안 잤다. 충성심보다 엄청난 체력에 감탄하는 사람이 더 많았다.

부하가 늘어나자 세상 보는 눈이 밝아졌다. 하늘처럼 알던 청나라 정부의 부패와 무능에 실망했다. 동료들과 무학연구회(武學硏究會)라는 정치조직을 만들었다. "우한(武漢)이 시끄러우면 온 중국

1912년 1월 1일 밤에 열린 쑨원의 임시 대총통 취임식은
야간 촬영시설 미비로 영상자료를 남기지 못했다.
서화에 능한 동맹회 회원 위안시뤄(袁希洛)가 당시 기억을 더듬어
참석자들의 모습을 그림으로 재현했다.

평위샹은 소박했다. 복장이 항상 이랬다.

이 시끄럽다"는 옛말은 그때도 마찬가지였다. 1911년 10월 10일, 군사 요충지 우한삼진(武漢三鎭)에 주둔 중인 남양신군(南洋新軍)이 혁명군 깃발을 내걸었다. 펑위샹이 이끌던 무학연구회도 호응을 모의했다. 1911년 1월 1일 0시 정각, 쑨원이 임시 대총통에 취임하자 반란을 일으켰다. 거사는 이틀 만에 실패했다. 펑은 체포됐지만 루젠장의 인척이라 금세 풀려났다. 군 복직도 별문제가 없었다. 3년간 근신하며 경력을 쌓았다. 든든한 자산이 될 여단장이 되자 조심스럽게 기지개를 켰다. 쑨원은 펑위샹의 거사를 의거(義擧)라며 높이 평가했다. 인편에 박애(博愛) 두 글자를 휘호해서 보냈다.

즈파와 결별, 쑨원의 혁명사상 옹호

펑위샹의 모병과 군사교육은 특색이 있었다. 낙후된 지역에만 모병관을 보냈다. 손에 돌덩이 같은 군은살 박인 농촌 청년이 아니면 뽑지 않았다. 훈련은 엄격했다. 야간전투와 육박전, 행군은 가혹할 정도였다. 사병 출신이다 보니 군대의 적폐와 사병들의 심리를 잘 알았다. 같은 밥 먹고 잠자리도 허술했다. 장교들은 죽을 노릇이었다. 옛 부하의 회고록 일부를 소개한다.

"펑 장군은 싸구려 옷과 거친 음식이 몸에 밴 지휘관이었다. 금연과 도박을 금지하고, 툭하면 금주령을 내렸다. 예하 지휘관이나 참모들은 비단옷 걸칠 엄두를 못 냈다. 여관 출입이나 외국 물건 좋아하다 몽둥이찜질 당한 측근이 한둘이 아니었다. 훗날 산둥성 주석을 역임한 한푸쥐(韓復榘)는 사소한 실수로 부하들 앞에서 각목 세례를 받았다. 심복 쑹저위안(宋哲元)은 더했다. 몰래 술 마셨다는 이유로 실신할 때까지 가죽 채찍으로 얻어맞았다. 장군은 힘이 장사였다. 무거운 역기를 장난감처럼 다뤘다. 부하들 사이에 별명이 여포(呂布)였다. 항우(項羽)가 환생했다고 쑤군대는 사람도 많았다."

펑위샹은 정신교육을 중요시했다. 모아놓고 직접 시켰다. 세 시간이 넘는 경우가 허다했다. 1975년 대만에서 사망한 전 국민당 육군상장(上將) 류루밍(劉汝明)의 회고록에 이런 구절이 있다.

"펑위샹은 봉건사상과 농민의식이 묘하게 뒤섞인 복잡한 사람이었다. 군사훈련보다 정신교육에 더 치중했다. 타고난 무골이다 보니 명확한 정치관이 있을 리 없었다. 훈시 내용이 산만했다. 무슨 말인지 모를 때가 많았다. 봉건적인 윤리와 도덕, 애국을 강조했지만 애국에 대한 설명은 수시로 달랐다. 박애와 희생을 역설할 때는 기독교 목사 같았다. 군관 상대로 특강을 세 차례했다. 효도와 애민(愛民), 보불전쟁 때 프랑스 국민의 애국적인 행동이 주제였다. 내용이 어수선하고 앞뒤가 안 맞았다. 당시에는 참 별난 사람이라는 생각이 들었다. 온갖 풍파 겪으며 많은 사람 만났지만 애국이 뭔지 딱 부러지게 설명하는 사람을 본 적이 없다. 애국은 실천이라는 것을 깨닫자 말이 생각을 따르지 못했던 장군이 그리웠다. 덩샤오핑(鄧小平)은 펑 장군의 일생을 애국자라는 한마디로 정의했다. 맞는 말이다. 장군은 죽는 날까지 애국을 실천하려고 노력했다."

베이징정변에 성공한 펑위샹은 즈파와 결별했다. 군대 명칭도 중화민국국민군(中華民國國民軍)으로 바꿨다. 외국 기자에게 이유를 설명했다. 정변이 아닌 혁명이라고 강조했다.

"우리는 쑨중산 선생의 혁명사상을 옹호한다. 선생을 베이징으로 모셔 오기 위해 동지들과 수도혁명을 단행했다. 중산 선생은 국민당의 영도자다. 우리의 대오도 국민군이 당연하다. 선생은 소련의 지원으로 공산당과 연합했다. 군관학교를 설립하고 통일을 위한 혁명군 양성에 돌입했다. 국민군과 합세할 날이 머지않았다."

즈펑전쟁의 승리자 장쭤린은 어이가 없었다. 정국이 복잡해지기 시작했다.

동북의 이권 위해 베이징정변 획책한 일본

1924년 10월, 펑위샹이 일으킨 베이징정변은 중국이 가장 복잡할 때 일어난 복잡한 사건이었다. 미국의 펑위샹 연구자 셰리든(James E. Sheridan)은 정변의 배후로 일본을 지목했다.

"정변 하루 전인 10월 21일 밤, 일본군 장교가 구베이커우(古北口)의 펑위샹 사령부에 나타났다. 장시간 밀담을 나눴다. 이 일본군

베이징정변의 일등공신 쑨웨. 후징이와 함께
중국에서 활동한 우리의 애국지사들과도
좋은 인연을 많이 남겼다.

장교는 정변 후 펑의 개인고문을 지냈다. 일본의 중국 침략에도 중요한 역할을 했다."

일본 군부와 외무성의 펑위샹 사주설도 제기했다.

"10월 22일 펑톈의 일본어 신문 『순천시보』(順天市報)가 펑의 회군을 보도했다. 베이징 시민들은 10시간이 지난 23일 새벽에서야 정변이 일어난 줄 알았다. 베이징 이외 지역도 일본 방송 통해 정변 소식을 듣고 경악했다. 톈진 주재 일본 총영사 요시다 시게루(吉田茂)는 뉴스가 나올 때마다 빙그레 웃었다. 정변 상황을 제 손바닥 보듯 상세히 파악하고 있었다."

일본은 정변을 획책할 만한 이유가 있었다. 1904년 일본과 러시아는 동북의 이권을 놓고 충돌했다. 승리자 일본은 10년간 동북의 정치, 경제, 문화 침투에 열을 올렸다. 장쭤린의 굴기도 주목했다. 1918년 장이 동북을 통일하자 지지를 결정했다. 장은 한동안 일본의 대리인 역할을 충실히 수행하며 내실을 다졌다.

일본의 야욕은 동북에 그치지 않았다. 관(산하이관)내로 눈길을 돌렸다. 관내 최대의 실력자 우페이푸는 죽는 날까지 일본 혐오가 극에 달했다. 청년 시절 겪었던 청·일전쟁, 특히 갑오(甲午)년 해전 패배의 음영이 평생 지워지지 않았다. 항일전쟁 초기 일본인 치과의사에게 독살당했다는 것이 정설이다.

베이징정변 7년 전, 집권에 성공한 레닌은 세계 혁명을 꿈꿨다. 코민테른을 출범시켰다. 포섭 대상은 서구가 아닌 동방이었다. 중국에서 이상적인 합작 대상을 찾았다. 갖가지 명목으로 주재원을 파견했다. 중국에 상주하는 코민테른 대표는 쑨원과 북양정부의 실권자 우페이푸를 놓고 저울질했다. 성망(聲望)이 우가 쑨보다 월등했다. 도처에 침투해 있던 일본 정보기관이 소련의 속셈을 모를 리 없었다. 애국과 민족주의의 상징인 우페이푸가 소련에 기울면 동북의 이권은 물거품이나 다름없었다.

북벌 참여를 선언한 펑위샹

일본은 우페이푸 제거에 착수했다. 우페이푸라면 이를 갈던 장쥐린을 중간에 내세웠다.

"쑨원과 연합해라. 권좌에서 물러난 돤치루이와 동맹을 맺어라."

장이 솔깃할 내용이었다. 우와 사사건건 대립하던 펑위샹 회유도 장에게 맡겼다. 장은 실속파였다. 무력통일을 달성할 기회였지만, 펑위샹 회유에 제 돈을 쓰지 않았다. 150만 위안을 요구했다. 요시다 시게루는 일본이 운영하던 펑톈은행에서 돈을 빌렸다. 장쥐린은 50만 위안만 펑위샹에게 보냈다. 나머지는 전투기 구입에 썼다.

정변에 성공한 펑위샹은 자금성(紫禁城)에서 작은 조정 운영하던 청의 마지막 황제 푸이를 정리했다.

"혁명으로 공화제를 선포한 지 13년이 지났다. 아직도 황제라는 폐물이 2,000여 명 거느리며 황제놀이 하는 건 말이 안 된다. 자금성에는 200여 년간 긁어모은 문화재가 쌓여 있다. 반출 못 하도록 20분 안에 내쫓아라."

일본은 평민으로 추락한 푸이를 톈진의 일본 조계로 빼돌려 애지중지했다. 훗날 쓸모가 있었다.

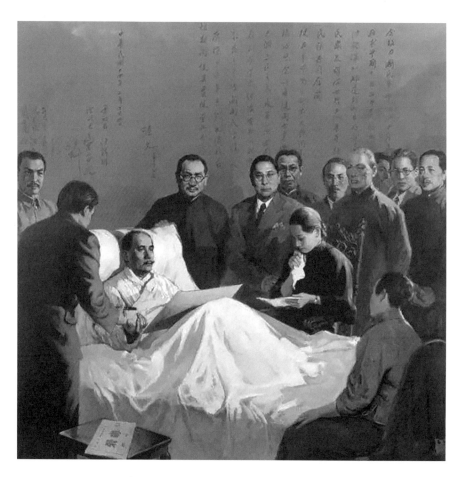

중국의 국부 쑨원은 베이징 도착 3개월 후 암으로 세상을 떠났다.
사망 5일 전 유촉(遺囑) 남기는 모습을 무명의 화가가 그렸다.

소련은 우페이푸가 몰락하자 중국 공산당과 합작을 전제로 쑨원과 손을 잡았다. 일본도 펑위샹이 쑨원의 열렬한 지지자인 것을 간과했다. 펑이 정변 동지 쑨웨(孫岳), 후징이(胡景翼)와 연명으로 광저우(廣州)에 있는 쑨원에게 국정을 맡기겠다는 초청장을 보내자 당황했다.

펑위샹은 되는 일이 없었다. 관내에 진입하지 않겠다던 장쭤린은 약속을 어겼다. 동북군을 몰고 베이징에 입성했다. 집정에 추대한 돤치루이도 만만치 않았다. 펑이 재편한 국민군을 서북군으로 개편했다. 펑은 하야를 선언했다. 겁먹을 줄 알았던 돤은 말리는 시늉만 했지 끄떡도 안 했다. 베이징에 온 쑨원은 죽음을 앞둔 환자였다. 펑은 부인만 몇 차례 쑨원에게 보냈을 뿐 대면은 하지 않았다. 쑨이 세상을 떠나자 소련행을 결심했다. 출발 하루 전 국민당에 입당했다.

소련은 펑위샹과 선을 그었다. 레닌과 트로츠키와의 만남도 형식에 불과했다. 거처와 음식도 수준에 맞지 않았다. 검소함이 몸에 밴 펑위샹은 만족했다. 7년 예정이던 소련 체류는 위유런의 귀국 종용으로 3개월에 그쳤다.

중국으로 돌아온 펑위샹은 사람이 달라졌다. 국·공합작으로 전개 중인 국민혁명(북벌) 참여를 선언했다. 우위안(五原)에서 역사적인 의식을 열었다. 부하들 앞에서 개인의 공과(功過)를 회상하며 선서했다.

"국민당의 이념으로 민중을 환기하고, 매국 군벌과 제국주의를 타도하고, 중국의 자유와 독립을 쟁취하기 위해, 우리를 평등하게 대하는 민족과 공동 분투하며, 삶과 죽음을 함께하겠다. 목적에 도달할 때까지 그치지 않을 것을 선서한다."

위유런과 함께 홍기를 땅에 박았다.

펑위샹은 북양군벌과 완전히 결별했다. 소식을 들은 장쭤린은 "뭐 저런 놈이 다 있느냐"며 마시던 찻잔을 패대기쳤다. 새로운 드라마가 펼쳐질 징조였다.

진보의 상징 펑위샹

"역사 공부 안 해서 좌우가 깜깜하다.
역사를 어설프게 아는 지도자는 독재자가 되기 쉽다."

덩샤오핑, 50여 년 전 펑위샹 회고

한동안 펑위샹에 대한 평가는 야박했다. 은원(恩怨)이 남달랐던 장제스는 찬양과 비난을 반복했다. "배신이 직업"이라는 악담도 서슴지 않았다. 마오쩌둥도 마찬가지였다. 1959년 여름 뤼산(廬山)에서 열린 정치국 확대회의에서 펑더화이(彭德懷)에게 비판받자 "펑위샹 같은 인물"이라며 맞받아쳤다. 덩샤오핑은 달랐다. 펑의 업적을 높이 평가했다. 일생을 "애국자" 한 마디로 요약했다. 남들은 모르는 이유가 있었다.

1982년 9월 14일 베이징, 전 서북군 출신 100여 명이 준비한 펑위샹 장군 탄생 100주년 기념식이 열렸다. 식이 시작될 무렵 덩샤오핑이 참석한다는 소식에 장내가 술렁거렸다. 자녀들이 덩을 맞이하기 위해 나이순으로 도열했다. 펑의 친척들과 악수를 마친 덩이 입을 열었다.

"푸넝(弗能)이 안 보인다."

펑위샹의 둘째 딸 펑푸파(馮弗伐)가 훌쩍이며 답했다.

"큰언니는 3년 전 세상을 떠났습니다."

덩은 탄식과 함께 연신 무릎 치며 애석한 표정을 지었다.

자리에 앉은 덩샤오핑은 펑위샹의 삶을 설명했다.

"일생 중 많은 시간을 국가와 인민을 위해 훌륭한 일을 많이 했다. 거대한 공과 위업을 후세에 남겼다."

펑푸닝과의 일화도 소개했다.

"모스크바 중산대학 시절, 푸닝과 장징궈(蔣經國)는 나와 같은 반이었다. 당시 두 사람은 우리 반에서 가장 어렸다. 푸닝은 장징궈의 첫사랑이었다. 가는 곳마다 붙어 다녔다. 둘이 결혼 신고할 때 나도 같이 갔다."

1920년대 초, 중국은 소련과 달콤한 사이였다. 중국의 고관 집 자녀와 열혈청년들의 소련 유학이 줄을 이었다. 소련의 지원으로 설립한 황푸군관학교 교장 장제스의 아들 장징궈도 모스크바로 떠났다. 1925년 10월, 중산대학에 이름을 올렸다. 독일 유학 중이던 펑푸닝도 소련 행을 주저하지 않았다. 장징궈와 펑푸닝은 16세 동갑이었다. 중산대학의 중국인 유학생들은 극성파였다. 연애도 학업 못지않게 치열했다. 소련에 온 장제스도 푸닝을 맘에 들어 했다.

이날 덩샤오핑은 50여 년 전 펑위샹과의 어려웠던 시절도 회상했다.

"국·공합작이 성사되자 펑 장군은 우리 당원을 서북군에 파견해달라고 요청했다. 당에서 3명을 보냈다. 나도 그중 한 명이었다. 우리는 군용열차 타고 사막을 건넜다. 내몽골에 도착해 펑 장군의 북벌선언(五原誓師)을 거들었다. 서북군은 물자 결핍으로 고생이 심했다. 50여 년 전 장군과 들판에서 찐만두 썹으며 허기 달랬던 날들이 눈에 선하다. 펑 장군은 전형적인 농민장군이었다. 사병들과 함께 밥을 먹었다. 제 밥을 어린 사병에게 덜어주는 모습을 많이 봤다."

펑위샹은 황푸군관학교를 부러워했다. 덩샤오핑과 함께 서북의 황푸나 다름없는 중산군사학교를 세웠다. 1927년 공산당과 결별한 장제스가 중공당원을 무자비하게 학살했다. 거의 인간사냥 수준이었다. 다른 군벌들은 장제스 눈치 보느라 더 가혹했다. 덩샤오핑의 목숨도 풍전등화였다. 펑은 불안해하는 덩샤오핑을 안심시켰다. 예의를 갖춰 떠나보냈다.

호랑이 아버지에게 개 같은 자식 없다

펑위샹은 자녀교육에 성공했다. 어릴 때부터 가혹할 정도로 엄하게 다뤘다. 국민당 고관들의 자녀 교육을 혹독히 비판했다. 당시 중국에 와 있던 서구인들의 영향으로 애완견을 애지중지할 때였다.

"애들을 애완견처럼 예뻐만 하고 돼지처럼 먹이기만 하는 세태가 한심하다. 애들은 개나 돼지가 아니다. 능력을 갖추도록 엄하게 키워야 한다. 근본과 평민의식을 망각하는 애들은 부모 책임이다."

부하들에게도 지시했다.

"우리 애들 부를 때 샤오제(小姐) 같은 용어 쓰지 마라. 나도 너희들처럼 평민 출신이고 애들도 평민 자식이다. 그냥 이름 불러라.

어기면 노예 취급당할 각오해라."

장남 펑훙궈(馮洪國)에겐 특히 엄했다. 부관이 지출하는 기밀비로 산 원숭이 털모자 쓰고 열차 1등석 탄 것을 알자 분노했다. 방문 걸어 잠그고 다그쳤다.

"내가 원래 뭐하던 사람인 줄 아느냐?"

"벽돌 기술자 출신입니다."

"다시 말해봐라."

"사병 출신입니다."

말이 떨어지자 주먹이 날아왔다. 꿇어앉자 훈계와 주먹이 사정없이 날아왔다.

"너는 근본이 뭔지 모르는 놈이다. 네 조부와 아비는 빈한한 집안 출신이다. 고급 모자와 1등석이 말이 되느냐."

펑위샹은 밖에서 부관이 제 잘못이라며 빌고, 부인 리더촨이 문을 두드려도 막무가내였다. 평소 존경하는 큰형수가 나타나자 문을 열었다. 형수가 떠나자 부관에게 지시했다.

"병기창에 데리고 가라. 8주간 중노동 시켜라."

일본 육군사관학교를 마친 훙궈는 부친을 실망시키지 않았다. 사병들과 풍찬노숙하며 전쟁터를 누볐다. 펑위샹은 아들 덕에 호부무견자(虎父無犬子), 호랑이 아버지에게 개 같은 자식 없다는 소리 들을 때마다 싱글벙글했다.

세계적인 재미 물리학자 펑훙즈(馮洪志)와 전 북해함대 부사령관 펑훙다(馮洪達)도 펑위샹의 아들이었다. 딸과 며느리도 빼어났다. 해군총의원 부원장을 역임한, 중국이 자랑하는 면역전문가 펑

평위상과 리더촨은 1남 3녀를 뒀다.
뒷줄이 장녀 평리다. 1940년, 충칭.

리다(馮理達)는 리더찬 사이의 장녀이고, 며느리 위화신(余華心)은 시아버지 일생을 정리해 펑위샹의 진면목을 세계에 알렸다.

『타임』지 설립자 헨리 루스의 평전에 이런 구절이 있다.

"의화단 사건부터 1925년 쑨원이 세상을 떠날 때까지 중국은 서방 선교사들의 천국이었다. 학교 설립도 제약을 받지 않았다. 1920년대 중반, 서방 선교사들이 세운 27개 대학에 3,700명의 중국 학생이 있었다. 그간 배출한 졸업생이 4만 3,000명을 웃돌았다. 중학교와 초등학교까지 합하면 중국 청소년 35만여 명이 교회학교를 다녔다."

루스는 19세기 말 산둥성에서 미국인 선교사의 아들로 태어났다. 1900년, 세 살 때 의화단 사건이 발발했다. 선교사들은 공포에 떨었다. 루스 일가는 중국인 보모의 도움을 받았다. 목선으로 인천 거쳐 한성에 도착하자 한숨을 내쉬었다. 난이 평정되자 중국으로 돌아왔다. 루스는 1912년 가을, 열네 살 때 중국을 떠났다. 예일대학을 마치고 스물여섯 살 때 시사주간지 『타임』을 창간했다. 유년기에 겪은 의화단 사건과 귀국 1년 전에 발발한 신해혁명은 평생 잊지 못할 기억이었다. 『타임』은 격동기 중국에 대한 편파성 보도와 지나친 개입으로 특정 인물이나 정당의 기관지 소리도 심심찮게 들었다.

1928년 7월 2일자 『타임』의 표지는 펑위샹이 장식했다. "중국의 기독교 전사들을 오합지졸에서 당당한 군인으로 변모시킨, 세계에서 가장 많은 사병(私兵)을 거느린 기독장군"이란 설명이 눈길을 끌었다. 딸 펑리다의 구술을 소개한다.

"정신착란으로 고생하는 군관이 있었다. 용하다는 의사들이 치료해도 병세가 호전되지 않았다. 미국인 목사가 진료를 자청했다. 생각지도 않았던 일이 벌어졌다. 치료받던 군관이 옆에 있던 총 들고 목사를 패 죽였다. 국제적으로 엄청난 사건이라 다들 긴장했다. 난리를 부릴 줄 알았던 목사 부인이 엄청난 말을 했다. 남편은 치료를 마치지 못했다. 내가 계속 치료하겠다며 환자 곁으로 갔다. 아버지는 감동했다. 기독교야말로 좋은 것이라며 부하 전원에게 기독교를 믿으라고 명령했다. 큰 물통 들고 다니며 직접 세례식을 했다. 『성경』 암송대회도 열었다. 일등 하면 찐빵 다섯 개와 물고기 두 마리 그린 그림을 상으로 줬다. 군가도 찬송가로 대체했다."

연합과 결별을 반복한 20년

펑위샹은 묘한 매력이 있었다. 칩거하다 다시 나타나면 10만여 명이 금세 모였다. 장제스도 이런 펑을 함부로 하지 못했다. 20년간 연합과 결별을 반복했다. 소련에서 돌아온 펑은 북양정부에 등을 돌렸다. 서북군을 개편한 국민혁명군 제2집단군을 이끌고 북벌에 참여했다. 제1집단군사령관 장제스와는 북벌 도중 쉬저우(徐州)에서 처음 만났다. 훗날 미국에서 당시를 회상했다.

"장제스의 풍채와 언어, 태도는 흠잡을 곳이 없었다. 일찍 만나

1927년 6월, 쉬저우에서 회합한 북벌군 수뇌들.
왼쪽부터 옌시산, 펑위샹, 장제스, 리쭝런(李宗仁).

지 못한 것이 한이다."

국민당의 계파분쟁은 심각할 정도였다. 장제스는 하야를 선언하고 일본으로 갔다. 펑은 제3집단군사령관 옌시산(閻錫山)과 연합했다. 장제스의 지지를 선언하고 귀국을 건의했다. 귀국 후 총사령관에 복직한 장은 펑과 정식으로 결맹의식을 열었다. 결맹은 오래가지 못했다. 장제스가 쑨원의 삼민주의를 제대로 이행하지 않았다는 이유로 장·펑전쟁이 발발했다. 전쟁에서 패하자 옌시산과 연합했다. 장제스 타도를 선언했다. 전쟁시작 전 옌은 펑을 연금시켰다. 장제스에게 대가를 요구했다.

장제스는 옌을 실망시켰다. 마지막 군벌전쟁이나 다름없는 중원대전(中原大戰)은 동북군과 합세한 장제스의 승리로 끝났다. 펑위샹의 군대는 뿔뿔이 흩어졌다.

1931년 9월 일본군이 동북을 점령했다. 장제스는 동북을 포기하고 홍군 토벌에 주력했다. 타이산(泰山)에 칩거하던 펑위샹은 장의 무저항 정책에 격분했다. 펑은 항일을 작정했다. 옛 근거지 장자커우(張家口)에 모습을 드러냈다. 민중항일동맹군을 조직했다. 순식간에 10만 명을 모았다. 동맹군은 여론의 지지와 갈채를 받았다.

장제스는 펑위샹의 독자적인 항일에 발끈했다. 동맹군 진압이 임박했다는 소문이 퍼졌다. 펑은 장과 일본군의 이중위협을 감당하기 힘들었다. 동맹군을 해체하고 다시 타이산에 은거했다. 1935년 9월, 장이 보낸 전문을 받았다.

"난징에서 만나자."

펑은 장제스가 항일전쟁을 작정했다고 판단했다. 타이산을 떠났다. 장은 긴말을 하지 않았다.

"지난 일은 날려버리자."

1급상장 계급장을 받은 펑은 국민정부군사위원회 부위원장을
겸했다.

이듬해 겨울, 장쉐량이 시안(西安)에 온 장제스를 구금했다. 펑
은 장쉐량에게 전문을 보냈다.

"내가 갈 테니 나를 감금하고 위원장은 풀어줘라."

행정원장 허잉친(何應欽)이 시안 폭격을 결정하자 "장제스가 죽
게 생겼다. 항일전쟁을 이끌 사람은 장제스 외에는 없다"며 통곡
했다.

"역사 공부 안해서 좌우가 깜깜하다"

1937년 7월 7일, 베이징 교외에서 중·일 양국이 무력 충돌했다.
국·공 양당은 합작을 선언하고 대일 항전에 돌입했다. 2년 전 타이
산에서 하산, 수도 난징(南京)에 와 있던 펑위샹은 장제스의 항전
결정에 갈채를 보냈다. 장도 펑을 우대했다. 제3전구(戰區)사령관
과 6전구사령관에 임명했다.

중공 대표 자격으로 난징에 체류하던 저우언라이(周恩來)는 통
전(統戰)의 고수였다. 펑에게 눈독을 들였다. 공산당원과 국민당
좌파들이 펑위샹의 집무실을 드나들었다. 장제스는 펑위샹이 사령
관인 제6전구를 없애버렸다. 측근에게 이유를 설명했다.

"좌파들과 접촉이 빈번하다. 병력 지휘 맡겼다간 무슨 일 벌일지
모른다. 경이원지(敬而遠之)하며 동태를 살펴라."

민중항일동맹군을 조직하기 위해 하산한 펑위샹.
1931년 11월, 장자커우.

은퇴 후 역사 공부에 열중하는 펑위샹.

평은 군을 지휘할 일이 없었다. 국민정부와 함께 전시수도 충칭(重慶)으로 이주했다. 저우언라이는 비밀당원 젠보짠(翦伯贊)에게 밀전을 보냈다.

"충칭으로 가라."

후난(湖南)성에서 중소문화협회를 이끌던 젠은 짐을 꾸렸다. 평은 폐교로 변한 중학교에 거주했다. 하루는 저우언라이와 만난 자리에서 고충을 토로했다.

"일전에 사람들 만난 자리에서 역사 얘기 나눴다. 가정교사 구해 제대로 배우고 싶다."

저우는 기회를 놓치지 않았다. 젠보짠을 추천했다.

평리다의 구술에 이런 구절이 있다.

"부친은 젠보짠을 존중했다. 부관들을 교실에 대기시키고, 직접 문 앞에서 젠을 안내했다. 수업은 점심시간 빼고 7시간씩 했다. 부친은 젠보짠의 강의를 열심히 필기했다. 손님이 오면 같이 들었다. 소문이 나자 방문객이 줄었다."

평위샹은 역사를 공부한 다음부터 세상 보는 눈이 밝아졌다는 말을 자주 했다. 한번은 백주에 장제스 만나러 갈 때 등불을 들고 갔다. 의아해하는 장에게 심한 농담을 했다.

"위원장은 역사 공부 안 해서 좌우가 깜깜하다. 그래서 들고 왔다. 역사를 어설프게 아는 지도자는 독재자가 되기 쉽다."

젠은 평위샹에게 강의한 내용을 책으로 펴냈다. 중국의 대표적인 역사서 『중국사강』(中國史講)과 『중국사논집』(中國史論集)으로 학계에 자리를 굳혔다.

미국에서 장제스를 맹공한 펑위샹

항일전쟁 승리 후 펑위샹은 난징으로 돌아왔다. 장제스와의 모순은 하루가 다르게 격화됐다. 가는 곳마다 특무들이 따라다녔다. 펑은 생명에 위협을 느꼈다. 장에게 편지를 보냈다.

"미국의 수리시설을 둘러보겠다. 가족과 함께 출국하고 싶다."

장은 가족 동반은 수락하지 않았다. 재차 요구하자 조건을 달았다.

"부인 리더촨이 국민당에 입당하고 딸 펑리다는 삼민주의청년단에 가입해라. 당원이나 단원이 아니면 여권 발행이 불가능하다."

펑이 거절하자 장이 양보했다.

"막내딸만 두고 가라. 교육은 우리가 책임지겠다."

1년 후 아들과 막내딸도 미국으로 보냈다.

1946년 9월 2일 펑위샹 부부는 난징을 떠났다. 이튿날, 상하이 부두에서 저우언라이와 덩잉차오(鄧穎超)의 환송을 받으며 미국행 배에 올랐다. 펑리다의 구술을 소개한다.

"부친은 생애 마지막 2년을 미국에서 보냈다. 영어는 혼자 외출해도 될 정도였다. 1947년 5월, 청년학생들의 반기아(反飢餓), 반내전(反內戰), 반박해(反迫害) 운동이 벌어졌다. 국민정부의 진압은 가혹했다. 소식을 접한 부친은 격노했다."

평위샹은 화교신문에 조국 동포에게 보내는 서신을 게재했다. 국민당 정부의 폭행을 비난하며 내전 중지와 마오쩌둥이 제창한 연합정부 수립을 지지했다. 주변에 낯선 사람들이 어른거렸다. 우편함엔 연일 협박편지가 가득했다. 뉴욕의 민주인사들이 평에게 초청장을 보냈다.

"동부에 평화민주연맹을 조직해 미국의 장제스 지원 반대 운동을 전개하자."

평은 딸 리다와 비서 뤄위안정(羅元錚)을 데리고 뉴욕으로 갔다. 중도에 차 안에서 두 사람에게 결혼을 권했다.

"결혼선물은 말로 대신하마. 나는 평민 출신이다. 노동자라는 생각을 잊지 않으려고 노력했다. 손을 보호해라. 사람은 손만 멀쩡하면 굶어 죽지 않는다."

뉴욕에 도착한 평위샹은 기자회견을 열었다. "부패의 원천인 위안스카이의 축소판, 제2의 히틀러"라며 장제스를 맹공했다. 상·하원 의원들과도 자주 접촉했다. "평위샹이 귀국해 집권할 의사가 있으면 대포, 무기, 자금을 지원할 용의가 있다"는 의원들이 나타나기 시작했다.

장제스는 평위샹을 당에서 축출했다.

"행동이 경박하고 언사가 불량하다. 당의 규율을 휴지로 만들었다."

미국에 평의 추방도 요청했다. 내전 승리를 확신한 중공은 평이 소련을 경유해 정치협상회의에 참석하기를 희망했다. 당시 미국과 소련은 오가는 선편이 없었다. 미국 주재 소련대사가 극성을 떨었

1948년 4월, 뉴욕 거리에서 장제스 지원 반대 연설하는 평위샹.

1948년 워싱턴에서 상·하원 의원들과 함께한
펑위샹(왼쪽 넷째)과 리더촨(앉은 오른쪽 둘째).

다. 직원 자녀 200여 명과 중앙위원 4명의 귀국을 이유로 특별여객선 출항을 성사시켰다.

1948년 7월 31일, 펑위샹 일행은 극비리에 뉴욕을 떠났다. 『뉴욕타임스』가 펑위샹의 실종을 대서특필했다. 펑위샹은 여객선 1등실에서 유유자적했다. 9월 1일 오전 선장이 방송을 했다.

"흑해에 진입했다. 이제부터 소련 영해다."

오후 3시 화마(火魔)가 여객선을 덮쳤다. 100여 명이 사망했다. 펑과 막내딸도 불길을 피하지 못했다.

소련 정부는 성대한 영결식을 열고 리더촨을 위로했다.

"딸과 아들은 우리가 교육을 전담하겠다."

펑리다는 모스크바 의과대학에 입학했다. 리더촨은 남편의 유골함을 안고 홍콩으로 갔다. 정치협상회의에 참석할 민주인사들과 원산을 거쳐 동북에 안착했다.

강직한 정통파 지식인 위신칭

1966년 문혁 초기, 신중국 국가의전의 창시자 위신칭(余心淸)은 홍위병들의 닦달에 치욕을 느꼈다. 집에서 목을 맸다. 4년 전부터 심사와 심문에 시달리던 시중쉰(習仲勛)은 옛 동료의 자살 소식에 가슴을 쳤다. 훗날 측근에게 이런 말을 했다.

"위신칭은 우리와 길을 함께한 고급지식인이었다. 무슨 일이건 방향이 분명했다. 강직하고, 아부하는 것을 본 적이 없다. 모욕 대신 죽음을 선택했다. 정통파 지식인답게 아무도 원망하지 않았다. 애석할 뿐이다."

저우언라이도 비슷한 말을 남겼다.

위신칭은 "펑위샹의 심복"이란 소리를 많이 들었다. 펑은 달랐다.

"훌륭한 동지이며 동료다. 안사람끼리도 절친한 친구다. 내가 먼저 태어나다 보니 막내동생 같은 생각은 들었다. 심복이라 생각한 적이 없다."

사돈이란 말은 할 수가 없었다. 펑은 아들 훙다와 위의 외동딸 화신(余華心)이 결혼하기 전에 세상을 떠났다.

펑위샹과 위신칭은 유사한 점이 많았다. 16년 터울로 10리 남짓 떨어진 곳에서 태어났다. 가정형편은 둘 다 엉망이었지만, 어릴 때부터 독서와 서예를 게을리하지 않았다. 펑은 15세 때 군복을 입었다. 위도 16세 때부터 밥벌이에 나섰다. 편지 대필과 도배로 입에 풀칠했다. 난징에 학비 안 받는 학교가 있다는 말 듣고 솔깃했다. 가보니 미국 선교사들이 세운 신학원(神學院)이었다. 4년 후 그 유명한 '진링(金陵)신학원'을 우수한 성적으로 졸업했다. 목사 자격도 땄다.

교회는 위신칭을 허난성에 파견했다. 위는 목회활동을 열심히했다. 설교도 특색이 있었다. 일반 목사들처럼 상제(上帝)나 천국(天國)이라는 용어를 쓰지 않았다. 구국(救國)과 구민(救民)을 소홀히 하는 군벌 비판과 혁명군 양성을 역설했다. 후난성 독군 펑위샹은 위의 설교가 맘에 들었다. 군목으로 초빙했다. 미국 유학도 주선했다. 컬럼비아대학 교육학과에 적을 둔 위신칭은 중국 여학생들에게 인기가 있었다. 춘펑(春風)이라는 별명이 붙었다. 바람이 치

위신칭·류란화 부부와 딸 위화신.

맛자락 스치면 여학생들은 "위신칭은 꿈쩍도 안 하는데 얘가 왜 난리냐"며 얼굴을 찌푸렸다. 먼저 와 있던 류란화(劉蘭華)도 마찬가지였다.

류란화는 산시성의 기독교 가정에서 태어났다. 전당포로 거부를 축적한, 중국 4대 가족의 대표 격인 쿵샹시(孔祥熙)의 집안과 세교(世交)가 있었다. 베이징의 명문 베이만(貝滿)여중을 마치고 쿵샹시의 조카와 약혼했다. 약혼자가 불의의 사고로 죽었다. 같은 반 친구였던 리더촨에게 평생 결혼하지 않겠다는 말을 남기고 유학길에 올랐다. 베를린대학을 마치고 미국으로 갔다. 컬럼비아대학 대학원에서 교육학을 전공했다. 중국 유학생 모임에서 위신칭을 만났다. 리더촨과 육군순열사 펑위샹의 결혼소식 듣고 마음이 싱숭생숭할 때였다. 염치 불구하고 아홉 살 어린 위신칭에게 손을 내밀었다.

위신칭은 류란화의 손을 잡고 귀국했다. 펑위샹은 군인과 공무원 자녀 교육을 위한 교회학교를 지었다. 교장 위신칭은 항일교육에 전념했다.

"국가가 위기에 처했다. 밖에서 강한 적이 우리를 넘보고, 안에서는 민중의 적이 국민을 압박한다."

1931년 9월, 일본 관동군이 동북3성을 점령했다. 장제스가 항일을 포기하자 펑은 반장제스 세력 규합에 팔을 걷어붙였다. 위도 학교 교장직을 걷어치웠다. 장제스 반대운동에 합류했다. 장제스가 체포령을 내리자 일본으로 망명했다.

국·공합작으로 항일전쟁이 시작되자 위신칭은 귀국했다. 펑위샹이 있는 충칭으로 갔다. 충칭의 중공연락책임자는 국민당군 중 장계급을 단 저우언라이였다. 저우는 위를 신임했다. 펑의 묵인 아 래 전 서북군 지휘관들 통전공작을 지시했다. 전쟁이 끝나고 국·공내전이 발발하자 위는 국민당 특무기관에 끌려갔다. 공산비적과 내통한, 통비(通匪) 혐의로 가혹한 심문을 받았다. 위는 굽히지 않 았다.

"내가 유죄라면 통비의 원조는 총리 쑨원이다. 너희들은 총리의 신도들이다. 장징궈는 모스크바에서 덩샤오핑과 그림자처럼 붙어 다녔다."

통비는 무조건 사형이었다. 유언도 남겼다.

"중국은 암흑이다. 암흑은 서광을 이기지 못한다. 동지들은 슬퍼 하지 마라."

류란화는 미국에 있었다. 어린 남편을 감옥에서 죽게 내버려두 지 않았다. 비탄에 잠긴 펑위샹부터 안심시켰다. 친구 남편인 중국 주재 미국대사 스튜어트(John Leighton Stuart)에게 집행 연기에 나 서달라는 편지를 보냈다. 귀국도 서둘렀다.

펑위샹의 총명한 며느리 위화신

펑위샹은 사후에 총명한 며느리를 봤다. 1978년 가을, 해양지질 연구소는 자료실 요원 위화신을 선진공작자로 선정했다. 후보였던 부시장 딸이 씩씩거렸다.

"대관료이며 대군벌이었던 펑위샹의 며느리는 자격이 없다."

위화신은 분을 참기 힘들었다. 조직에 건의했다.

"나는 펑위샹의 며느리고 위신칭의 딸이다. 문혁 시절, 명예를 지키기 위해 자진(自盡)한 생부는 1년 전에 명예를 회복했다. 역사 앞에 당당했던 펑 장군의 가족이 이런 대접 받는 것이 분하다. 장군의 전기 집필을 허락해주기 바란다."

조직은 선정했다 탈락시킨 위에게 미안했다. 청을 들어줬다.

명문 중학과 대학을 졸업한 위화신은 사료를 다룰 줄 알았다. 1년간 혁명역사박물관과 제2역사당안관, 베이징도서관을 다니며 자료를 수집했다. 펑위샹의 옛 부하들도 찾아다녔다. "펑 장군의 귀국선은 중앙의 지시로 중공 화동국이 마련했다. 소련 측 조사에 따르면 장군이 탄 선박의 화재는 국민당 특무의 소행이었다. 신중국 선포 후 공안국이 베이징반점에 숨어있던 범인을 체포해 처형했다"는 등 처음 듣는 얘기도 많았다.

위화신은 전국정치협상회의(정협) 사무실에 1년간 묵으며 원고를 완성했다. 1980년 봄, 『펑위샹 장군의 영혼 중화로 돌아오다』(馮玉祥將軍魂歸中華)가 출간되자 반응이 굉장했다. 초판 25만 부가 이틀 만에 동이 났다.

펑위샹은 1935년 항일동맹군 해체 후 타이산에 은거할 때 훗날의 며느리를 처음 만났다. 동맹군 총무처장 위신칭과 부인 류란화가 데리고 온 돌쟁이 딸 위화신을 귀여워했다. 무릎에 앉혀놓고 알아듣건 말건, 온갖 얘기를 다 해줬다. 8년 후 전시수도 충칭에서 세배 온 위화신을 보고 어찌나 반가웠던지 직접 그린 채소에 글씨를 써서 선물했다.

"홍당무와 가지 요리는 맛있고 향기도 그만이다. 많이 먹고 압록

강까지 달려가자."

왜 압록강이냐고 묻자 설명해줬다.

"동북에 와 있는 일본 귀신들을 압록강에 수장시켜야 한다. 너는 기억 못 해도 나는 너를 잊지 않았다. 8년 전 우연히 너를 만났다. 세상사 모든 시작은 우연이다. 사람은 우연을 소중히 여길 줄 알아야 한다."

1953년, 푸단대학을 졸업한 위화신은 친구 소개로 펑훙다를 만났다.

"펑위샹 장군의 아들이다. 펑 장군 사망 후 레닌그라드대학과 해군대학을 마치고 귀국했다."

위화신은 펑 장군의 아들이라는 말에 만감이 교차했다. 어릴 때 펑 장군이 해준 우연이라는 말이 떠오르자 더 이상 보고 자시고 할 것도 없었다. 두 사람은 만난 지 2개월 만에 동네 파출소에 가서 결혼신고를 했다.

출판기념 기자간담회에 참석한 위화신이 재미있는 말을 했다.

"남편의 장단점을 가장 잘 아는 사람은 배우자다. 나는 시어머니 리더촨의 말을 신뢰한다."

리더촨이 생전에 했다는 말도 소개했다.

"펑 장군은 반대만 하다 세상을 떠났다. 봉건제도를 뒤집어엎고 공화제를 옹호하기 위해 청나라에 반대하고, 위안스카이에게 반대하고, 장쉰의 복벽에 반대했다. 군벌 타도와 정치개혁을 주장하며 돤치루이, 장쭤린, 차오쿤, 우페이푸에 반대했다. 민족해

부인 위화신과 중앙서기처 서기 시중쉰을 방문한 펑훙다.

1981년 여름, 베이징.

1952년 11월, 광시성의학원을 시찰 나온 위생부장 리더촨.

방과 민생의 행복을 위해 일본에 반대하고, 미국에 반대하고, 장제스에게 반대했다. 장군은 이상주의자였다. 분투 목적이 민족해방과 독립국가 건설, 민주정치 구현, 경제 평등 실현이었다."

평위샹 사망 후 베이징으로 돌아온 리더촨은 정협 1차회의에 참석, 신중국 초대 위생부장에 취임했다.

문혁 초기, 부인과 함께 자살로 삶을 마감한 대역사가 젠보짠의 평가가 주목을 끌었다.

"펑 장군의 일생은 농민에서 출발해 장군이 되었다가 다시 농민으로 돌아오는 과정이었다. 장군은 한마디로 진보의 상징이었다. 반청, 반군벌에서 시작해 반장제스, 반미를 거쳐 중국의 해방전쟁을 옹호하기까지 진보를 거듭한, 역사인격의 완성체였다."

평위샹의 역사 선생이었던 젠보짠은 펑과의 인연을 소중히 여겼다. 펑도 마찬가지였다. 수시로 편지를 주고받았다. 1948년 3월 젠이 민주인사들 집결지 홍콩으로 나왔을 때도 제일 먼저 축하편지를 보냈다.

"우리 국민들은 운이 좋다. 국가의 큰 행복이다."

젠은 펑이 일기를 거르지 않는다는 것을 알고 있었다. 편지를 통해 그 점을 높이 평가했다.

"장군의 일기는 가장 진실된 현대사다. 미국 생활을 하루도 빠뜨리지 말고 기록해라."

귀국을 결심한 펑은 만년필과 유화 한 점도 인편에 보냈다. 그림에 시 한 편을 직접 썼다.

"작은 배 타고 높은 산에 올라, 장삼(長衫) 벗어 던지고, 독재와 매국 일삼는 한간을 타도하겠다."

귀국 도중 인생의 마지막 편지도 젠보짠에게 보냈다.

젠보짠은 죽는 날까지 펑위샹이 보낸 만년필을 손에서 놓지 않았다. 그림도 벽에 걸어놓고, 볼 때마다 한숨을 내쉬었다. 문혁 초기, 마오쩌둥은 묘한 최고지시를 했다.

"자산계급 반동학술권위들에겐 출로를 열어줄 필요가 있다."

두 사람 이름까지 거론했다.

"베이징대학 부교장 젠보짠과 철학과 교수 펑유란(馮友蘭)은 출로가 필요하다."

마오의 한마디는 신의 목소리였다. 지상명령이었지만, 홍위병들은 젠보짠을 내버려두지 않았다. 이유가 있었다.

신중국 청사진을 알리는 포고문

국·공내전 시절, 홍색선전기관 신화사(新華社)는 4월만 되면 분주했다. 5월 1일 국제노동절에 발표할 선언문과 구호, 집회, 시위 준비 등 할 일이 많았다. 승리를 앞둔, 1948년 노동절도 예외가 아니었다. 당시 신화사 사장 랴오청즈(廖承志)는 부원들과 타이항산(太行山) 깊숙한 곳에 주둔 중이었다. 관례대로 중공 중앙 소재지 시바이포(西柏坡)에 전문을 보냈다.

"노동절이 임박했다. 승리가 임박한 중요 시점이다. 발표할 내용

베이징대학 역사학과 교수들과 젠보짠(앞줄 왼쪽 넷째).

중 중요 사항이 있으면 알려주기 바란다."

마오쩌둥과 중앙서기처 서기 저우언라이 등 지휘부는 랴오의 요청에 신경을 썼다. "국민당 정권의 붕괴와 신중국 탄생을 앞두고 우리의 주장과 신정권의 청사진을 알릴 때가 됐다"며 포고문 초안을 작성했다.

'5·1구호(五一口號) 초고'는 총 24조였다. 내용도 종전과 큰 차이 없었다. 각계에 경의를 표하고 안부나 묻는 정도였다. 초안을 본 마오쩌둥은 당대의 명문장가였다. 5조가 맘에 안 들었다. "공인(工人, 노동자)계급은 중국인민혁명의 영도자다. 신중국의 주인공은 공인계급이다. 더욱 적극적으로 행동해 하루빨리 최후의 승리를 실현하자"를 "각 민주당파와 인민단체, 사회 명망가(賢達)들이 정치협상회의를 열고, 토론과 인민대표대회를 소집해 민주연합정부를 수립하자"로 수정했다. "중국인민의 영수 마오 주석 만세"는 눈에 거슬렸다. 직접 붓으로 지워버렸다.

4월 30일, 중앙서기처 확대회의는 마오쩌둥이 수정한 '5·1 노동절 기념구호'를 통과시켰다. 구호가 전파를 타자 홍콩과 해외의 민주인사들은 연합정부 수립을 제의한 마오의 절묘한 한 수에 열광했다. 국부 쑨원의 유지를 계승한 국민당 좌파와 군소정당 대표들은 귀국을 서둘렀다. 마오쩌둥은 구호선포 당일 홍콩에서 활동 중인 국민당 혁명위원회(民革) 주석 리지선(李濟深)과 민주정당동맹(民盟)을 이끌던 선쥔루(沈鈞儒)에게 친필 서신을 보냈다. 두 사람의 의견을 구했다.

"회의 장소는 하얼빈을 제의한다. 시간은 금년 가을이 적합하다.

중국 국민당 혁명위원회와 중국민주동맹 집행위원회, 중국 공산당 중앙위원회가 이달 안으로 연합성명을 발표하자."

민맹과 민혁은 중공을 뒤에 넣은 것 보고 겸손함에 감동했다. 온갖 군소정당과 무당당파 인사, 미주와 동남아 화교 지도자들의 중공 지지 선언이 줄을 이었다.

자살로 삶을 마감한 대역사가 젠보짠

민혁 주석 리지선은 중공의 통전대상 1호였다. 국민당 내의 지위도 군사위원회 부주석 펑위샹보다 높았다. 장제스와의 인연도 뿌리가 있었다. 장이 황푸군관학교 교장일 때 부교장이었다. 북벌 시절엔 총참모장으로 총사령관 장제스를 보좌했다. 정변을 일으킨 장이 공산당을 도륙할 때도 모른 체하지 않았다. 광저우에서 공산당을 무자비하게 숙청한 광시(廣西)파의 영수였다. 딸의 구술을 소개한다.

"부친과 장제스는 광둥과 광시, 양광의 군정 대권을 놓고 모순이 발생했다. 두 차례나 당에서 제명당했다. 일본 패망 후 장의 초청으로 난징에 갔다가 만나지도 못하고 돌아왔다. 유명한 시국 선언서를 발표하고 장과 철저히 결별했다. 장이 체포령을 내리자 홍콩으로 몸을 피했다. 국민당 좌파와 연합해 민혁을 결성했다. 민혁의 구성원은 쑨원의 옛 친구와 추종자였다. 뉴욕에 있던 펑위샹과는 둘도 없는 친구였다. 펑의 소개로 가까워진 역사학자 젠보짠도 홍콩의 우리 집에 함께 살았다. 펑위샹의 비보를

자택 문전에서 부인, 자녀, 손녀, 손자들과 함께한 젠보잔.

듣고 두 분이 통곡하던 모습이 눈에 선하다. 젠보짠은 5·1구호 이후 펑위샹의 부인과 함께 동북으로 갔다. 한발 늦게 베이징에 도착한 부친은 신중국 초대 국가 부주석을 지냈다. 매달 정부에서 지급받는 돈이 마오 주석보다 많았다. 부친은 젠이 중공 비밀당원인 줄 모르고 세상을 떠났다."

펑위샹의 사망 소식을 접한 젠보짠은 국민당의 처사에 울분을 감추기 힘들었다. 홍콩 언론에 세 차례 기고했다.

"처형당한 한간의 추도회를 여는 것들이 장군의 억울한 죽음에 침묵하는 세태가 한심하다. 대한간이 감옥에서 사망하자 고관들의 애도가 가관이다. 조문객까지 파견한 장제스는 국가 지도자 자격을 상실했다."

문혁 발발 2년 후인 1968년, 펑위샹 사망 20년 후, 젠보짠은 부인과 함께 수면제를 복용하고 세상을 떠났다. 홍위병들도 소문처럼 가혹하게 대하지 않았다는 것이 정설이다. 집 안에 연금 중이던 젠이 어디서 다량의 수면제를 구했는지는 밝혀지지 않았다. 마오쩌둥과 저우언라이도 젠의 자살을 애통해했지만, 젠을 심문한 홍위병은 처벌을 받지 않았다. 지금도 살아 있다.

젠보짠은 1937년 국민정부 수도 난징에서 저우언라이의 권유로 공산당에 입당했다. 저우만 아는 비밀당원이었다. 1961년, 베이징대학 부총장으로 취임하는 날 자신이 당원임을 처음 밝혔다. 20여 년간 비밀당원 생활하다 보니 국민당 요원들과 접촉이 빈번했다. 문혁 시절은 살벌했다. 오해를 피하기 힘들었다.

한간이 된 청 제국의 왕녀

"집이 있어도 가지 못하고,
눈물이 흘러도 닦을 곳이 없다."

대한간 요시코의 의문스러운 사형 집행

중국은 오래전부터 소수민족 침략자에게 한족의 이익을 팔아먹는 사람을 한간(漢奸)이라고 매도했다. 세월과 함께 의미도 변질됐다. 청나라 말기 개혁파와 혁명파가 충돌했다. 쑨원(孫文)의 동맹회(同盟會)는 무장혁명을 외쳤다. 개혁으로 만주족 정권의 유지를 주장하던 개혁파들을 한간이라 몰아붙였다. 정파가 다르면 서로 한간이라 물어뜯는 일이 한동안 계속됐다. 항일전쟁 발발 1년 후인 1938년 11월, 동남아 화교영수 천자경(陳家庚)이 전시수도 충칭(重慶)을 찾았다. 국민당에 제의했다.

"지금 우리는 일본과 전쟁 중이다. 적이 우리 영토에서 떠나기 전까지 조건 내걸고 왜구와 평화를 논하는 공직자나 군인은 국가를 해치는 한간임을 명심해야 한다."

유명 언론인 저우다오펀(鄒稻奮)이 천자경을 극찬했다.

"동서고금을 막론하고 가장 위대한 제안이다."

전쟁 기간 제대로 된 한간들이 무더기로 모습을 드러냈다. 한간들은 일본군과 합작했다. 동북(東北)과 화북(華北), 화중(華中) 지역에 괴뢰정부를 출범시켰다. 전장에서 일본군을 위해 작전을 편 중국 군인(僞軍)이 90만을 넘었다.

1945년 8월, 원자탄 두 발로 전쟁이 끝났다. 1개월 후 최고통치자 장제스가 전국에 산재한 한간 체포령을 내렸다. 체포 업무는 군사위원회 조사통계국(군통)이 담당했다. 군통은 전국에 지하조직이 있었다. 군통 초대소에 수감된 한간들은 온갖 특혜 받으며 호화로운 감방생활을 했다. 심문도 받지 않았다. 여론이 들끓자 재판에 회부했다. 판사들은 눈치꾸러기였다. 집권자들의 변덕을 누구보다 잘 알았다. 월급 못 받았다며 재판 기피하는 판사들이 속출했다. 군통은 사창가에서 흐느적거리는 판사 몇 명을 잡아다 두들겨 팼다. 효과 만점이었다. 행정원장 왕징웨이가 난징에 세운 친일정권(僞國民政府)의 군정요인 2,720명에게 사형을 선고했다. 무기징역을 받은 2,300여 명은 안도의 한숨을 내쉬었다.

군통 베이핑(北平) 분실이 특급 한간 가와시마 요시코(川島芳子)를 체포했다. 베이핑 제1 감옥에 수감됐다는 소식이 퍼지자 온 중국이 술렁거렸다. 법률가들이 이의를 제기했다.

"가와시마 요시코는 여섯 살 때 일본인의 양녀로 입적했다. 중국인이지만 일본 국적이다. 국적은 휴짓조각이 아니다. 간첩이라면 몰라도 한간은 아니다."

베이핑 검사국은 요시코를 간첩죄로 기소했다.

영화나 소설 같은 일이 벌어졌다. 감옥 측은 요시코를 우대했다. 깨끗한 독방에 수감하고 수갑도 채우지 않았다. 군통의 배려가 아

동생(뒷줄 오른쪽 둘째)과 함께 최승희 무용단 공연을
관람한 뒤 기념사진을 남긴 가와시마 요시코(의자에 앉은 사람).
왼쪽 첫째는 훗날 한국무용 발전에 지대한 공을
세운 최승희의 수제자 김백봉 선생.
1943년 쑤저우(蘇州)의 둥싱루(東興樓) 정원.

니면 불가능한 일이었다. 재판도 허술했다. 기소 검사가 구술을 남겼다.

"재판장은 수준 이하였다. 우리가 제출한 증거를 인정하지 않았다. 일본 군복 착용한 사진과 요시코가 소지하고 있던 안국군(安國軍) 사령관 인장, 일본 삼류 소설가가 쓴 '남장여인'과 '만주의 여명'만 증거로 채택했다. 그래도 검찰 측 요청대로 사형을 선고했다. 무죄를 선고할 줄 알았던 나는 뒤에 뭐가 있다는 느낌이 들었다. 찜찜했다."

국민정부의 한간 처리는 일벌백계(一罰百戒)였다. 가와시마 요시코의 재판도 중요한 부분은 기록영화를 만들어 대대적으로 선전했다. 가장 중요한 집행과정만은 예외였다. 의심 사기에 충분했다. 형장을 지휘한 허청빈(何承斌)의 회고를 소개한다.

"나는 가와시마 요시코의 실물은커녕 사진도 본 적이 없었다. 간밤에 통보 받고 새벽에 형장으로 갔다. 헌병 1개 중대와 검시관 감옥 소장 등 현장이 요란했다. 중국 기자가 보이지 않아 이상했다. 외국 기자 2명이 다였다. 요시코는 죽음을 두려워하지 않는 기색이었다. 관례대로 만두 두 개를 줬더니 먹기를 거절했다. 일본에 있는 부친에게 남기고 싶다는 편지는 허락했다."

경비에 동원된 헌병 중대장 탄량쩌(譚良澤)도 훗날 구술을 남겼다.

"법경(法警) 두 명이 형을 집행했다. 집행관의 명령이 떨어지기도 전에 얼굴에 실탄 두 발을 발사했다. 그날 밖에는 중국 기자들이 떼거리로 몰려있었다. 집행 완료 후 두 명만 참관을 허락했다."

요시코의 시신을 본 기자 한 명이 투덜댔다.

"나는 사형 집행을 여러 번 참관했다. 얼굴에, 그것도 두 눈에 실탄을 발사해 얼굴을 알아볼 수 없게 만든 집행은 처음 본다. 가와시마 요시코의 재판도 처음부터 끝까지 방청했다. 이렇게 뚱뚱한 모습이 아니었다."

감옥 소장이 말을 받았다.

"네 말도 맞다. 이 여자는 아편 중독자였다. 1년간 수감 생활하며 금단현상에 고생했다. 부기 때문이지 체중이 불어난 게 아니다."

기자는 한 번 째려보고 자리를 떴다.

가와시마 요시코는 양부 가와시마 나니와(川島浪速)에게 이런 편지를 남겼다.

"부친대인: 1948년 3월 25일 새벽 저는 세상과 하직합니다. 청년들에게 중국의 장래를 위해 기도해달라고 청해주시기 바랍니다. 망부(亡父)의 묘에 저의 죽음과 현재 벌어지는 중국 사정도 고해주시길 부탁드립니다. 저는 내세에서 중국에 힘을 보태겠습니다."

망부는 생부 숙친왕(肅親王)을 의미했다. 요시코는 숙친왕 산치(善耆)의 21남 17녀 중 열네 번째 딸이었다. 요시코 사망 1주일 후 만우절이 돌아왔다. 온갖 소문이 난무했다.

수십 년간 화젯거리가 된 요시코의 생사 여부

1998년 4월 1일, 베이징의 유서 깊은 음식점에서 혁명 만화가 딩충(丁聰)이 "중국은 만우절이 필요 없는 나라"라며 좌중을 웃겼다.

가와시마 요시코의 생부 숙친왕(오른쪽)과
양부 가와시마 나니와.

"100여 년간, 어중간한 사람들까지 혁명 타령하며 몰려다녔다. 나도 한때는 좌파 소리 들으며 우쭐했다. 진보나 좌파가 무슨 말인지도 모르면서 주접떨고 다니는 좌경유치병 환자였다. 모였다 하면 황당한 소문 주고받으며 시간 가는 줄 몰랐다. 지금 생각해보면 만우절 아닌 날이 단 하루도 없었다. 50년 전 만우절도 예외가 아니었다. 가와시마 요시코의 총살이 화제였기 때문이다."

1949년 3월 26일, 베이핑의 언론매체가 연합으로 가와시마 요시코의 사형 집행에 관한 항의 성명을 냈다.

"가와시마 요시코는 평범한 사형수가 아니다. 대한간(大漢奸)이며 일본의 간첩이었다. 감옥 측은 집행 전 언론에 통보하던 관례를 무시했다. 시신도 집행이 끝나자 화장해버렸다. 가와시마 요시코를 집행했는지, 다른 사람을 대신 처형했는지 의문이다."

베이핑 제1감옥은 의혹을 풀기 위해 여간수와 기자들의 만남 자리를 마련했다. 간수의 증언이 불성실했다.
"나는 법경의 요구대로 가와시마 요시코를 깨워서 인계했다. 무슨 일이 벌어질지는 관심이 없었다. 잠시 후 총성이 들리기에 집행된 줄 알았다."
법원이 내세운 고참 간수장도 허술하기는 마찬가지였다. 엉뚱한 소리만 했다.

"요시코는 청 제국의 왕녀였다. 한간 진비후이(金璧輝)가 정확한 표현이다. 일본에 있는 부친이 보내준 인조견 바지 달라기에 거절했다. 밥 잘 먹고 잠도 잘 잤다."

어설픈 해명은 의혹만 증폭시켰다.

친정 오빠도 동생의 생사 여부를 단정하지 않았다. 신문에 이런 내용을 기고했다.

"시신을 인수하겠다는 사람이 없으면 공동묘지에서 화장한다고 들었다. 평소 요시코 주변에 남자는 많아도 진심으로 챙겨주는 사람은 없었다. 나는 일본 화상(和尙)에게 인수 즉시 화장해달라며 수습을 부탁했다. 일본 화상은 내가 시킨 대로 했다. 내가할 수 있는 말은 여기까지다. 동생은 집행관이 뒤에서 쏜 실탄 두발에 얼굴이 완전히 망가졌다. 일본 화상은 요시코를 본 적이 없다. 설사 봤다 하더라도 여자는 어제와 오늘이 다른 법이다. 막내 여동생은 신문에 실린 요시코의 시신 사진을 보고 옆모습이 언니가 틀림없다고 했다. 나는 그 말을 믿지 않았다. 막내는 요시코와 사이가 나빴다."

1948년 4월 1일 신문 1면은 가와시마 요시코가 독차지했다. 내용이 엄청났다. 간추려 소개한다.

"처형 이틀 전 늦은 밤, 요시코의 감방에 국군 장교 한 명이 왔다. 요시코의 귀에 작은 소리로 당부했다. '처형이 임박했다. 정확한 시간은 모레 여명 전이다. 집행관이 쏘는 총은 실탄이 아니다. 소리만 요란한 공포탄이다. 너는 총성과 함께 쓰러지면 된다.' 3월 25일 처형된 진비후이는 산 채로 잠적했다."

대신 죽은 사람의 실명도 공개했다.

"제1감옥에 류펑링(劉鳳玲)이라는 예쁜 이름의 수인(囚人)이 사경을 헤매고 있었다. 모친은 어차피 죽을 목숨인 딸을 요시코 대신 형장으로 보내고 금괴 10개를 받았다. 류펑링의 동생은 언니가 병사했다는 감옥 측의 말을 믿지 않았다. 한 줌의 재로 변한 언니를 품에 안았다. 몇 날을 흐느끼다 가출했다."

가와시마 요시코의 생사는 수십 년간 화젯거리였다. 2006년 봄, 창춘(長春)의 젊은 화가가 폭로성 발언을 했다. 외할아버지 돤롄샹(段連祥)이 임종 직전에 남긴 말을 털어놨다.

"창춘 교외에 30년간 은거해 있던 팡(方) 할머니가 한때 세상을 떠들썩하게 했던 가와시마 요시코였다며 씩 웃었다. 우리 외할아버지는 빈말하는 사람이 아니었다. 팡 할머니는 1978년에 세상을 떠났다. 팡 할머니와 어떤 사이였는지 물었더니 오른쪽 둘째 손가락을 입술에 대며 또 씩 웃었다."

중국과 일본의 전문가들이 합동조사단을 꾸렸다. 법의학자들이 협력을 자청한 청 태조 누르하치의 11대손과 팡 할머니의 골격구조를 반복해서 비교했다. 몇 건 안 되는 사자의 유물 검증도 철저히 했다. 2년 만에 팡 할머니가 1948년 3월에 사형당한 가와시마 요시코라는 결론을 내렸다. 요시코의 사망 연도가 '1948년, 1978년(?)'으로 표기된 인명사전이 한두 권 나오기 시작했다.

일본 우익의 거두 도야마 미쓰루(頭山滿)는 여섯 살 때 양부 손잡고 일본에 온 숙친왕의 딸을 귀여워했다. 요시코가 중학생이 되자 영어 가정교사를 구해줬다. 가정교사는 쑹메이링(宋美齡)의 미국 웨슬리대학 동기였다. 요시코가 사형 판결을 받자 쑹메이링 앞으로 간곡한 편지를 여러 번 보냈다. 장제스도 일본과 관계 개선을 원할 때였다. 감옥에서 나온 요시코는 동북으로 갔다. 오랫동안 안부편지 주고받던 돤롄상을 찾아갔다. 돤은 수완이 좋았다. 인맥을 동원해 요시코의 신분을 말끔히 세탁했다.

가와시마 요시코는 30년간 창춘 교외에 은거했다. 감시가 엄밀했던 반우파운동과 문혁 시절도 거뜬히 넘겼다. 팡 할머니와 요시코가 동일인인지는 아직도 의문투성이다. 요시코의 생애를 살펴보면 불가능한 일도 아니다.

청 왕조 부활 꿈꾼 숙친왕의 일본 짝사랑

1900년 5월, 8국 연합군이 베이징에 입성했다. 서태후는 황급히 자금성을 빠져나왔다. 산시성 경내에 들어서자 숨통이 트였다. 먼저 와 있던 숙친왕 산치를 불렀다.

도야마 미쓰루(오른쪽 둘째)는 조선과 대륙 침략의 첨병인
겐요사(玄洋社)와 흑룡회의 설립자였다. 가와시마 요시코(왼쪽 둘째)를
친손녀보다 더 귀여워했다.

"베이징으로 돌아가라. 리훙장과 함께 뒷일을 수습해라."

숙친왕은 일본군과 교섭에 나섰다. 일본군 통역 가와시마 나니와와 죽이 맞았다. 숙친왕의 열아홉째 아들 셴룽(憲容)의 구술을 소개한다.

"가와시마는 소년 시절 중·조·일 세 나라가 연합해야 한다는 '흥아회'(興亞會)의 주장에 입이 벌어졌다.

16세 때 도쿄 외국어학원에 들어가 중국 고전과 중국어에 매달렸다. 1886년, 22세 때 상하이에 잠입했다. 화동지역의 정보를 수집하고 해안선을 측량했다. 군 배치 상황도 지도로 만들었다. 만주와 내몽골을 중국에서 분열시키자며 '만·몽 독립론'(滿蒙獨立論)을 제창해 군부의 주목을 받았다. 청·일전쟁 때는 통역으로 종군했다. 식민지 대만에서 정보 업무에 종사하던 중, 베이징 공격을 앞둔 일본군의 요청으로 8국 연합군에 합류했다. 가와시마는 청나라 정부의 항복을 압박했지만, 만주와 몽골 귀족들의 저택은 철저히 보호했다. 숙친왕의 왕부(王府) 외에는 손상된 곳이 없었다. 왕공(王公)들에게 체면이 선 숙친왕은 가와시마에게 호감이 갔다. 허구한 날 머리 맞대고 밀담을 나눴다. 부인들 앞에서 의형제도 맺었다. 1906년 딸이 태어나자 6년 후 양딸로 주겠다고 약속했다.

8국 연합군이 철수하자 베이징으로 돌아온 서태후는 숙친왕을 중용했다. 숙친왕은 개혁을 입에 달고 다녔다. 목청만 요란했지 되는 일은 없었다. 어설픈 개혁은 정치가들의 무덤이라는 교훈만 남겼다. 세금을 잘 거둬들이다 보니 서태후의 신임은 여전했다. 왕푸징에 목욕탕과 시장도 만들었다.

일본으로 입양되기 직전의 가와시마 요시코.
1912년 봄, 뤼순.

1911년 10월, 남방의 혁명군이 깃발을 올렸다. 4개월 후 마지막 황제 푸이가 퇴위하고 청 왕조는 멸망했다. 숙친왕은 현실을 인정하지 않았다. 퇴위 조서에 서명을 거부했다. 만·몽 독립을 구상하던 가와시마는 기회를 놓치지 않았다. 숙친왕을 설득했다.

"일본군 관할지역인 뤼순(旅順)에 근거지를 마련하고 청 황실의 복벽을 도모하자. 일본 군부와 관동도독부의 지지가 관건이다."

상인으로 변장한 숙친왕 일행은 일본군 대좌가 이끄는 사복 헌병들의 경호를 받으며 베이징을 탈출했다. 뤼순에 안착하자 6년 전 가와시마에게 했던 약속을 지켰다. 열넷째 딸 진비후이의 양육을 부탁했다. 여섯 살 난 진비후이가 알아듣건 말건 하고 싶은 말을 했다.

"이제부터 너는 일본사람이다. 천황폐하에게 충성해라."

숙친왕의 고달픈 일본 짝사랑은 끝이 없었다. 메이지 천황 무쓰히토(睦仁)가 죽자 3일간 상복을 입었다. 좋아하는 돼지고기도 입에 대지 않았다. 다이쇼 천황 요시히토(嘉仁) 즉위 날은 더 심했다. 엄동설한에 바이위산(白玉山)에 올랐다. 러·일전쟁 때 중국에서 전사한 일본군의 납골당에 술잔 바치며 제를 올렸다. 가와시마가 오는 날은 일찍 부인들을 데리고 문 앞에 나가 기다렸다. 목적은 단 하나, 일본의 도움으로 몽골장군 바브자브와 연합해 베이징을 점령한 후 화북지역과 몽골, 만주(동3성)를 포괄하는 대제국을 건설하고, 자금성에서 쫓겨나 텐진에 있는 푸이를 황제로 옹립한다는 것 외에는 없었다. 자금도 직접 마련했다. 소유하고 있던 농지와 삼림, 금광, 목장, 탄광을 담보로 일본의 금융재벌 오쿠라키 하치로

(大倉喜八郎)에게 거액을 빌렸다. 미쓰비시(三菱)도 숙친왕과 가와시마의 청을 거절하지 않았다.

숙친왕은 노동자로 위장한 토비 2,000여 명을 다롄에서 훈련시켰다. 동북의 일본 영사관과 주둔군이 거사에 제동을 걸었다.

"전쟁이 뭔지 모르는 오합지중(烏合之衆)이다. 성공은커녕 일본의 국위(國威)만 손상시킬까 우려된다. 장쭤린과 손을 잡는 것이 제국에 도움이 된다."

정확한 분석이었다. 숙친왕의 상대는 베이징의 북양정부가 아닌 장쭤린의 동북군이었다. 군을 출동시킨 바브자브는 중도에 퇴각했다. 하얼빈 인근에서 장쭤린의 부하들에게 전멸당했다.

실의에 빠진 숙친왕은 자녀들에게 희망을 걸었다. 중국의 공직은 물론, 국민 되기도 포기하라며 외국 유학을 보냈다. 영국, 독일, 벨기에, 프랑스에 골고루 보내면서 한 나라에 2명 이상은 보내지 않았다. 일본은 예외였다. 21명을 일본학교에 입학시켰다. 사는 도시도 모두 제각각이었다.

일본인 가와시마 요시코가 된 진비후이는 혹독한 군국주의 교육을 받았다. 무용보다 승마를 즐기고, 사격과 검도에 열중했다. 복장도 남장이 편했다. 예쁘다는 말보다 미소년 소리 들을 때가 더 좋았다. 사관생도들과 자주 어울렸다. 다들 시시했다. 틈만 나면 육군대학 교관 도조 히데키(東條英機)를 찾아가 러·일전쟁 얘기를 들었다.

성년식 무렵 양부가 주책을 떨었다. 요시코는 살기가 싫어졌다. 시 한 편으로 유서를 대신했다.

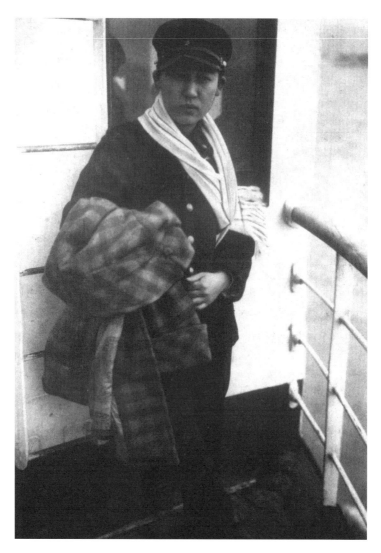

가와시마 요시코는 복잡한 시대 복잡한 가정에서 태어나 일본에서 성장했다. 중학 시절 이미 일본인 체취가 물씬 나는 중국인이었다.

"집이 있어도 가지 못하고, 눈물이 흘러도 닦을 곳이 없다. 법은 있어도 공정하지 못하니, 억울해도 하소연할 곳이 없다."

자살에 실패한 요시코는 황제에서 평민으로 전락한 사촌 푸이가 보고 싶었다. 귀국을 결심했다.

상하이 사변 주도하며 만주 침략에 가담

1927년 여름 가와시마 요시코는 일본을 떠났다. 어린 시절을 보낸 뤼순에 정착했다. 양부 가와시마 나니와는 요시코를 소홀히 하지 않았다. 관동군 참모장과 펑톈 총영사 요시다 시게루(吉田茂)에게 편지를 보냈다.

"10년 전 양녀의 생부 숙친왕과 만·몽독립군을 일으킨 몽골 장군 바브자브의 아들 간주르자브가 일본 육군사관학교를 마치고 다렌에 주둔 중이다. 숙친왕은 바브자브의 죽음을 안타까워했다. 자식들 대에도 인연이 계속되기를 염원했다."

그해 가을 다렌의 야마도 호텔에서 관동군 참모장이 주재한 요시코와 간주르자브의 결혼식이 열렸다.

요시코는 남편에게 불만이 많았다. 양부에게 편지를 보냈다.

"간주르자브는 정치적 야심이 없다. 생부의 간절한 염원을 계승할 재목이 못 된다."

시동생 정주르자브는 좋아했다. 군에 복무하는 간주르자브는 주로 부대에서 먹고 잤다. 정주르자브는 경찰 간부였다. 시간이 많았다. 퇴근 후 형수와 산책하고 춤도 췄다. 한 번 만나면 다섯 끼를 함께할 정도로 가까워졌다. 눈치를 챈 관동군 정보참모가 정주르자

브를 진짜 일본 여자와 결혼시켰다. 요시코는 예쁘고 맹한 20대 초반의 만주 아가씨(姑娘)를 물색했다. 적합한 여자가 나타나자 곱게 단장시켜 남편에게 데리고 갔다.

남장하고 낯선 여자와 나타난 요시코와 마주한 간주르자브는 넋나간 사람 같았다. 요시코는 한마디 하고 자리를 떴다.

"너와는 맞는 게 하나도 없다. 우리의 인연은 끝났다. 이제부터 나는 여자가 아니다. 앞으로 이 여자와 살아라."

대답은 들을 필요도 없었다. 뒤도 돌아보지 않았다.

일본으로 돌아온 요시코는 도쿄의 큰오빠 저택에 짐을 풀었다. 해만 지면 육군회관으로 갔다. 참모본부의 젊은 장교들과 어울렸다. "일본이 살 길은 조선에 이어 만주와 몽골 진출"이라며 기염을 토하던 젊은 장교들은 일본어와 중국어가 유창한 청나라 왕녀에게 환호했다.

1930년 벽두, 중국통 다나카 류키치(田中隆吉, 훗날 정보원 양성기관 나카노학교 교장 역임)가 상하이 주재 특무기관장으로 부임했다. 요시코는 다나카와 그렇고 그런 사이였다. 다시 중국으로 돌아갔다. 다나카와 밤낮으로 의기투합했다. 일본 군부가 기획한 중국 침략의 전초전인 '1차 상하이 사변'의 계기를 만들었다.

1932년 1월 초 참모본부의 전화를 받은 다나카는 요시코를 불렀다. 일본 돈 뭉치 건네며 구체적인 계획을 짜서 실시하라고 부탁했다. 요시코는 일본 니치렌종(日蓮宗) 승려 2명과 신자 3명을 공동조계 동쪽의 중국인 구역에 있는 공장(三友實業)으로 보냈다. 사달을 일으키라며 시주도 듬뿍했다. 노동자들의 조련을 참관하던 승

가와시마 요시코(왼쪽)는 만주군 참모장
간주르자브(가운데)와 짧은 결혼 생활을 한 적이 있었다.
1933년 11월 18일 다롄.

려와 신도들이 돌을 던지며 싸움을 걸었다. 격분한 노동자들이 가만있지 않았다. 요시코에게 매수당한 날랜 싸움꾼들이 노동자들 틈에 섞여 있었다. 일본인 5명을 두들겨 팼다. 1명이 사망하고 1명은 죽기 일보 직전이었다. 나머지 3명은 얼굴을 알아보기 힘들 정도였다. 경찰도 매수당하기는 마찬가지였다. 당연히 범인 체포에 실패했다. 상하이 주둔 일본군은 중국 노동자가 구성원인 노동자위대 소행이라며 중국 정부를 압박했다. 결과는 1월 28일 일본군과 중국군의 충돌로 번졌다.

관동군 지휘부는 요시코의 솜씨를 인정했다. 자금성에서 쫓겨나 톈진에 체류 중인 마지막 황제 푸이는 다롄으로 탈출시켰지만 황후 완룽(婉容)은 톈진에 있었다. 푸이는 완룽이 없으면 못 사는 성격이었다. 관동군 정보참모는 완룽의 톈진 탈출을 요시코에게 맡겼다. 요시코는 사촌 푸이를 안심시키고 톈진으로 갔다.

완룽은 모험을 즐기는 철부지였다. 요상한 복장에 원숭이 한 마리와 여장한 남자 수행원을 대동한 요시코에게 푹 빠졌다. 별것도 아닌 소문이 퍼졌다.

"숙친왕의 열네 번째 딸이 친구와 함께 완룽을 방문했다. 저녁 잘 먹고 잠든 친구가 심장병으로 급서했다."

며칠 후 완룽을 실은 관이 톈진항을 떠났다. 다롄에 도착한 완룽은 황홀한 모험에 만족했다. 생모의 유품인 비취 목걸이를 요시코에게 선물했다.

푸이를 내세워 만주국을 출범시킨 관동군은 요시코를 우대했다. 안국군 총사령관에 임명하고 소장 계급까지 줬다. 안국군은 정규군이 아니었다. 도박장과 유흥업소, 사창가 사정에 밝은 정보꾼이 대부분이었다. 만주의 특수성 때문에 유용한 정보 수집이 가능했다.

만주를 점령한 일본이 만주국을 수립하자 국제연맹이 리턴(Lytton)조사단을 파견했다. 요시코는 안국군에서 전직 소매치기들을 끌어모았다. 열차로 이동 중인 조사단의 짐 보따리에 든 조사보고서를 감쪽같이 빼냈다.

요시코는 국민당에도 신경을 썼다. 국민당 중앙군사위원회 조사통계국(군통)을 이끌던 다이리(戴笠)와 접촉을 시도했다. 이름만 들어도 무시무시한 천하의 다이리가 자신을 흠모하고 있을 줄은 꿈에도 상상 못 했다.

장제스, '군통'의 전신 특별훈련반 양성

지난 60여 년간 중국은 상상을 초월하는 정보조직이었던 국민당 중앙군사위원회 조사통계국 국장 다이리와 가와시마 요시코의 합작설이 그치지 않았다. 길지만 배경 설명이 필요하다. 1931년 3월, 국민정부 주석과 육해공군 총사령관에 취임한 장제스는 정보기관 설립에 착수했다. 특무처장 다이리에게 지시했다.

"전국에 흩어져 있는 황푸군관학교(중앙군관학교의 전신) 출신 150명가량을 선발해라. 한 명씩 직접 면담하겠다."

다이리는 난징의 유서 깊은 사찰 샹린사(香林寺)에 비밀 캠프를 차렸다. 전쟁 시절 한간 암살의 고수였던 군통 최고의 살수(殺手) 천궁주(陳恭澍)가 회고를 남겼다.

1932년 2월 16일 만주국 집정(執政) 취임식을 마친 푸이.
황제 취임은 2년 후에 했다.

1932년 겨울 도쿄에 도착한 리턴조사단 일행.
왼쪽 넷째가 단장인 전 영국 총독 리턴.

"황푸군관학교 출신들에게 장공(蔣公)은 영원한 교장이었다. 주석이나 총통 시절에도 우리는 여전히 교장이라고 불렀다. 저우언라이, 린뱌오(林彪), 천경(陳賡) 등도 마찬가지였다. 황푸 출신들은 다 그랬다. 생도들은 교장과 단독으로 대화 나눈 적이 없었다. 개별 면담이라는 말에 다리가 후들거렸다. 국궁(鞠躬, 존경의 뜻으로 몸을 굽힘)을 마치고 부동자세 취하자 명부를 보던 교장이 가족 사항을 물었다. 그저 대답만 했다. 하는 일에 흥미를 느끼냐는 질문에 용기를 냈다. '군사 방면은 아직 생소합니다. 다른 업무를 배우고 싶습니다.' 교장은 반응이 없었다. 붓으로 명부에 무슨 표시를 하고 일어섰다. 나가도 좋다는 의미였다. 밖으로 나온 나는 제정신이 아니었다. 벽에 기대 심호흡 몇 차례 하고 나서야 긴장이 풀리고 풍경 소리가 귀에 들어왔다."

장제스는 14명을 엄선했다. 중앙군관학교에 군통의 전신인 특별훈련반을 만들었다. '특별' 두 자가 앞머리에 붙은 이유가 있었다. 훈련반은 군관학교 정치부 주임이나 교육장의 간섭을 받지 않았다. 변변한 시설도 갖추지 않았다. 구석에 있는 작은 교실에 두 사람이 앉는 책상 몇 개가 다였다. 반원들은 제복도 착용하지 않았다. 중산복(中山服)이건, 양복이건, 반바지 차림이건, 자유였다. 고정된 일과도 없었다. 일찍 나와도 상관없고, 조퇴해도 뭐라는 사람이 없었다. 문 닫아걸고 하는 다이리의 특별강의 외에는 수업도 없었다. 교장 장제스가 다이리 편에 보낸 책 읽으며, 각 페이지마다 자신의 소감인 독서찰기(讀書札記)를 적는 것이 가장 중요한 과제였다.

14명은 육상산전집(陸象山全集)과 왕양명전집(王陽明全集), 증국번가서(曾國藩家書), 척계광치병어록(戚繼光治兵語錄), 삼민주의이론체계(三民主義理論體系) 펴놓고 밤을 새웠다. 시험은 따로 없었다. 매주 한 번, 읽은 책들을 다이리 통해 장제스에게 보냈다. 장제스는 14명의 독서찰기를 함부로 하지 않았다. 직접 읽으며 친필로 교열한 후 본인에게 돌려줬다. 독서찰기보다 장제스의 교열 내용이 더 긴 경우가 많았다.

다이리는 한간 제거를 위한, 단순한 암살자가 아닌 문인 자객의 양성이라고 판단했다. 14명에게 화류계와 도박장 출입을 독려했다. 자금도 제한을 두지 않았다. 6개월 후 교육이 끝날 무렵 일본 관동군이 만주를 점령했다. 엄격한 교육을 마친 14명은 전국의 대도시로 흩어졌다. 정보망을 구축하고 한간들의 동태 파악과 간첩 색출에 나섰다. 보고는 다이리 한 사람에게만 했다.

다이리는 여자와 음식에 관심이 많았다. 상하이 사변을 계기로 가와시마 요시코에게 호기심이 발동했다. 약재상인으로 위장한 측근에게 요시코와의 접촉을 지시했다. 제거해버리자는 부하의 건의는 유보시켰다. 요시코는 다이리와의 합작을 거절하지 않았다. 다이리에게 줄 선물을 준비했다.

화베이(華北) 주둔 중인 일본군 참모본부를 설득했다.

"전 행정원장 왕징웨이가 일본과 평화협상을 하겠다며 충칭을 떠났을 때, 다이리는 자신이 양성한 암살단을 하노이에 파견했지만 성공하지 못했다. 난징에 도착한 왕징웨이가 정부를 선

1934년 6월 16일 '국민혁명군 중앙군관학교(황푸군관학교의 본명)'
성립 10주년 기념식을 마치고 열병식을 진행하는 장제스(왼쪽 첫째)와
왕징웨이(오른쪽 셋째). 오른쪽 둘째는 국부 쑨원의 아들 쑨커(孫科).
한때 쑨원의 후계자였던 왕징웨이는 군에 기반이 없었다.
결국 일본과 합작, 중국역사상 최대의 한간이라는 오명을 남겼다.

포했을 때도 집념을 포기하지 않았다. 중국인들끼리 죽고 죽이기를 반복할수록 일본이 손해볼 것은 없다. 이화제화(以華制華), 중국인이 중국인을 제압할 수 있도록 이간책을 쓰자. 다이리가 필요한 정보를 요구하기 전에 줘버리자."

가와시마 요시코는 일본군 동의로 왕징웨이 정부의 특무기관 소재지와 베이핑에 있는 정보원 명단을 다이리에게 넘겨줬다. 다이리는 요시코의 머리 위에 있었다. 요시코에게 얻은 정보를 사용하지 않았다. 일본군이 요시코를 의심하기 시작했다.

요릿집 경영하며 국민당 요원들과 접촉

1933년 2월 중순 일본 관동군이 러허(熱河)를 침략했다. 가와시마 요시코는 기회를 놓치지 않았다. 관동군의 묵인하에 조직한 안국군을 이끌고 작전에 참여했다. 요시코는 군 지휘 경험이 없었다. 일본 기녀(妓女)들을 동원해 관동군의 사기 진작에 힘썼다.

요시코는 대담하고, 거칠었다. 관동군과 만주군이 마잔산(馬占山)과 쑤빙원(蘇炳文)의 항일부대에 애를 먹자 직접 나섰다. 양부 가와시마 나니와의 친딸 치즈코(千鶴子)가 구술을 남겼다.

"언니는 '비행기로 쑤빙원의 주둔지 상공에 가서 낙하산 타고 침투해 유혹하면 제까짓 게 별수 있겠느냐'며 관동군 참모장에게 큰소리를 쳤다. 참모장은 언니의 계획을 승인하지는 않았지만 대단한 여인이라며 찬탄했다. 항일영웅 마잔산은 춤을 좋아

관동군 헌병들과 함께한 요시코(앞줄 왼쪽)와
양부의 딸 치즈코(앞줄 오른쪽).

했다. 언니는 직업 댄서 차림으로 마잔산에게 접근했다가 경호원에게 쫓겨났다. 헌병장교가 마잔산 대신 나와 며칠간 춤 여행이나 가자고 조롱하자 몽둥이로 두들겨 팼다."

헌병장교 구타를 계기로 관동군은 요시코를 멀리했다. 장제스의 측근이던 인루경(殷汝耕)이 일본과 내통, 화북에 친일정부(화북정무위원회)를 세웠다. 요시코는 군량미와 장비 납품권 등을 요구했다. 거절당하자 중국을 떠났다. 중·일전쟁이 발발하고, 소녀 시절부터 알고 지내던 도조 히데키가 집권하자 마음이 들떴다. 태평양전쟁으로 전선이 확대됐다. 일본은 인력과 물자 결핍에 시달렸다. 도조는 충칭의 국민정부와 대화를 희망했다. 요시코가 도조의 부인 가쓰코에게 전화를 걸었다.

"남편에게 꼭 전해라. 장제스 휘하의 군 지휘관 중에 아는 사람이 많다. 중국과의 평화회담을 성사시킬 자신이 있다."

가쓰코는 청나라 왕녀의 말을 흘려듣지 않았다. 도조는 얼굴이 일그러졌다.

"아직 그런 여자를 내세울 정도는 아니다."

속으로는 요시코의 판단에 놀랐다. 베이징 주재 헌병사령관에게 전문을 보냈다.

"가와시마 요시코를 베이징에 파견할 예정이다. 일본 요릿집 등싱루(東興樓)를 인수해 경영을 맡겨라. 국민당 요원들과 폭넓은 접촉을 하도록 도와줘라."

헌병사령관은 요시코에게 홀딱 빠졌다. 지원을 아끼지 않았다.

둥싱루는 해만 지면 화북정무위원회와 출장 온 만주국 요인, 유명 경극 배우들로 북적거렸다. 다이리가 지휘하는 국민당 중앙군위원회 조사통계국 특무요원들도 빠지지 않았다. 요시코는 일본에서 데리고 온 기녀들에게 단골 마한싼(馬漢三)의 신분 파악을 당부했다.

비밀을 누설한 군통 책임자 마한싼

1940년 2월, 일본 헌병대가 극비리에 마한싼을 체포했다. 마는 군통 베이징 책임자라는 신분을 밝히고 거래를 제안했다. 정보 제공은 물론, 건륭제(乾隆帝)가 착용했던 구룡보검(九龍寶劍)까지 사령관에게 주고 잡혀올 때처럼 비밀리에 풀려났다. 헌병사령관은 요시코의 집에서 출근하는 날이 많았다. 하루는 호기를 부렸다.

"네 조상들이 애지중지했다는 보검이다. 내 선물이니 잘 간직해라."

요시코는 누가 준 물건인지 짚이는 바가 있었다.

일본 패망 후 베이징의 군통 요원들이 요시코의 집을 에워쌌다. 마한싼이 직접 요시코를 체포하고 구룡보검을 압수했다. 보고를 받은 다이리는 요시코에게 얻고 싶은 것이 많았다. 우리 귀에도 익숙한 대형 약방 주인이 황금불상 들고 마한싼을 찾아갔다. 요시코는 당일로 풀려났다. 며칠 후 다이리가 마한싼에게 전문을 보냈다.

"가와시마 요시코를 체포해라. 엄하게 다뤄라."

1946년 3월 초, 다이리가 베이징에 나타났다. 요시코를 직접 심문했다. 북방의 특무조직 강화를 위해 정보가 필요했던 다이리는

군통을 지휘하던 다이리.
살아 있는 유령 소리 듣던 공포의 상징이었다.

엉뚱한 말을 듣고 경악했다.

"5년 전 마한싼이 일본 헌병대에 체포됐다. 군통의 비밀을 털어
놓고 풀려났다. 내가 갖고 있던 구룡보검도 뺏어갔다."

구룡보검은 군벌 쑨뎬잉(孫殿英)이 건륭제와 서태후의 능을 도
굴해서 얻은 보물 중에 보물이었다. 쑨은 보검을 장제스에게 진상
하기 위해 다이리에게 전달했다. 다이리는 전란 중이라 마한싼에
게 맡겨뒀다. 마는 기회를 봐서 구룡보검 들고 중국을 떠날 생각을
했다. 일본 헌병대에 잡히는 바람에 계획이 틀어졌다. 가까운 일본
기녀 통해 보검의 소재를 알자 직접 요시코를 체포한 것은 구룡보
검 때문이었다.

상황을 파악한 다이리는 내색을 안 했다. 마한싼이 주는 구룡보
검 들고 약방 주인 만나 요시코를 부탁한 후 전용기에 올랐다. 마한
싼은 불안했다. 중간 기착지 상하이에 측근을 급파했다. 상하이에
서 급유 중인 다이리의 전용기에 폭탄을 장치했다. 그날따라 비바
람이 거셌다. 전용기는 난징 인근 야산에 추락했다. 국민당은 단순
추락이라 발표하고 조사에 들어갔다. 6월 30일 다이리의 후임이
베이징에 와서 마한싼과 부하 3명을 총살했다.

가와시마 요시코의 처형은 다이리 사망 2년 후였다. 다른 사람을
처형했다면, 요시코의 목숨을 구해준 사람은 약방 주인이나 다이
리의 후임 마오런펑(毛人鳳) 정도는 돼야 말이 된다. 추론일 뿐 근
거는 없다.

룽윈의 천하 3

"장제스가 나를 타도할지 모른다는
생각을 한 적이 없다.
나는 장제스와 강산을 놓고 다툰 적이 없다.
사직을 탐하지도 않았다.
정치적 주장이 달랐을 뿐이다.
장제스는 중앙집권을 구상했고
나는 지방균권을 주장했다."

윈난의 패자

"언젠가 요긴하게 쓸 날이 온다.
왼손으로 치켜올리고, 오른손으로 눌러라."

한 노인의 조용한 장례식

1962년 6월 29일, 신화통신이 한 노인의 죽음을 타전했다.

"정치협상회의 전국위원회 상무위원, 중국국민당 혁명위원회 중앙상무위원 룽윈(龍雲)이, 1962년 6월 27일 오전 7시 30분, 베이징에서 세상을 떠났다."

통일선전부 부부장이 룽윈의 부인 구잉추(顧映秋)를 방문했다. 발표가 3일간 지체된 이유를 설명했다.

"룽윈을 우파분자로 규정한 것은 착오였다. 이틀간 토론을 거쳐 이름 앞에 우파분자 4자를 삭제하자고 중앙에 건의했다. 각 당파도 이견이 없었다."

총리 저우언라이도 구잉추를 찾았다. 침통한 표정으로 룽윈의 공을 열거했다.

"중국의 민주혁명에 공헌했다. 장제스의 1인 독재에 반대하고, 항일전쟁 승리에 기여한 공이 크다."

암체 근성은 여전했다. 변방 윈난(雲南)을 안거낙업지지(安居樂業之地)로 탈바꿈시킨 진짜 업적은 입에 올리지도 않았다. 장례위원회가 구성됐다. 원수(元帥) 천이(陳毅)와 류보청(劉伯承)을 필두로 베이징 시 서기 평전(彭眞) 등 31명이 명단에 이름을 올렸다.

영결식은 북적거리지 않았다. 구잉추의 만련(輓聯)이 눈길을 끌었다.

"공은 보잘것없어도, 평생 민주를 옹호하고, 독재에 굽히지 않았다. 개인에겐 불충했지만, 국가에 대한 충성심은 변한 적이 없다."

마오쩌둥은 조화 등 상징성 조문조차 하지 않았다. 중국 홍군의 아버지 주더(朱德)의 불참도 의외였다. 저우언라이는 달랐다. 마오와 주더를 따라 했지만, 밤늦게 평전을 보내 구잉추를 위로했다. 미국에 있던 쑹쯔원(宋子文)은 소식을 접하자 통분했다. 대만의 친지들에게 편지를 보냈다.

"추도회라도 열어라."

반응이 없자 낙담했다. 못 마시는 술이라도 한잔 들어가면 매제 장제스를 원망했다.

"쓸데없는 고집으로 철저히 망했다. 일본 패망 후 윈난에 있던 룽윈을 건드리지 않고, 장쉐량을 동북에 보냈더라면, 공산당에게 중국을 내주지 않았다. 애통할 뿐이다."

대륙 시절, 쑹은 룽윈과 장쉐량, 두 사람과 유난히 친했다. 오죽 울화가 치밀었으면 누이동생 쑹메이링과도 한동안 절교하다시피 했다.

중·일전쟁 기간 윈난은 중국의 후방기지였다. 중국전구(戰區)사령관
장제스를 영접하기 위해 쿤밍 공항에 나타난 룽윈.

무수한 인재를 배출한 윈난강무당

20세기 상반기, 윈난은 룽윈의 천하였다. 면적이 프랑스의 두 배인 윈난의 군정 대권을 18년간 한 손에 쥐고 흔들었다. 윈난인들도 룽윈을 '윈난왕'(雲南王)이라 부르며 정말 존경했다. 문화 수준이 딸렸던 룽이 그렇게 되기까지는 전후로 지혜롭고 현명한 두 명의 부인이 있었다.

룽윈은 1884년, 윈난성 자오퉁(昭通) 교외의 소수민족 집에서 첫울음을 내질렀다. 벽촌이다 보니 교육기관이 있을 리 없었다. 글자를 익혀야 할 나이에 흙장난만 쳤다. 다섯 살 때 부친이 세상을 떠났다. 모친은 미래의 윈난왕과 딸을 데리고 친정으로 갔다. 외삼촌은 성품이 넉넉했다. 조카를 아들 루한(盧漢)이 다니는 학교에 입학시켰다. 루한은 한 살 위인 외사촌을 친형처럼 따랐다.

시골 선생들은 실력이 없었다. 툭하면 두들겨 팼다. 두 소년은 학교라면 쳐다보기도 싫었다. 검술과 봉술에 관심을 갖기 시작했다. 쓰촨(四川) 무술 대가의 문하에 들어갔다. 무예를 익히며 저우뤄헝(鄒若衡)과 죽이 맞았다. 셋은 당시 유행이던 의형제를 맺었다. 자칭 "자오퉁 3검객"이라며 의기양양했다. 전 쓰촨 군벌 양썬(楊森)의 회고를 소개한다.

"룽윈은 체구가 왜소했다. 상대가 얕보기 쉬웠다. 동작은 번갯불 같았다. 상대의 공격을 피하다 허점이 보이면 한 방에 날려버렸다."

1911년 봄, 3검객은 생활 전선에 나섰다. 목재 운반으로 돈 냄새가 익숙해질 무렵 사고가 났다. 화물 손실은 물론, 인부 20명이 압사했다. 세 사람은 각자 살길을 찾았다. 룽윈은 반청(反淸) 부대에 합류했다. 그해 10월, 신해혁명이 발발했다. 혁명은 혼란의 끝이 아니었다. 천하대란의 시작이었다. 각 성에서 독립을 선언한 군벌들끼리 전쟁이 벌어졌다. 단 하루도 총성 그친 날이 없었다.

룽윈은 루한과 함께 쿤밍(昆明)의 '윈난육군강무당'에 지원했다. 룽은 기병과, 루한은 보병과에 합격했다. 윈난 도독(都督) 탕지야오(唐繼堯)는 순수 한족이었다. 일본육군사관학교를 졸업한 정통파 군인이라는 자부심이 대단했다. 강무당을 자주 방문해 생도들을 관찰했다. 시험 출제와 채점도 직접 했다. 학문과 담을 쌓은 룽윈과 루한은 항상 꼴찌였다.

무술 솜씨가 룽윈의 운명을 바꿨다. 가을 운동회에 프랑스인(일설엔 러시아인) 장사가 나타났다. 거인에 가까운 괴력의 소유자였다. 몸놀림도 민첩했다. 이틀간 링 위에서 생도들과 난타전을 벌였다. 연전연승한 프랑스인은 안하무인이었다.

"천하에 나를 당할 사람은 없다. 누구든 나와라."

룽윈은 병중이었다. 루한이 권하자 짚신 신고 링에 올랐다. 프랑스인은 룽의 발차기 한 방에 기절했다. 여파가 엄청났다.

옛날부터 윈난인들은 무(武)를 숭상했다. 글(文)은 잘해도 알아주지 않았다. 룽윈도 일찌감치 무예의 길로 들어섰다. 1990년 10월, 장남 룽성우(龍繩武)가 타이베이에서 구술을 남겼다.

"부친은 어릴 때부터 독서를 싫어했다. 기마와 궁술, 무예에만 열중했다. 윈난은 궁핍한 변방이었다. 아편 재배 외에는 돈 될 것이 없었다. 절약을 위해 옷도 거의 입지 않았다. 잘 때도 옷이 해질까 봐 애 어른 할 것 없이 벌거벗고 잤다. 도둑이 들면 온 마을 사람들이 실오라기 하나 걸치지 않고 뛰쳐나와 볼 만했다. 나도 말로만 들었지 본 적은 없다."

윈난은 내세울 것이 없었다고 하지만, 국방력 하나만은 빠지지 않았다. 이유가 있었다. 청나라 말기 황실은 인도차이나(베트남)와 버마(지금의 미얀마)의 국경 지역인 윈난에 2개 국방사단을 신설했다. 서구의 편제를 모방한, 포병 여단까지 갖춘 신식 군대였다. 대포도 140여 문이 있었다. 군관 양성을 위해 윈난강무당을 신설하고, 조폐창과 병공창도 만들었다. 별도의 화폐를 주조하고, 군 장비도 직접 생산해 비축했다. 청 말 윈난에서 제조해 쌓아둔 복장과 신발은 훗날 쓸모가 있었다. 중·일전쟁 8년간 중국군 장교와 사병들이 입고 신었을 만큼 충분한 양이었다.

윈난왕 룽윈을 배출한 윈난강무당은 장쥐린이 설립한 동북강무당, 위안스카이가 톈진에 세운 북양육군강무당과 함께 청 말의 3대 군사학교였다. 중국혁명의 요람 황푸군관학교도 초창기 교관은 윈난강무당 출신이 즐비했다. 졸업생들도 볼 만했다. 독일 유학 떠나기 전, 윈난군 헌병사령관과 경찰청장을 역임한 중국 홍군의 아버지 주더와 마오쩌둥 사망 후 4인방 몰락에 결정적 역할을 한 예젠잉(葉劍英), 국·공전쟁 말기 천경에게 투항한 마지막 윈난왕 루한

등이 윈난강무당에서 군사학을 익혔다.

윈난강무당 초대 교장(監督) 리건위안(李根原)과 교관 탕지야오는 한반도와도 인연이 많았다. 탕은 독립운동가 예관 신규식 선생과 친분이 두터웠다. 윈난의 군정을 장악하자 한국 청년들에게 군사학을 습득할 계기를 마련해줬다. 한국에 대한 애정도 남달랐다. 룽성우의 구술에 이런 내용이 있다.

"탕지야오는 인상이 좋았다. 온화한 유장(儒將) 분위기에 의표가 당당했다. 병적일 정도로 야심도 컸다. 윈난 성장시절, '동대륙(東大陸)의 주인'으로 자처하며 윈난대학의 전신인 둥루(東陸)대학도 설립했다. 윈난강무당은 동린(東鄰)인 한국 학생들에게 영향을 줬다. 훗날 윈난항공학교를 졸업한 한국인들이 '윈난파'를 형성할 정도였다. 김일성이 굴기하자 거의 숙청당했다."

암울했던 시절, 청산리에서 기개를 떨친 이범석 장군과, 한때 북한의 2인자였던 차수 최용건도 윈난강무당을 다녔다. 그 외에도 많았다. 이범석은 연령 미달이었다. 탕이 "나이가 대수냐"는 한마디에 입학이 가능했다.

부인 복을 타고난 최고의 군인정치가

중국인들에게 윈난강무당의 상징은 누가 뭐래도 룽윈이었다. 룽윈은 숫기가 없었다. 생도 시절 어느 구석에 있는지 보이지도 않을 정도였다. 운동회에서 거대한 체구의 프랑스 장사를 날려버린 발

군사정변으로 도독 탕지야오를 하야시킨 룽윈은
탕이 사망하자 유럽식 묘를 조성하고 정중히 안장했다.

차기 한 방은 조용한 개천에서 솟아오른 용의 트림이었다. 윈난을 들었다 놓을 정도로 반응이 요란했다. 삼삼오오, 모였다 하면 룽윈 얘기로 시간 가는 줄 몰랐다. 당대의 재녀 리페이롄(李培蓮)과 구잉추와의 인연도 발차기 덕분이었다. 리페이롄은 윈난의 내로라하는 명문 출신이었다. 명의(名醫)로 소문난 부친은 물론이고, 오빠들도 이름만 대면 모르는 사람이 없었다. '윈난 제1의 미녀'로 명성이 자자하던 구잉추와는 학교 동문이었다. 운동회 구경 갔던 오빠는 "윈난 최고의 영웅을 봤다"며 손짓 발짓해가며 룽윈 얘기로 침이 말랐다. 윈난사범학교에 재학 중이던 리페이롄은 호기심이 많았다. 옷깃은커녕 눈길 한 번 스친 적 없는 소수민족 청년 생각에 밤잠을 설쳤다. 이튿날 학교에서도 온통 룽윈 얘기뿐이었다. 활달한 여학생이 엉뚱한 의견을 냈다.

"영웅에게 경의 표하는 것이 도리다. 대표단을 구성해서 룽윈을 방문하자. 꽃다발만으론 부족하다. 시·서·화에 능한 리페이롄이 멋진 선물을 준비해라. 전달은 제일 예쁜 구잉추가 맡아라."

다들 박수로 화답했다. 방문단을 만난 룽윈은 구잉추의 미모에 홀딱했다. 리페이롄이 밤을 새워 마련한 작품에는 관심도 보이지 않았다. 리는 룽윈을 머릿속에서 지워버렸다.

사범학교를 마친 리페이롄은 초등학교 교사로 나날을 보냈다. 구잉추는 넓은 세상으로 가겠다며 베이징으로 갔다. 쿤밍을 떠나기 전 룽윈을 찾아갔다.

"언제 다시 만날 수 있을지 장담 못 한다. 중국은 난세다. 난세의 군인에겐 대담하고 지혜로운 여자의 내조가 절실하다. 리페이롄과 좋은 인연 맺기 바란다."

퇴근길의 리페이렌은 교문 건너편에 말쑥한 군복 차림의 룽윈을 보고 멈칫했다. 고개를 반쯤 숙이고 다가갔다. 부동자세로 말 한마디 없이 내미는 룽윈의 손을 덥석 잡아버렸다.

룽윈은 부인 복을 타고났다. 중국의 군인정치가 중 최고라고 해도 부인하는 사람이 없었다. 리페이렌은 문화 수준이 높았다. 서예는 힘이 넘치고, 그림은 정교했다. 시도 일품이었다. 사상이 개방적이고 문화인들과 교류 폭도 넓었다. 민주인사들과도 접촉이 빈번했다. 상대가 누구건 겸손했다. 아는 척하며 훈계하거나 촐랑대는 법이 없었다. 룽윈은 18년간 윈난을 통치하면서 비판성 발언 일삼는 지식인들에게 관대했다. 중·일전쟁 시절 윈난이 민주의 보루가 되기까지는 리페이렌의 영향이 컸다.

북양군벌 편에 선 탕지야오의 하야

1926년 7월 1일 광저우, 국·공합작의 옥동자 국민혁명군(북벌군)이 출정 깃발을 올렸다. 온 중국이 국민혁명(중공은 대혁명)의 소용돌이에 휘말렸다. 윈난의 통치자 탕지야오는 북벌군의 타도 대상인 북양군벌 편에 섰다. 국가주의를 표방하며 반공과 적색분자 토벌을 제창했다. 군 지휘관들의 불만이 비등했다.

"불필요한 전쟁에 무력을 남용한다. 14년간 군림하다 보니 사람이 퇴화했다."

중공(중국공산당)은 무장병력이 없었다. 북벌군의 선전에 주력하며 뒤로는 지하조직을 구축했다. 귀 얇고 우수하고 감동 잘하는

아들과 함께한 리페이렌(왼쪽)과 룽윈의 여동생.

문인, 학자, 예술가들을 끌어들였다. 북벌 시작 4개월 후 윈난에도 지하조직을 결성했다. 탕지야오 타도가 목표인 '윈난정치투쟁위원회'를 출범시켰다. 문화인들이 부지런히 입을 놀렸다. 탕지야오의 퇴진이 임박했다는 소문이 난무했다. 탕은 불안했다. 근위대를 강화하고 형제와 친척, 몸종이나 다름없는 측근들을 요직에 앉혔다. 하루에도 몇 건씩 꼴불견이 벌어졌다.

윈난의 실병력을 쥐고 있던 룽윈, 후뤄위(胡若愚), 장루지(張汝驥), 리샨팅(李選廷) 등 4명의 진수사(鎭守使)가 연합했다.

"예전의 탕지야오는 저렇지 않았다. 인재를 발굴해서 적재적소에 임용했다. 지금은 가까운 사람만 기용하고, 형제나 다름없는 우리를 멀리한다. 끌어내리자."

1927년 2월 6일 군사정변을 일으켰다. 탕이 하야를 선언하자 "저희가 잘 모시겠다"며 총재에 추대했다. 탕의 동생과 측근들은 윈난에서 추방했다. 3개월 후, 탕이 피를 토하고 쓰러졌다. 임종 직전 4명의 진수사가 달려왔다. 탕은 묘한 유언 남기고 눈을 감았다.

"내가 죽으면 4명이 1개월씩 돌아가며 윈난을 통치해라."

쿤밍 진수사 룽윈에겐 따로 당부했다.

"자리를 잘 유지해라."

나머지 3명에겐 눈길도 주지 않았다.

북벌군의 기세는 하늘을 찔렀다. 국민당 중앙위원회는 군의 발호를 우려했다. 개인 독재와 군사 전제(專制) 방지를 위한 '당권강화결의안'을 통과시켰다. 전선에 있는 북벌군 사령관 장제스의 중앙상무위원회 주석과 군사부장직도 박탈했다. 장제스는 당을 뒤집어엎기로 작정했다. 4월 12일, 상하이에서 정변을 일으켰다. 국·공 합작을 파괴하고 공산당원을 닥치는 대로 도륙했다. 난징에 따로 국민정부를 수립하기까지 1주일도 걸리지 않았다.

윈난의 군정을 장악하다

탕지야오 사망 후 윈난은 군정부를 조직하고 정부위원회를 구성했다. 주석 선출은 유보하고 정변의 주역 4명이 1개월씩 윈난을 통치하기로 합의했다. 첫 번째는 쿤밍진수사 룽윈 몫이었다. 룽윈은 정치적 감각이 뛰어났다. 4·12 정변으로 비난의 대상이 된, 일면부지(一面不知)의 장제스와 연결을 시도했다. 인편에 지지를 표명하는 서신을 보냈다.

룽윈 다음은 후뤄위 차례였다. 장루지가 룽윈을 부추겼다.

"후뤄위를 제거하자."

룽이 거절하자 당황한 장은 후에게 달려갔다. 촉이 남다른 룽은 직계 루한의 병력을 외곽으로 이동시켰다. 6월 24일 후와 장의 부대가 룽윈의 사령부를 공격했다. 사저에 있던 룽윈은 포격으로 눈에 유리가 박힌 채 포로가 됐다. 현명한 부인 리페이렌과 장제스가 룽윈의 목숨을 구했다.

윈난의 6·24 정변 소식을 접한 장제스는 국민정부의 이름으로 룽윈을 윈난성 주석에 임명했다. 리페이렌은 루한에게 정변 소식 전하며 병력 출동을 종용했다. 루한의 부대는 윈난 최강이었다. 반격을 받은 후뤄위와 장루지는 룽윈을 대형 조롱(鳥籠)에 싣고 쿤밍에서 철수했다. 리페이렌은 쿤밍 주재 프랑스 영사를 찾아갔다.

전쟁 초기, 난징에서 열린 작전회의를 마치고
장제스와 환담하는 룽윈(왼쪽).

"남편의 생사 여부를 확인해달라"며 "살아 있다면 조정에 나서달라"고 부탁했다. 윈난은 고립된 지역이었다. 프랑스 소유인 쿤밍에서 하노이까지의 철도가 외부세계와의 유일한 통로였다. 철길을 타고 들어온 서구 물품도 프랑스가 인도차이나에서 발행한 피아스터 은화로 결제할 정도였다. 쿤밍 50리 밖에 야영 중이던 후와 장은 윈난에 미치는 프랑스의 영향력을 무시하지 않았다. 영사가 제의한 평화협정 제안을 수락했다.

쿤밍으로 돌아온 룽윈은 윈난성 주석 취임과 동시에 루한에게 명령했다.

"후뭐위와 장루지를 섬멸해라."

평화협정 거론하며 주저하자 호통을 쳤다.

"같은 민족끼리의 평화협정은 아무 의미가 없다. 휴짓조각 취급해도 된다. 어겼다고 비난하는 것처럼 미련한 짓도 없다. 약속 장소에 안 나온 똑똑한 화류계 여인 흉보는 것과 같다. 우리 내부 문제다. 이번 일로 프랑스가 끼어들 틈을 줬다. 협정을 준수하다 보면 무슨 간섭 하려 들지 모른다."

겁먹은 후는 외국으로 도망쳤다. 끝까지 저항하던 장은 룽의 특무요원들에게 사살당했다.

룽윈은 신해혁명 이후 서남지역을 대표하는 세력가 탕지야오의 우등생이었다. 탕 밑에서 살벌한 군벌정치의 우여곡절을 헤쳐 나가는 솜씨를 배웠다. 윈난의 군정을 장악한 후에도 자기 영역 밖의 일엔 끼어들지 않았다. 살얼음판 같은 정국을 조심하고 자제하며 헤쳐 나갔다. 가장 두려운 도전자는 장제스의 중앙정부였다. 룽은 중국의 앞날이 중앙정부에 달려 있다는 현실을 인정했다. 끝내 시들고 말았지만, 18년간 중앙으로 흡수하려는 장제스의 온갖 술수와 압력에 교묘하게 맞섰다. 때론 협력하고, 때론 저항했다. 룽윈의 재정 지원을 못 받은 윈난의 국민당 지부는 제구실을 못 했다. 장제스의 야심작인 신생활운동도 시작만 요란했지 성과는 없었다.

1937년 7월 항일전쟁이 시작되자 상황이 급변했다. 국민정부가 쓰촨성 충칭으로 천도하자 닳고 닳은 중산층과 상류계층이 인근 윈난성으로 몰려들었다.

토비 척결, 광공업 육성 '신윈난건설'

1928년 윈난을 통일한 룽윈은 '신윈난건설'에 착수했다. 말로만 하지 않고 행동에 옮겼다. 골칫거리였던 치안 문제부터 손을 봤다. 장남의 구술을 소개한다.

"원인은 탕지야오가 집권 초기에 채택한 초안(招安)제도였다. 탕은 투항한 토비들로 초안군을 편성했다. 초안군은 군복만 걸쳤을 뿐 토비와 별 차이 없었다. 부친은 초안제도를 없애버렸다. 각 현에 자위대를 조직하라고 지시했다. 자위대는 훈련이 필요 없었다. 윈난인들은 집집마다 총 몇 자루 없는 집이 없었다. 박격포를 갖춘 집도 있었다. 부부싸움 하다 총격전 벌어지는 일이 허다했다. 자위대 무기는 성 정부에서 지원해줬다. 토비들이 대규

룽윈은 장제스의 항일을 적극 지지했다.
2,000여 개의 사원에 야전병원을 설치했다.

모 변란을 일으키면 정규군이 출동했다. 고립된 토비들은 다른 성으로 가거나 농민으로 변신했다. 3년이 지나자 비란(匪亂)이 자취를 감췄다."

당시 윈난의 주 수입원은 아편이었다. 룽윈도 아편 중독자였지만 재배와 매매를 금지했다. 재정 기반을 바꾸기 위해 루충런(陸崇仁)이란 준재를 중용했다. "권력자들은 남을 좀처럼 믿지 않는다. 나는 의심 많고, 제 뱃속만 채우는 3류 권력자가 되기 싫다. 내가 너를 의심하면 나를 배신해도 좋다"며 전권을 줬다. 루는 광업과 공업에 치중해 효과를 봤다. 교육과 위생 개선에도 큰 업적을 남겼다. 사생활은 엉망이었다. 사창가가 아니면 잠을 못 잤다. 출입을 밥 먹듯 했다. 고약한 화류병으로 홍콩에서 세상을 떠났다. 비보를 접한 룽은 땅을 치며 통곡했다. 영결식 날 소복한 여인 999명과 함께 마지막 길을 배웅했다.

룽윈은 장제스의 국민정부를 가장 지지하는 지방세력이었다. 장제스도 광둥과 광시, 쓰촨의 군벌들을 제압하기 위해 룽윈의 충성과 복종이 필요했다. 농락과 지지를 분간 못 하는 심복들에게 자신의 분석을 털어놨다.

"룽윈은 천하에 해를 끼칠 생각이 없다. 윈난의 패자(覇者)로 군림해 중앙에 칭신(稱臣)하길 원할 뿐, 중원(中原)에는 뜻이 없다. 눈치 없는 펑위샹과 리쭝런(李宗仁)도 룽윈에겐 추파를 보냈다. 언젠가 요긴하게 쓸 날이 온다. 왼손으로 치켜올리고, 오른손

172

으로 눌러라."

1935년 장제스는 윈난에 중앙군을 파견할 명분을 만들었다. 도망(장정) 중인 홍군을 윈난 쪽으로 몰아붙였다. 직접 전투를 지휘하겠다며 윈난을 찾았다. 룽윈은 장제스의 전용기에 동승했다. 장의 시종실 주임 천부레이(陳布雷)의 회고록에 이런 구절이 있다.

"룽 주석은 장공(蔣公)이 산천을 지목하며 전략을 설명하자 감탄했다. 문화사업 진흥과 서남지역의 국방근거지 건설에 치중하겠다며 지도받기를 청했다. 장공은 대략만 언급하며 전권을 맡겼다. 서두르지 말라며 웃기만 했다."

룽은 장제스의 지지에 보답했다. 홍군의 장정을 저지했다.

최강의 전투력을 갖춘 직계 60군

1936년 12월 12일, 장제스의 성패를 가름할 결정적인 사건이 터졌다. 장쉐량이 시안에서 장제스를 감금하고 국·공합작과 항일전쟁을 촉구했다. 룽윈은 장제스 편에 섰다. 장쉐량을 "유치하기 그지없는 불효불충(不孝不忠)한 놈"이라 매도하며 토벌군을 일으키겠다고 공언했다. 스탈린의 중재로 국·공합작이 성사됐다. 이듬해 7월 항일전쟁이 폭발했다. 일본군은 해안선부터 봉쇄했다. 중국으로 유입될 물자를 차단했다. 난징의 국방회의에 참석한 룽윈은 중공대표 저우언라이, 주더, 예젠잉 등과 교분을 텄다. 8월 20일 회의에서 장제스에게 건의했다.

"윈난군 20만 명을 출전시키겠다. 외부물자 유입을 위해 버마

프랑스 군모를 쓰고 도열한 룽윈의 직계 60군.

(미얀마)와 윈난을 연결하는 도로를 수축하자. 인력 동원은 우리가 맡겠다. 자금은 중앙과 지방정부에서 반씩 부담하자."

쿤밍으로 돌아온 룽윈은 현장(縣長)회의를 소집했다. 무지막지한 명령을 내렸다.

"외부와 교통이 단절됐다. 8개월 안에 도로 수축을 끝내라. 배당 지역을 기한 내에 완수 못 한 사람은 수갑 차고 내 앞에 나타나라."

윈난은 하루에 15만에서 20만, 많을 때는 30만 명씩 인력을 동원했다. 8개월 만에 960킬로미터의 도로를 완성했다. 완공까지 1만 명 이상이 사망한 버마통로는 항전 시기 중국이 외부와 통할 수 있는 유일한 혈관이며 생명선이었다.

윈난군은 실전에 강했다. 전쟁 기간 40만 명이 출전해 10만여 명이 전사했다. 육박전은 어느 군대도 비교할 엄두를 못 냈다. 전투에서 등을 보이거나 도망치는 경우가 없었다. 룽윈의 직계 60군의 전투력은 당대 최강이었다. 전투마다 많이 전사하고, 많이 죽었다. 룽윈과 장제스는 부인들도 가까웠다. 전쟁 기간, 장의 부인 쑹메이링과 룽의 부인 구잉추는 펑위샹의 부인 리더찬과 부상병 위문에 분주했다. 전쟁이 끝나자 장제스는 승리의 공로자 룽윈부터 제거했다. 그럴 만한 이유가 있었다 하더라도, 공산당에게 대륙을 내줄 빌미가 될 줄은 상상도 못 했다.

룽윈의 권력 빼앗은 장제스

"위원장은 윈난과 전 중국을 소란스럽게 하고
나를 초라하게 만들었다."

윈난왕 내치려는 장제스의 음모

1959년 12월 4일, 중국최고인민법원이 특사 명단을 발표했다.
10년째 수감 중인 전 쿤밍 방위사령관 두위밍(杜聿明)도 전범수용
소에서 풀려났다. 1년 후, 미궁투성이였던 룽윈의 몰락 과정을 털
어놨다. 두는 룽을 윈난왕 자리에서 끌어내린 '우화산(五華山)사
건'의 장본인이었다.

장제스의 성격부터 꼬집었다.

"필요한 사람에겐 비굴할 정도로 몸을 낮췄다. 살의를 숨긴 채
삼킬 준비를 철저히 했다. 비난하는 사람은 적으로 간주해 사지로
몰았다."

룽윈과 왕징웨이, 두 사람의 복잡했던 과거도 빠뜨리지 않았다.

"1938년 12월, 행정원장 왕징웨이가 일본과 평화협상 하겠다며
전시수도 충칭을 탈출했다. 하노이로 가는 도중 쿤밍에 몇 시간 머
물렀다. 룽은 총참모장 허잉친(何應欽)과 함께 공항에서 왕을 영접
했다. 룽은 왕의 추종자였다. 왕과 단둘이 몇 시간 밀담을 나눴다.
이 일이 있은 후 룽은 충칭에서 열린 회의에 불참했다. 장제스는 룽

윈이 왕징웨이의 평화운동을 동조한다고 의심했다."

룽윈도 장제스가 자신을 의심한다는 것을 알고 있었다. 아리송한 성명을 냈다.

"나는 왕징웨이의 평화운동과 무관하다. 중앙정부의 항일전쟁을 적극 지지한다. 일본이 중국을 대등한 국가로 대하면 평화운동을 반대할 이유는 없다."

룽은 난징에 정착한 왕이 일본의 괴뢰정부 수반에 취임하기 전까지는 비난 성명을 내지 않았다.

장제스는 룽윈의 처신이 괘씸했다. 윈난군 2개 사단을 전선에 파견하라고 지시했다. 룽은 거부하지 않았다. 장은 윈난군의 빈 자리에 중앙정부군(중앙군) 5군을 주둔시키겠다고 통보했다. 룽이 군말 없이 수용하자 겉으로는 예의를 갖췄다. 윈난 진입을 앞둔 지휘관에게 지시했다.

"룽윈에게 절대복종해라. 나를 대하듯 해야 한다. 마찰이 발생하면 국가 대사를 그르친다."

장은 쿤밍에 방위사령부를 신설하고 특무요원들로 조사과를 꾸렸다. 윈난의 주요 도시에 사복한 중앙군 특무요원들이 자리 잡기 시작했다. 장제스는 전선에 있는 윈난군을 불러들이겠다는 룽윈의 건의를 묵살했다.

윈난 주둔 중앙군은 날이 갈수록 증가했다. 룽윈은 위기를 직감했다. 협력자들을 찾았다. 중앙정부를 곤혹스럽게 하는 자유주의자들에게 윈난을 피난처로 제공했다. 태평양전쟁이 발발하고, 일

왕징웨이를 마중 나온 룽윈(왼쪽 셋째)과 허잉친(오른쪽 둘째).
1938년 12월 8일, 쿤밍.

본이 홍콩을 점령했다. 홍콩에 있던 자유주의자와 반장제스 운동의 주류들이 윈난으로 몰려왔다. 룽은 쿤밍에 있는 대저택을 숙소로 안배했다. 국민정부는 룽에게 반정부인사들을 윈난에서 추방하라고 건의했다. 룽은 감시를 철저히 하겠다며 거절했다. 전화(戰火)를 피해 윈난으로 이주한 베이징(北京), 칭화(淸華), 난카이(南開), 세 대학이 쿤밍에 세운 '시난(西南)연합대학'이 중국 역사상 최고 학부로 자리 잡기까지는 룽윈의 지원이 한몫했다.

장제스는 룽윈이 쥐고 있던 윈난의 군정 권력을 박탈하기로 작정했다. 1945년 4월 초, 쿤밍 방위사령관 두위밍은 공항에서 온 전화를 받았다.

"위원장(장제스)이 부른다. 비행기가 대기 중이다."

충칭으로 간 두는 당일 오후 한적한 교외의 사원에서 장을 만났다. 장이 입을 열었다.

"오면서 만난 사람이 있느냐?"

"쿤밍에선 아무에게도 알리지 않았습니다."

"충칭에 와선 누구를 만났느냐?"

"만난 사람 없습니다."

장은 잘했다며 말을 이었다.

"일본군에게 반격을 준비 중이다. 후방 안정이 필수다. 윈난의 정치, 경제, 군사를 일원화해야 최후의 승리를 보장할 수 있다. 룽윈을 중앙의 군사참의원 원장에 임명할 생각이다. 불복할까 우려된다. 군사적으로 해결할 준비를 해라. 내 명령과 동시에 룽윈의 무장을 완전히 해제하고 3일 안에 충칭으로 데려오면 된다. 네 의견이 있으면 말해라."

두위밍은 쿤밍에 5년간 주둔했다. 룽윈과 사적인 교류가 빈번했다. 만나면 못 하는 말이 없었지만, 기댈 언덕은 아니었다. 장제스의 구상에 동의했다. 장은 룽과 측근들이 의심하지 않도록 빨리 돌아가라며 재삼 당부했다.

"비밀을 엄수하고, 신중히 처리해라."

장은 허잉친에게도 비슷한 지시를 했다.

"쿤밍에 가서 두위밍을 독려해라."

두와 허는 룽에게 사직을 종용하기로 합의했다.

"윈난은 룽윈의 왕국이다. 위원장을 비난하는 지식인들의 온상이기도 하다. 병력 동원은 위원장에게 불리하다. 스스로 물러나게 하자."

두는 룽의 측근들을 설득했다. 훗날 두는 이런 기록을 남겼다.

"당시 룽윈과 위원장의 측근들은 부패하고, 무능하고, 야비하고, 거칠었다. 룽이나 위원장과의 인연 외에는 이렇다 할 재능이 없었다. 다들 동의는 해도 룽이나 장제스에게 건의하겠다고 나서지 않았다."

결국 총격전이 벌어지고 많은 사람이 죽었다. 해체된 윈난군의 비극은 6·25전쟁까지 이어졌다.

쿤밍 방위군사령관 시절의 두위밍(앞 줄 가운데).

윈난사변으로 쿤밍 떠난 룽윈

일본 투항 후, 장제스는 중공과 선을 그었다. 연합군 중국전구사령관 자격으로 중공에 전문을 보냈다.

"일본군 무장해제에 관여하지 마라."

중공은 발끈했다. 8로군(八路軍) 사령관 주더가 충칭의 중앙정부에 보내는 서신을 당 기관지 『신화일보』(新華日報)에 공개했다.

"다시는 중앙의 지휘를 받지 않겠다."

국제사회가 진동했다.

"중국에 내전이 임박했다."

미국이 조정에 나섰다. 대통령 특사 패트릭 제이 헐리가 중국을 찾았다. 중공의 의향을 떠보기 위해 충칭에 상주 중인 중공대표 저우언라이를 만났다. 저우는 몸을 사렸다.

"내가 결정할 일이 아니다. 옌안(延安)에 있는 마오 주석의 의중이 어떤지는 나도 모른다."

헐리는 옌안에 가서 마오를 직접 만나고 싶었다. 저우에게 동행을 요구했다. 헐리를 만난 마오쩌둥은 반색했다.

"내전 반대라면 쌍수를 들어 환영한다."

국·공 평화회담은 제3자의 중재가 필요했다. 백악관은 뒷구멍을 선호했다. 헐리에게 전문을 보냈다.

"윈난성 주석 룽윈을 만나라."

룽윈은 극비리에 쿤밍에 온 헐리를 오밤중에 장남 집 구석방에서 만났다. 이튿날 장남 룽성우에게 이런 말을 했다.

"간밤에 헐리를 만났다. 충칭에서 열릴 국·공 회담에 중재자로 참석하라기에 확답은 안 줬다."

헐리와의 두 번째 만남에서 룽윈은 자신의 입장을 설명했다.

"내 신분은 마오쩌둥과 다르다. 마오는 다른 조직을 대표하는
사람이다. 나는 국민정부가 임명한 성 정부 주석이다. 중앙 정치
조직의 일원이며 국민당 당원이다. 충칭에 가려면 장 위원장의
동의가 있어야 한다. 먼저 가서 위원장에게 당신 희망을 얘기해
라. 오라고 하면 그때 가겠다."

장제스는 룽윈을 회담에 참석시키자는 헐리의 건의를 무시해버
렸다. 당시 쿤밍에는 미군 1만 여 명이 주둔 중이었다. 장은 헐리와
룽윈의 관계를 의심했다. 정보기관 군통에 지시했다.
"룽윈과 미군을 차단시켜라."

쿤밍의 번화가에서 미군 소령이 괴한의 총격을 받았다. 갑자기
중국 헌병들이 나타났다. 왼쪽 팔에 총상 입은 미군을 중국 병원으
로 데리고 갔다. 범인은 종적이 묘연했다. 윈난 군인이 미군을 저격
했다는 소문이 퍼졌다. 미군 장교는 입원을 거부했다. 미군 측의 요
구로 미 군의관에게 수술을 받았다. 적출한 탄두를 세밀히 감정했
다. 윈난군이 사용하는 것과 달랐다. 국민당 특무요원들이 쓰는 독
일제 총탄이었다. 룽윈은 감정 결과를 믿지 않았다. 룽윈의 회고를
소개한다.

1945년 7월 7일, 항일전쟁 발발 7주년 기념식에 참석한 룽윈(왼쪽 첫째).
왼쪽 다섯째가 두위밍.

"거리와 찻집, 술집, 오락실에 미군이 자취를 감췄다. 윈난군이 미군의 무장을 해제하고 창고를 접수한다는 밀고가 있었기에 계엄령 선포했다는 말 듣고 어이가 없었다. 미군과 우리를 무력 충돌시킨 후 윈난 문제를 해결하겠다는 속셈이었다. 나는 장제스에게 무조건 복종했다. 미군과 이간질시킬 줄은 상상도 못했다."

룽윈은 일본군 무장해제를 위해 윈난군 최정예를 월남에 보내라는 장제스의 명령에도 토를 달지 않았다. 사령관 루한에게 은밀하게 지시했다.

"후방에 일이 생기면 즉시 회군해라. 일본군에게 노획한 무기의 일부를 호찌민에게 지원해라."

일본 패망 6주 후, 1945년 10월 2일 밤, 윈난사변이 일어났다. 두위밍이 지휘하는 쿤밍 주둔 국민정부 중앙군이 윈난군을 공격했다. 중앙군은 요지를 점령하고 교통과 통신을 차단했다. 두위밍은 군사적으로만 성공했다. 관저에서 휴식을 취하던 룽윈이 우화산으로 피신하는 것을 막지 못했다. 양군의 대치가 시작됐다. 당황한 장제스는 육군 총사령관 허잉친을 파견했다. 룽윈은 허의 면담 요청을 거절했다. 장은 행정원장 쑹쯔원 편에 자신의 전용기를 쿤밍으로 보냈다. 룽은 쑹과 친분이 두터웠다. 장제스의 인사명령을 받아들였다.

"룽윈을 군사참의원 원장에 임명한다. 군사위원회 쿤밍 행영(行營) 주임과 육군 부총사령관 겸 윈난성 주석직을 면(免)한다. 윈난성 주석에 루한을 명한다."

10월 4일, 룽윈은 쑹쯔원과 함께 쿤밍을 떠났다. 공항에 출영객이 인산인해였다. 두위밍이 거수경례하고 고개를 숙였다. 룽도 화답했다.

"네 잘못이 아니다. 너는 명령에 충실했다."

장제스는 뒤처리에 골몰했다. 두위밍을 충칭으로 불렀다.

"룽윈 문제를 잘 처리했다. 국가에 큰 공을 세웠다. 룽윈에겐 죄를 지었다. 룽윈은 18년간 윈난에 군림했다. 추종자들이 많다. 더 있다간 누구 손에 변을 당할지 모른다."

이튿날 두의 면직을 발표했다.

"윈난에서 무리한 행동으로 실책을 범했다."

4일 후, 멀리 떨어진 동북보안사령관에 임명했다. 충칭에 온 룽윈은 포로나 마찬가지였다. 항일전쟁 시절 중국 공군을 지휘하던 셔놀트(Claire Lee Chennault)의 도움으로 난징을 탈출할 때까지 공포에 떨었다. 자녀들도 뿔뿔이 흩어졌다.

장제스의 룽윈 제거는 여진이 만만치 않았다. 한 성(省)을 얻고 전 중국을 공산당에게 내주는 결과를 초래했다.

충칭에서의 불안한 연금생활

장제스는 치밀했다. 윈난왕 룽윈을 끌어내리기 위해 룽의 직계 60군과 93군을 월남으로 보냈다. 명분은 항복한 일본군의 무장해제였다. 장제스의 특명을 받은 쿤밍 방위사령관 두위밍은 통신시설을 파괴하고 룽의 사령부를 공격했다. 외부와 통신이 두절된 룽

셔놀트(가운데)는 항일전쟁 시절 중국 공군을 지휘했다.
룽윈(왼쪽), 허잉친(오른쪽)과 친분이 두터웠다.

은 월남에 있는 병력을 회군시킬 방법이 없었다. 3일 만에 백기를 들고 충칭으로 갔다. 룽윈이 쿤밍을 떠났다는 보고를 받은 장제스는 안도의 한숨을 내쉬었다. 장남 장징궈를 불렀다.

"직접 공항에 가서 정중히 영접해라. 관저에 성대한 환영연도 준비해라."

장징궈는 룽윈을 볼 면목이 없었다. 행정원장 쑹쯔원에게 대신 전해달라고 부탁했다. 3일간 두위밍의 중앙군과 대치하며 아편으로 버틴 룽은 사람 몰골이 아니었다. 쑹의 말이 끝나기도 전에 짜증을 냈다.

"피곤하다. 내일 보자."

룽윈은 임시 관저에서 첫날을 보냈다. 날이 밝기가 무섭게 장제스가 왔다. 룽이 먼저 입을 열었다.

"지방정부를 개조하기 위한 인사이동은 흔히 있는 일이다. 위원장은 정상적인 방법을 쓰지 않았다. 비상수단으로 윈난과 전 중국을 소란스럽게 하고 나를 초라하게 만들었다. 국가에 불량한 영향을 끼칠까 우려된다."

장은 난감한 표정을 지었다.

"내 지시는 그런 게 아니었다. 두위밍이 잘못 처리했다. 단호히 처벌하겠다."

룽의 한마디가 장을 난처하게 했다.

"건강이 엉망이다. 장기간 충칭에서 쉬고 싶다. 군사참의원 원장은 나 말고 다른 사람을 임명해라."

장제스는 손사래를 쳤다. "그건 절대 안 된다"만 반복했다. 다음

날 쑹쯔원이 과일과 와인을 들고 왔다. 룽원의 회고를 소개한다.

"쑹은 시간이 지체되면 윈난인과 월남에 있는 부대가 오해할까 두렵다며 군사참의원 원장직을 간곡히 권했다. 고사했지만 결국 승낙했다. 해 질 무렵 중산복 차림의 장제스가 나타났다. 수행원들을 물린 채 그냥 걷자며 멋쩍어했다."

장제스와 룽원은 말 한마디 없이 정원을 몇 바퀴 돌았다. 떠날 무렵 먼발치에 있는 국방부장을 불렀다.

"원장의 거처가 협소하다. 신분에 맞는 집을 물색해라. 주인의 건강을 위해 정구장도 만들어라."

부탁이 있으면 하라는 말도 잊지 않았다. 룽은 긴말을 하지 않았다.

"두위밍을 처벌해라."

장은 고개를 끄덕였다. 국민당 기관지 『중앙일보』가 두의 면직을 보도했다. 룽원은 장제스가 약속을 지켰다며 만족했다. 같은 날 오후 군사참의원 원장 취임선서를 했다. 며칠 후 두위밍이 동북보안사령관 임명장을 받자 분노가 치밀었다. 군사참의원 원장은 직위만 높은 허직(虛職)이었다. 룽은 회의가 있어도 나가지 않았다. 24시간 특무들의 감시를 받으며 불안한 나날을 보냈다.

고향 땅 밟지 못한 비운의 군대

월남에 가 있던 60군과 93군은 영원히 윈난땅을 밟지 못했다. 국

충칭의 룽윈(오른쪽)과 장제스.

민당 군사위원회는 양군 예하 6개 사단의 귀국 행로를 동북으로 틀어버렸다. 중공과의 내전에 투입할 심산이었다. 쩡쩌성(曾澤生) 이 지휘하는 60군은 미군이 파견한 해군 수송선에 올랐다. 동북과 화북을 연결하는 전략 요충지 후루다오(胡蘆島)에 상륙해 푸순(撫 順), 하이청(海城), 안둥(安東)에 포진했다. 사령관은 두위밍이었다. 두는 60군을 창춘(長春)으로 이동시켰다. 93군은 프랑스군과 충돌 하자 방향을 바꿨다. 육로로 광시와 광둥을 거쳐 주룽(九龍)에서 배를 타고 동북에 진입했다. 윈난군을 고향에서 완전히 격리시킨 장제스는 악수(惡手)를 뒀다. 요절한 룽윈 연구가의 저술에 이런 구절이 있다.

"정치는 일종의 예술이다. 장제스는 예술가 기질이 부족했다. 권술(權術)에만 의존했다. 변증법이 뭔지 몰랐다. 레닌, 스탈린, 마오쩌둥의 투쟁예술을 이해하지 못했다. 룽윈이 그물에 걸리자 전신(戰神) 린뱌오(林彪)가 지휘하는 동북민주연군과의 전투에 윈난군을 투입해 윈난의 군사력을 와해시키려 했다. 성공하자 윈난의 민주인사와 좌파 학생들을 도려내기 시작했다."

룽윈은 중앙정부의 간섭을 배제하기 위해 집권 기간 민주인 사들을 우대했다. 하다 보니 윈난이 민주의 보루가 됐을 뿐이다. 1945년 12월 1일, 룽윈이 윈난을 뒤로한 지 2개월이 흐르자 쿤밍 이 꿈틀거렸다. 대형 시위가 벌어졌다. 윈난인들은 2개월 전 등을 보인 룽윈을 그리워했다. 한 시인이 '돌아오라 룽 장군'이라는 시를 발표하자 내전 반대와 언론의 자유, 개성의 존중을 외치며 훌쩍거렸다. 국민당은 강경책을 썼다. 시위대에 수류탄까지 투척했다. 전국의 대도시에서 희생자 추모제가 열리고 시위가 꼬리를 물었다. 저명한 교수 2명이 암살당하자 지식인들도 국민당에 등을 돌렸다.

룽윈의 몰락은 멀리 떨어진 동북에도 영향을 미쳤다. 향수병에 걸린 60군 병사들은 바보가 아니었다. 불만이 팽배했다.

"그간 중앙정부에게 이용만 당했다. 룽 장군을 제거하기 위해 우리를 월남에 보냈다. 다시 중공과 싸우라고 동북에 파견했다. 고향에 돌아가긴 틀렸다."

중공도 60군을 부추겼다.

"윈난군과 중공의 동북민주연군은 장제스의 적이다. 동북에서 서로 죽고 죽이는 것을 보고 재미있다며 깔깔댈 것이 뻔하다."

충칭에 있던 룽윈은 장제스의 처사에 치를 떨었다. 특무들의 눈을 피해 60군 군장 쩡쩌성에게 밀서를 보냈다. 1946년 3월, 쩡은 1개 사단을 이끌고 중공에 투항했다. 나머지 2개 사단도 6개월 후 쩡의 뒤를 따랐다.

난징을 탈출해 홍콩으로 가다

충칭의 군사참의원 의장 관저는 감시가 철통 같았다. 의장 룽윈은 229일간 유폐나 다름없는 생활을 했다. 10여 년 후, 베이징의 정치협상회의 간담회에서 당시를 회상했다.

동북민주연군이 주관한 투항 환영식에 참석한 쩡쩌성.

"매일 신문과 책에 매달렸다. 『자치통감』(資治通鑑) 애독하며 역대 정치의 득실을 살펴봤다. 정견은 발표할 기회가 있어도 자제했다. 특무들의 감시에 넌더리가 나고 자유가 그리웠다. 하루는 쿤밍에 주둔하던 미군 지휘관이 찾아왔다. 윈난으로 돌아갈 수 있다면 쿤밍 교외의 소옥(小屋)도 상관없다고 하자 훌쩍이며 돌아갔다. 장제스는 꼼꼼하고 노련했다. 내 자식들에게 온갖 혜택을 베풀었다. 딸의 미국 유학을 허락하고, 장남도 친자식처럼 대했다. 다른 아들들에게도 마찬가지였다. 국민정부는 난징으로 돌아갈 준비에 분주했다. 나는 홍콩에 정착하고 싶었다. 장제스에게 의향을 전했다."

장제스는 룽윈의 속내를 훤히 읽고 있었다. 홍콩은 물론, 쿤밍행도 허락하지 않았다. 그럴듯한 이유를 댔다.

"군사참의원도 난징으로 이전한다. 홍콩은 영국의 식민지다. 의장이 남의 나라 식민지에 있는 건 말이 안 된다. 전용기 타고 함께 난징으로 가자."

룽은 거절했다.

"창장싼샤(長江三峽)도 여행할 겸 배편으로 가겠다."

장은 거절할 명분이 없었다.

1946년 5월 21일, 충칭을 출발한 룽의 행렬은 요란했다. 5남 성쉰(繩勳)과 7남 성더(繩德), 수행원과 경호를 겸한 감시원 40여 명 외에 취재기자도 80명이 넘었다. 5일 후, 우한에 도착했다. 홍콩 유력 일간지의 보도를 소개한다.

"현지의 수장과 군사령관이 전 윈난왕 룽윈을 맞이했다. 기자들이 룽 장군을 에워쌌다. 장군은 윈난의 부로(父老)들과 동북에 가 있는 윈난군에게 안부를 전했다. 고향을 방문할 계획이 있느냐는 질문에는 답을 하지 않았다. 차량으로 시내와 군사령부를 돌아보고 밤늦게 배로 돌아왔다. 국민혁명군 1급 상장의 위풍은 여전했다."

29일 오전 10시, 난징 부두에 20여 분간 폭죽이 작렬했다. 배에서 내린 룽윈은 국빈 대우를 받았다. 예포 소리에 취한 채 붉은 양탄자 밟으며 마지막 자유를 만끽했다. 관저는 화려하고 경관도 빼어났다. 감시는 충칭 시절보다 삼엄했다. 숙소 주변의 가옥과 상점에 특무요원들이 진을 쳤다. 룽은 행동에 제약을 받지는 않았다. 감시 속에 가고 싶은 곳 가고, 만날 사람도 만났다. 난징의 중공연락사무소 책임자 저우언라이는 룽윈을 장제스와 떼어놓기로 작정했다. 1947년 여름, 한낮에 룽의 관저를 방문했다. 국·공담판이 파열되고 중공대표단이 옌안으로 철수하기 직전이었다. 정원 산책 도중 저우가 본론을 꺼냈다.

"해방구 옌안으로 와라."

룽은 고개를 저었다. 이유도 설명했다.

"나는 아편이 있어야 한다. 그곳에 가면 불편하다."

저우는 룽을 안심시켰다.

"곤란할 것 없다. 생활에 불편함이 없도록 하겠다."

룽의 태도는 애매했다. 거절도 안 하고 응하지도 않았다. 룽과 저우의 짧은 만남을 보고받은 장제스는 룽의 통공(通共)을 확신했다. 감시를 더욱 철저히 하라는 지시를 내렸다. 군사참의원은 회의가 많았다. 룽의 노출을 줄이기 위해 군사참의원이라는 기구도 없애 버렸다. 전략위원회를 신설하고 룽을 주임에 임명했다. 저우는 "장제스가 룽윈을 대만으로 보내려 한다"는 소문 퍼뜨리고 난징을 떠났다.

외출에서 돌아온 여비서가 룽윈에게 외부 소식을 전했다.

"연금 중이던 장쉐량을 대만으로 보냈다. 다음은 장군 차례라는 소문이 파다하다."

룽은 난징 탈출을 결심했다. 측근이었던 영문 비서가 구술을 남겼다.

"룽 장군의 지시로 셔놀트를 만났다. 셔놀트는 중·일전쟁 기간 지원군 명의로 비호대(飛虎隊, FLYING TIGER)를 조직해 중국 공군을 지휘했다. 일본 패망 후 민간항공사를 설립해 중국에 체류 중이었다. 벽안(碧眼)의 퇴역 장군은 긴말이 필요 없었다. 내 말이 끝나기도 전에 룽 장군의 청을 수락했다. 그럴 만한 이유가 있었다. 전쟁 시절 비호대는 쿤밍에 주둔했다. 룽 장군은 셔놀트의 청이라면 무조건 들어줬다."

1948년 12월 8일 새벽, 룽윈은 장제스에게 보내는 편지 한 통을 남겼다. 평소 안 입던 양복에 넥타이까지 매고 비서가 새벽 장 볼 때 이용하는 차로 관저를 빠져나왔다. 정보국은 룽이 5남 성쉰이 있는 상하이에 간 줄 알았다. 성쉰 미행에만 매달렸다.

성쉰이 번화가 부지런히 다니며 부친의 감시원들을 농락하는 동안 룽원은 상하이와 광저우를 경유해 홍콩에 도착했다.

룽윈 비난은 금물

"장제스는 국가를 오도했다.
형식만 하야가 아닌 은퇴라야 한다."

베이징으로 향하다

1945년 8월 중순, 중국의 항일전쟁이 승리로 끝났다. 8년간 전쟁을 지휘한 장제스는 중앙집권제의 신봉자였다. 전쟁 기간 중공과의 연합은 어쩔 수 없었지만, 승리가 임박하자 섬멸에 골몰했다. 중공도 매한가지였다. 겉으로는 민주와 평화를 부르짖으며, 뒤로는 내전을 준비했다. 조력자 물색도 소홀히 하지 않았다. 윈난성 주석 룽윈에게 접근했다. 룽윈 연구자의 구술에 이런 구절이 있다.

"윈난성 주석 룽윈은 국민정부에 편입된 여타 군벌과 달랐다. 중공이 군침 흘릴 만한 조건을 갖추고 있었다. 중앙 지원에 의지하지 않아도 될 정도의 재정과 군사력을 완비한, 윈난의 왕이었다. 중앙정부와의 관계도 변화가 무쌍했다. 파열 직전까지 간 적이 한두 번이 아니었다. 피난지로 윈난을 택한 민주인사들을 지지하고, 내전 반대를 주장하는 학생 시위도 모른 체했다. 미군 장군들과 친분이 두터웠고, 공산당에 적의를 드러낸 적도 없었다. 타고난 재능과 세련된 기회주의로 18년간 윈난에 군림했다."

룽윈은 국·공합작 시절 중공 지도부와 왕래가 빈번했다. 장제스는 룽을 의심했다. "매일 밤 공산 비적에게 공산주의 교육을 받는다"는 일기를 남길 정도였다. 어디서 주워들었는지, 툭하면 군대의 국가화, 국가의 제도화, 제도의 민주화를 주장하는 룽을 국·공내전의 장애물로 단정했다. 내전의 출발을 룽윈 제거로 시작했다.

윈난사변으로 권력을 박탈당한 룽윈은 3년 2개월간 충칭과 난징에서 답답한 나날을 보냈다. 방문객에게 이런 말을 자주했다.

"장제스가 나를 타도할지 모른다는 생각을 한 적이 없다. 나는 장제스와 강산(江山)을 놓고 다툰 적이 없다. 사직(社稷)을 탐하지도 않았다. 정치적 주장이 달랐을 뿐이다. 장제스는 중앙집권을 구상했고 나는 지방균권(地方均權)을 주장했다."

1948년 12월 8일 호구(虎口)를 탈출한 룽윈은 이튿날 새벽 홍콩에 도착했다. 첸수이만(淺水灣)에 있는 장남 룽성우의 저택을 찾았다. 몇 년 전, 임종을 앞둔 성우의 부인 후수전(胡淑貞)이 생애 마지막 구술을 남겼다.

"60여 년 전 첸수이만의 집은 우리 두 식구 살기에 너무 컸다. 관리인에게 맡기고 호텔에 머무는 날이 많았다. 12월 초 어느 날 새벽 관리인이 헐레벌떡 달려왔다. 룽 장군이 오셨다며 더듬거렸다. 무슨 영문인지 몰랐던 나는 어찌나 놀랐던지 털썩 주저앉았다. 5년 만에 만난 아버님은 여전히 근엄했다. 창밖 바라보며 문회보(文匯報)에 연락하라는 말 외에는 한마디도 하지 않았다. 임원들과 함께 온 문회보 사장과 편집인은 정중했다. 세 번 절하고 뒷걸음으로 거실문 열던 모습이 아직도 생생하다. 재정난으로 휴간 중인 신문을 아버님 지원으로 복간했다는 것을 그날 처음 알았다."

12월 11일 문회보가 호외를 발행했다.

"전 원난성 주석, 일급상장 룽윈 어제 새벽 홍콩 도착. 목적은 휴양. 친지를 포함한 모든 방문객 사절. 조만간 방문목적 발표 예정."

장제스는 진노했다. 룽윈 실종 후 선포했던 계엄령을 해제했다. 중앙통신이 성명을 냈다.

"룽윈은 신병 치료차 3개월간 홍콩에 머물 예정이다."

믿는 사람이 없었다. 뒷소문이 난무했다. 기자들이 룽의 거처 주변에 진을 쳤다. 모습을 드러낸 룽은 장제스와의 결별을 선언했다. 장은 보밀국(保密局, 정보국의 전신)에 룽의 체포를 지시했다. 보밀국에서 파견한 특무들은 암살의 고수였다. 첸수이만 해변 백사장에 무기를 숨겨놓고 룽이 나타나기만 기다렸다. 홍콩 경찰은 24시간 룽의 거처를 경계했다.

1949년 1월 말, 장제스가 하야를 발표하자 룽윈도 성명을 냈다.

"장제스는 국가를 오도했다. 형식만 하야가 아닌 은퇴라야 한다. 우물에 빠진 사람에게 돌을 던지는 건 도리가 아니다. 은퇴하면 다시는 장제스를 비난하지 않겠다."

원난성 주석을 계승한 루한에겐 중공과 합류를 독촉했다. 지지

부진하자 루를 질책했다. 그해 9월, 중국인민정치협상회의가 베이핑(北平)에서 열렸다. 마오쩌둥은 홍콩에 있는 룽윈을 특별초청자 대표로 추대했다. 신중국 선포 후에도 중앙인민정부 위원과 중앙군사위원 명단에 이름을 올렸다. 룽윈은 계속 루한을 재촉했다. 12월 9일 루가 부대를 이끌고 중공에 합류, 윈난 해방의 물꼬를 열자 홍콩을 출발, 베이징으로 향했다.

신중국은 룽윈에게 실권은 주지 않았다. 거창한 직함만 여러 개 안배했다. 장제스가 베트남에서 동북으로 이동시킨 윈난군 60군은 비운의 군대였다. 국·공전쟁 초기 중공에 투항해 4야전군의 승리에 기여했다. 전공에 비해 대우는 받지 못했다. 50군으로 군명을 바꿔 동북변방군에 편입됐다. 동북군구는 6·25전쟁에 파견할 항미원조지원군의 선발을 놓고 고민할 필요가 없었다. 50군은 지원군 중 가장 오래 한반도에서 작전을 폈다. 평균 열 명 중 여섯 명이 굶어 죽고 얼어 죽었다. 정전협정 체결 후에도 어려운 복구 작업엔 50군을 투입했다. 50군 병사들이 즐겁게 일하는 합성사진이 화보 표지에 자주 등장했다. 귀국 후엔 50군을 없애버렸다.

베이징에 정착한 룽윈은 전공(前功)에 합당한 예우를 받았다. 1957년 반우파운동이 벌어지자 상황이 변했다.

발언권만 있을 뿐 결정권은 없다

1950년 1월 18일 새벽, 전 윈난왕 룽윈이 베이징에 첫발을 디뎠다. 정무원 총리 저우언라이가 마련한, 일본 점령 시절 만철(滿鐵) 총재가 살던 대저택에서 베이징 생활을 시작했다. 마오쩌둥과 저

홍콩에 있는 룽윈의 재촉으로 중공에 투항, 해방군 지휘관
천경과 악수하는 루한. 1949년 12월 9일 쿤밍.

우언라이를 시작으로 방문객들이 줄을 이었다. 중공은 민주인사나 전 국민당 요원에 대한 원칙이 있었다. 안락한 생활은 보장하되 권력은 근처에도 못 오게 했다. 룽의 직책은 중공인민정부위원 겸 혁명군사위원회 위원이었다. 명예직이었지만 룽은 개의치 않았다. 기관 사무국은 비서, 경호원, 운전기사, 요리사, 정원사 등을 파견했다. 부총리급에 해당하는 월급도 지급했다.

룽윈은 생소한 생활에 만족했다. 부인 구잉추가 미국에 있는 아들에게 보낸 편지에 이런 내용이 있다.

"중공 고위층의 네 아버지에 대한 예우가 기대 이상이다. 쿤밍시절 보호받은 민주인사들의 발길도 끊긴 날이 없다."

1950년 6월 25일, 한반도에 전쟁이 발발했다. 중공 상층부는 개입 여부를 놓고 고민했다. 격론이 벌어졌다. 매파는 명분을 중요시했다.

"항미원조(抗美援朝)는 정의로운 반침략전쟁이다. 조선이 무너지면 우리도 영향을 피하기 힘들다. 좌시할 수 없다."

비둘기파는 신중론을 폈다.

"혁명정권 설립이 얼마 되지 않았다. 평화가 시급한 시점이다. 경솔하게 남의 나라 전쟁에 끼어들 이유가 없다."

룽윈은 후자에 속했다. 신분이 중앙군사위원이다 보니 발언권이 있었다.

"중국은 수십 년간 전화가 그치지 않았다. 승자도 없고 패자

룽윈(왼쪽 둘째)은 한동안 덩샤오핑(오른쪽 첫째)과 함께
서남군정위원회 부주석도 겸했다. 1950년 봄 충칭.

도 없는 것이 전쟁이다. 소련의 등에 떠밀려 청년들을 전쟁터로 내모는 것은 숙고해야 한다. 전비(戰費)도 중국 몫이다. 지금 중국은 돈이 없다. 기댈 곳은 소련뿐이다. 소련은 믿을 만한 나라가 아니다. 동북을 해방시킨 후 소련군은 공장시설을 깡그리 들고 갔다. 이런 소련에게 전비 충당을 위해 외채를 구걸해야 한다. 상환하려면 십수 년이 걸린다. 참전으로 중·미 관계가 얼어붙으면, 녹기까지 적어도 25년은 걸린다. 대만 문제는 더하다. 영원히 해결할 방법이 없다."

룽윈은 발언권만 있을 뿐 결정권은 없었다. 중국지원군이 압록강을 건넜다. 중공은 50군으로 개편된 전 윈난군 60군을 선봉에 세웠다. 용감하다는 것이 이유였다. 총과 대포로 미군과 수인사를 주고받은 50군은 서울을 점령하고 한강 방어선까지 담당했다. 인명 손실은 말할 것도 없었다. 룽윈은 윈난 청년의 씨가 마르겠다며 통탄했다. 얼굴에 웃음이 사라졌다. 50군은 지원군 중 가장 많은 전투에 참가하고, 가장 많이 죽고, 가장 오랫동안 한반도에 주둔했다. 중공은 윈난인들이 한 부대에 몰려 있는 것을 달가워하지 않았다. 귀국과 동시에 다른 부대에 분산시켰다. 50군이란 군호도 없애버렸다. 지휘관 쩡쩌성에겐 육군 중장 계급장을 달아줬다. 우대는 거기까지였다. 마오쩌둥에게 공산당에 입당하겠다고 청원했지만, 마오는 한마디로 거절했다.

"너는 국민당원이었다. 당 밖에서 할 일이 많다."

복잡한 시대 복잡한 삶

1957년 4월, 반우파운동이 벌어졌다. 룽윈은 소수민족 우파로 몰렸다. 이유는 1년 전에 마오쩌둥이 제창한 쌍백(백화제방, 백가쟁명)운동이었다. 마오는 대국의 지도자로 손색이 없었다. 음모(陰謀)와 양모(陽謀)의 대가였다. 1956년 2월 14일, 소련공산당 제20차 대회에서 흐루쇼프가 스탈린을 부정하는 비밀보고를 했다. 사회주의 진영이 혼란에 빠졌다. 폴란드와 헝가리에서 노동자들의 파업이 줄을 이었다. 사회주의가 완성단계에 이르렀다고 자부하던 중국도 웅성거렸다. 가을에 접어들자 일이 터졌다. 일부 지역에서 노동자들이 파업을 의결했다. 학생들도 수업 거부로 노동자들을 지지했다. 마오는 지들끼리 쑥덕거리며 수습책을 강구하지 않았다. "외부모순이 아닌 내부모순이다. 불만이 있으면 하고 싶은 말 다 하라"며 언로를 열어줬다.

중국의 지식인들은 "지식은 힘"이라는 서구의 명언만 맹신했다. 지식이 죄가 되는 시대도 있다는 것은 몰랐다. 쪼그라들었던 간덩이가 커졌다. 공산당 비판을 쏟아냈다. 룽윈도 예외가 아니었다. 1957년 5월 7일, 전인대 상무위원회 좌담회에서 대담한 발언을 했다. 중공의 내정과 교육, 외교의 문제점을 대놓고 비판했다. "적지 않은 인사들이 내정의 착오와 결점을 정확히 지적했다. 대부분이 하부에서 범한 일이지만, 근원은 최상부의 무능 때문"이라며 호랑이 수염을 건드렸다. 교육문제도 비판했다.

"베이징사범대학에 부속 중학이 있다고 들었다. 학생 전원이 고급간부 자녀들이다. 평범한 집안 학생들은 입학이 불가능하다. 이

마오쩌둥의 내부모순 처리방안이 실린 신문을 구입하는 학생들.
1956년 6월 19일, 베이징대학.

런 학교를 나온 학생들은 자신이 남보다 위에 있다는 특권 사상에 젖어있기 마련이다. 자본주의 군주국가에 귀족학교가 있다. 평민들은 입학할 엄두도 못 낸다. 사회주의 국가에 귀족학교가 웬 말인가."

소수민족 정책도 그냥 넘어가지 않았다.

"소수민족 지역의 한족 간부들은 소수민족 간부들의 직권을 존중하지 않는다. 당이 배양한 소수민족 간부들은 단련과 재교육 받을 기회가 없다. 직책만 있고 권한이 없다 보니 소수민족 자치는 요원하다."

소련 비난은 맹렬했다. 참석자들이 자리를 뜰 정도였다.

쌍백운동은 반우파운동으로 이어졌다. 쌍백운동 시절 맘 놓고 주장을 편 지식인과 민주당파 인사들은 우파로 곤욕을 치렀다. 룽윈은 그냥 우파가 아닌 대(大)우파로 몰렸다. 모든 직책을 박탈당했다. 5년간 칩거하며 독서로 소일하다 복잡했던 삶을 마감했다. 중공은 룽윈의 전공(前功)까지 말살하지는 않았다. 황급히 우파 명단에서 지워버리고 성대한 영결식을 열었다.

룽윈은 평생 쉰 적이 없었다. 유람이나 휴식성 여행과도 거리가 멀었다. 복잡한 시대에 가장 복잡한 삶을 살았다. 지금도 윈난에 가서 룽윈 비난은 금물이다. 했다간 무슨 험한 꼴 당할지 모른다.

중·미 외교의 첫 장 *4*

"미국이 중국을 도울 시기가 도래했다.
가장 필요한 것이 무엇인지를 중국인이 깨달았다.
중국 청년들은 서양의학 배우기를 갈망한다.
지금 우리가 할 일은 이 위대한 국가에
의학의 기초를 닦아주는 일이다.
중국 의사들의 품성을 정립시킬 원대한 계획이
필요하다. 중국의 변화는 신속하다."

무력 대신 외교

"미국은 중화제국의 영토를 위협할 이유가 없다.
공정한 외교로 중국의 환심을 사자."

중국황후호의 출항

중국은 이웃 나라와 교류만 있었지 외교는 없었다. 영국의 함포에 놀라 문호를 개방하고, 불평등조약에 서명하면서 현대적 의미의 외교가 시작됐다. 중국은 항상 열세였다. 100년간 열강들에게 이리 차이고 저리 차였다. 국력의 차이가 크다 보니 완전 평등은 불가능했지만, 열강 중 비교적 손해를 적게 입힌 나라가 미국이었다. 첫 단추가 나쁘지 않았다.

1754년 2월 필라델피아, 7년 전 리버풀에서 부모 따라 이민 온 20세 청년 로버트 모리스가 회사를 차렸다. 해운업으로 수입이 쏠쏠했다. 39세 때 미국 독립전쟁이 발발하자 조지 워싱턴 부대의 군수물자 조달을 전담했다. 대륙회의에서 재정을 담당하고, 북미 최초의 사설은행도 설립했다. 모리스는 중국과 직접 상거래를 하고 싶었다. 뉴욕 재계의 거두 파커(Daniel Parker)와 죽이 맞았다. 12만 달러를 투자하기로 합의했다. 공동명의로 영국에서 엠프리스 차이나, '중국황후호'(中國皇后號)를 매입했다. 파커가 화물관리인으로 새뮤얼 쇼라는 29세의 청년을 추천했다. 훗날 산마오샤오(山茂召)라는 중국이름으로 중·미 관계사의 첫 장을 장식하는 새뮤얼 쇼는 독립전쟁 기간 워싱턴이 "총명하고, 매사에 적극적이고, 용감한 장교"라고 치하한 포병 출신이었다.

모리스는 출항을 언제 할지 고심했다. 선장이 짜증을 냈다.

"고민할 필요 없다. 미합중국에서 최고의 길일(吉日)은 조지 워싱턴의 생일이다."

1784년 2월 22일, 뉴욕항에서 요란한 출항식이 벌어졌다. 미국 인삼, 모피, 후추, 면화, 납, 계수나무 껍질 등을 만재한 '중국황후호'가 중국을 향했다. 대서양과 희망봉, 인도양을 거쳐 8월 28일, 6개월 만에 광저우의 황푸(黃埔)항에 도달했다.

새뮤얼 쇼는 단순한 화물관리인이 아니었다. 광저우까지 오는 동안 하루도 빠지지 않고 항해일기를 남겼다. 광저우에 도착한 후에도 마찬가지였다. 상인들과 교역을 진행하며 민속과 풍정을 이해하려 애썼다. 일기에 이런 구절을 남겼다.

"처음 보는 미국 상선을 보고도 중국인들은 놀라지 않았다. 우리를 관대하게 대했다. 영국인과 구별하기 힘들다며 웃기까지 했다. 미국 지도를 보여주자 인구와 영토 확장 계획을 상세히 물었다. 성실히 대답하자 상인들은 중국에 필요한 물건이 많겠다며 좋아했다. 문화를 이해하고 예의를 갖춰 존중하면 미국이 큰 이익을 볼 수 있는 교역국이다."

미국에서 출간한 중국 일기에 실린
새뮤얼 쇼의 유일한 모습.

'중국황후호'는 이듬해 5월 중순 광저우를 떠났다. 홍차, 녹차, 도자기, 상아부채, 비단, 수공예품을 가득 싣고 미국으로 돌아왔다. 뉴욕에 도착하자 신문에 중국상품 판매 광고를 냈다. 반응이 기대 이상이었다. 순식간에 동났다. 조지 워싱턴도 사람을 파견했다. 도자기 320점과 찻주전자, 상아로 만든 부채 등을 구입했다.

조지 워싱턴은 중국과 직접 교역을 기획한 모리스를 초대 재무장관에 임명했다. 선장도 몸값이 치솟았다. 7개 무역회사가 중국무역 고문으로 영입했다. 새뮤얼 쇼는 귀국 직후 국무장관에게 상세한 보고서와 광저우 관리들이 준 비단 두 필을 보냈다. 국무장관은 쇼의 업적을 높이 평가했다. 미국 정부는 쇼를 광저우 주재 영사에 임명했다. 당시 영사는 명예직이었다. 월급도 없고 임명장도 없었다. 쇼는 5년간 영사직을 수행하며 네 번 광저우 땅을 밟았다. 중국인들은 조지 워싱턴은 몰라도 새뮤얼 쇼는 알았다. 1793년 네 번째 방문을 마치고 오는 도중 간경화로 세상을 떠났다.

미국에 중국 바람이 불기 시작했다. 중국무역으로 거부를 축적한 백만장자들이 속출했다. 1795년, 미국인이 광저우에 모습을 드러낸 지 10년이 흘렀다. 외교관계가 없어도 미국 상인들은 광저우 출입이 자유로웠다. 광저우에 미국인들이 들끓었다. 중국인들은 미국인 거처에 나부끼는 성조기를 화치(花旗)라고 불렀다. 관리들은 미국을 접할 기회도 없었지만, 알려고 하지도 않았다. 영국과 차별은 확실히 했다. 사고 친 영국인 질책할 때마다 하는 말이 있었다.

"화치귀신은 우리말을 할 줄 알고, 우리 복장도 착용한다. 자기들 할 일만 하고, 중국인들과 작당해 불미스런 일 일으킨 적이 거의 없다. 겸손하고 예절도 바르다."

중국의 지식인들도 미국 역사나 지리, 정치제도에 백지 수준이었다. 당대의 석학 완위안(阮元)조차 미국이 아프리카 경내에 있다고 할 정도였다. 총독의 상주문에도 이런 내용이 있다.

"미국 오랑캐들은 나라에 주인이 없다. 두목들이 4년에 한 번씩 큰 두목을 선출한다. 미국은 개화가 덜 된 원시부락 수준이다."

대통령에 대한 호칭도 '미국 황제' '미국 민주' 등 갖가지였다. 1837년 중국을 방문한 프러시아 선교사가 중국식으로 조지 워싱턴을 소개했다.

"성군(聖君)이다. 미국인들에겐 중국의 요순(堯舜)이나 다름없다. 경륜이 한 시대를 덮고도 남을 인재였다. 관대하고, 인자하고, 청렴하기가 말로 표현하기 힘든 도덕군자였다."

중국의 미국인 우대는 반세기 이상 계속됐다. 흠차대신 린쩌쉬(林則徐)가 영국의 아편을 소각할 때도 미국인 두 명의 입회를 허락했다. 아편전쟁에서 철저히 패한 중국은 난징에서 영국이 요구하는 가혹한 통상조건에 토를 달지 않았다.

난징조약은 중국이 서구 열강과 체결한 최초의 불평등조약이었다. 소식을 들은 미국 의회가 술렁거렸다. 중국과 새로운 경제무역 관계를 확립할 필요가 있다며 대통령 존 타일러를 압박했다. 존 타일러도 미국인이었다. 의회의 주장에 공감했다. 청 제국의 수도 베

(위) 중국 화가가 상아부채에 남긴 '중국황후호'의 광저우 입항 장면.

(아래) 18세기 말, 미국 상인들이 광저우에 건립한 상단(商團) 건물.

이징에 상주하며 영국과 동등한 통상조건을 쟁취할 정식 외교관을 물색했다.

아편전쟁의 도화선

19세기 30년대 중국은 아편천국이었다. 광둥이 특히 심했다. 열 명 중 네 명이 아편 중독자였다. 고관은 물론, 상인, 군인, 승려, 부녀자 할 것 없이 아편에 취했다. 아편을 구입하기 위해 사창가로 출근하는 젊은 며느리가 있는가 하면, 도둑질에 입문한 교사도 부지기수였다. 청나라 정부도 팔짱만 끼고 있지 않았다. 1821년부터 35년까지 40여 차례 아편무역 금지령을 내렸다. 법은 권위를 잃은 지 오래였다. 매년 5,000상자였던 아편무역이 200파운드짜리 7만 상자로 늘어났다. 은 1,000만 냥이 해마다 영국으로 유출됐다.

황제가 총독들에게 의견을 물었다. 한 명이 이런 제안을 했다.

"영국인들은 차(茶)를 즐긴다. 중국은 도처에 차 밭이 널려 있다. 아편과 물물교환하자."

아편을 재배하자는 총독도 있었다.

"중국 농부들이 종식(種植)한 아편은 질이 좋고 저렴하다. 영국이 인도에서 들여온 것과 경쟁시키자."

한 총독은 합법화를 제안했다. 황제는 단호했다.

"아편무역을 금지하라. 전국에 만연할 경우, 재정 손실과 가정 파괴에 이어 나라가 망한다."

아편 흡연자를 사형시키자는 제의에 관심을 표하자 한 신하가 제동을 걸었다.

"난세일수록 법 적용에 신중해야 한다. 조정에도 형장에 끌려가야 할 사람이 많다."

잠자코 있던 린쩌쉬가 입을 열었다.

"지금 아편을 근절시키지 못하면 수년 안에 국고가 바닥이 난다. 더 중요한 것이 있다. 중국은 지대물박(地大物博), 땅 넓고 물산이 풍부한 대국이다. 아무리 대국이라도 강력한 군대를 보유하지 못하면 나라 축에 끼지 못한다. 군인들 중에 아편 중독자가 많다. 망할 징조다."

황제는 린쩌쉬의 손을 들어줬다. 린과 장시간 대책을 숙의했다. 7일간 토론을 거쳐 최종 명령을 내렸다.

"네게 금연대신(禁煙大臣)과 흠차대신(欽差大臣)을 명한다. 나 대신 광저우 수군사령부를 동원해 아편을 근절시켜라. 아편을 소장한 중국인은 지휘고하를 막론하고 사형에 처해라."

1839년 2월 초, 린쩌쉬는 베이징을 뒤로했다. 3월 10일 광저우에 도착한 린은 아편흡입소에 못질을 하고 무역 중심지 스싼항(十三行)을 봉쇄했다. 영국 상인들은 스싼항에서 나가지도 못하고 들어가지도 못했다. 18일 만에 아편 2만 상자를 내놓고 백기를 들었다. 린은 몰수한 아편에 불을 질렀다. 다 소각하기까지 일주일이 걸렸다. 이 사건은 1차 아편전쟁의 도화선이었다. 영국군 1만 2,000명이 청나라군 수십만을 농락했다.

린쩌쉬의 조수였던 리즈샹(李致祥)의 손자가 선대에게 들은 내

중국 화가가 제자의 진료를 지도하는
피터 파커의 모습을 남겼다.

용을 구술로 남겼다.

"아편전쟁 당시, 스싼항에는 300여 명의 외국 상인이 있었다. 대부분이 영국인이고, 미국인은 30명이 채 안 됐다. 독일, 프랑스, 네덜란드 국적은 다섯 손가락 내외였다. 생활용품만 취급하던 미국 상인들도 시간이 흐르자 아편무역에 손을 대기 시작했다. 행패가 영국인들보다 덜하지 않았다."

파커(Peter Parker)의 선행도 빠뜨리지 않았다.

"파커는 상인이 아니었다. 1834년 광저우에 첫발을 디딘 미국인 안과의사였다. 환자가 있으면 어디건 달려가 중국인들의 존경을 받았다. 대포가 아닌 수술용 칼로 기독교를 전파했다. 중국인 제자 양성도 게을리하지 않았다."

왕샤조약 이끈 담판의 고수 쿠싱

아편전쟁에서 승리한 영국은 중국을 압박했다. 대포의 공포에서 헤어나지 못한 중국은 난징에서 영국이 내민 문서에 군말 없이 서명했다. 난징조약은 영국에 온갖 혜택을 부여한 전형적인 불평등조약이었다. 린쩌쉬의 금연운동으로 손해를 본 미국도 중국을 좌시하지 않았다. 케일럽 쿠싱을 중국 주재 판무관에 임명했다. 쿠싱은 간단한 인물이 아니었다. 13세 어린 나이에 하버드대학에 입학했다. 졸업 후 모교에서 교수 생활하다 1년 만에 걷어치우고 변호사 자격을 땄다. 결혼도 일찍 했다. 대법관의 딸과 22세 때 가정을 꾸렸다. 장인이 "법관은 남 뒤치다꺼리나 하는 개떡 같은 직업"이라며 정계 투신을 권했다. 쿠싱은 선거에 나가는 족족 당선됐다. 금슬도 유별났다. 부인이 죽자 여자 근처엔 가지도 않았다. 슬하에 자식도 없었다. 대통령 존 타일러는 쿠싱의 능력을 높이 샀다. 재무장관에 임명했지만 의회에서 부결당하자 중국으로 파견했다. 노대국과 새로운 경제관계를 틀 사람은 쿠싱 외에는 없었다.

공작금 4만 달러를 들고 중국에 온 쿠싱은 2개월간 청나라 관리들을 구워삶았다. 1844년 6월 중순, 마카오 인근 왕샤(望厦)에서 흠차대신 치잉(耆英)과 회담을 시작했다. 쿠싱은 담판의 고수였다. 2주간 영국과 동등한 경제관계 수립을 요구하며 치잉을 어르고 달래며 겁줬다. 치잉은 쿠싱의 압력에 굴복했다. 명분이 그럴듯했다.

"성인은 일시동인(一視同仁), 모든 사람을 똑같이 대한다."

광저우 하나였던 개항장을 다섯 곳으로 늘리고 병원과 교회 설립도 허락했다.

왕샤조약(미국 측에선 쿠싱조약)을 계기로 미국은 영국보다 더 많은 특권을 누렸다. 여유가 생긴 미국은 무력 대신 외교를 택했다. 중국과 정식 외교관계 수립을 추진했다. 왕샤조약 체결 24년 후, 미국 대통령 링컨은 친구 벌링게임(Anson Burlingame)을, 중국은 병부시랑 천란빈(陳蘭彬)을 각각 베이징과 워싱턴에 파견하기로 합의했다. 미·중 관계에 훈풍이 불 징조였다.

19세기 세계 최고의 부자 우빙젠

중국의 대외정책은 변덕이 심했다. 해금(海禁)과 개방을 반복했다. 청 제국 4대 황제 강희(康熙)는 해금을 느슨히 했다. 광둥성 광저우에 스싼항을 출범시켰다. 국가 전매였던 소금 밀매로 부를 축

왕샤조약의 주역 케일럽 쿠싱.

적한 양저우(揚州)의 염상(鹽商) 집단과 수백 년간 봇짐장사로 전 국의 은을 긁어모은 산시(山西)의 상단(商團)도 해외무역에 뛰어들 었다.

반관반상(半官半商)이던 스싼항은 황제의 금고였다. 강희의 손 자 건륭(乾隆)은 씀씀이가 컸다. 광저우를 제외한 지역의 해안을 봉쇄했다. 제국 유일의 합법적인 대외무역 특구가 된 스싼항은 아 편전쟁으로 깃발을 내릴 때까지, 85년간 중국의 대외무역을 농단 했다.

2001년, 『월스트리트 저널』이 지난 천 년간 세계에서 가장 부유 했던 50명의 명단을 발표했다. 중국인도 6명이 이름을 올렸다. 천 하의 칭기즈칸과 원(元) 제국의 황제 쿠빌라이는 그렇다 치더라도, 명(明)의 내시총감 유근(劉瑾)과 건륭제의 총애를 한 몸에 받던 화 신(和珅)은 순전히 뇌물과 수탈로 부를 축적했다. 국민당의 재정을 관리하던 장제스의 처남 쑹쯔원은 공직자였다. 상인은 스싼항의 우빙젠(伍秉監)이 유일했다. 우는 19세기 중엽, 자타가 공인하는 세계 제1의 부호였다.

우빙젠은 봉건사회의 전형적인 관변상인이었다. 서구 상인과의 무역으로 치부했다. 부를 축적하자 미국의 철도사업에 거금을 투 자했다. 증권과 보험업에도 손을 댔다. 미국 상인들은 우빙젠을 좋 아하고 존경했다. 유전되는 일화가 있다.

"우빙젠은 타고난 승부사였다. 사람 투자에 일가견이 있었다.

스쌴항에 거주하던 보스턴 출신 무역업자가 우에게 동업을 제의하자 혼자 해보라며 큰돈을 빌려줬다. 사업이 신통치 않자 미국인은 돈을 상환할 방법이 없었다. 소식을 들은 우는 채무자를 난처하게 하지 않았다. 직접 불러서 안심시켰다. '너는 나의 유일한 미국 친구다. 나는 네가 얼마나 성실한 사람인지 잘 안다. 운이 따르지 않았을 뿐이다. 이제 나와 동업하자. 귀국해서 새로 투자할 곳을 찾아라. 자금은 내가 대고 너는 열심히 일만 하면 된다.' 귀국한 미국 상인은 우를 실망시키지 않았다. 우도 자신의 안목에 만족하며 즐거워했다."

아편전쟁 기간 우빙젠은 군비 대부분을 조달했다. 패배 후 아편을 소각당한 영국 아편 상인들에게 지불할 배상금도 우빙젠과 스쌴항 몫이었다. 우는 중국에서 사업할 맛이 안 났다. 1842년 12월 23일, 성탄절을 앞두고 미국 친구에게 이런 편지를 보냈다.

"바닷가에 나가 세월을 한탄하며 나날을 보낸다. 조금만 젊었더라면 미국으로 이주했을지도 모른다."

이듬해 9월, 19세기 세계 최고의 부자 우빙젠은 미국에 붙어먹은 한간이라 손가락질받으며 생애 마지막 숨을 내쉬었다.

공정한 외교의 결실 푸안천조약

우빙젠 사망 20년 후, 미국과 중국의 본격적인 합작이 시작됐다. 1861년 6월 14일, 대통령 취임 100일을 앞둔 링컨이 전 하원의원 벌링게임을 주중 공사에 임명했다. 13대였지만 초대나 마찬가지였

우빙젠의 유일한 초상화.

다. 앞에 12명은 명예직이었다. 벌링게임은 열렬한 흑인 노예 폐지론자였다. 흑인 노예제 반대자들이 만든 공화당의 창시자 중 한 사람이었다.

베이징에 도착한 벌링게임은 국무장관에게 전문을 보냈다.

"미국은 중화제국의 영토를 위협할 이유가 없다. 조약에 명기된 조계(租界) 설치를 철회하자. 중국은 우리의 합작 대상이다. 영국, 러시아, 프랑스, 독일이 펼친 무력 외교가 아닌 공정한 외교로 중국의 환심을 사자."

벌링게임은 무슨 일이건 중국에 협조하며 영국과 날을 세웠다. 청나라 정부는 벌링게임을 '푸안천'(浦安臣)이라 부르며 신임했다. 공사 임기 6년간 벌링게임은 청나라 정부와 마찰이 단 한 번도 없었다. 1867년 11월 말, 귀국을 준비하던 벌링게임을 위해 성대한 송별연을 마련했다.

당시 청 정부는 1차 해외사절단 파견을 준비 중이었다. 단장으로 적합한 인재 물색에 애를 먹었다. 외교를 총괄하던 공친왕(恭親王)이 서태후에게 건의했다.

"푸안천을 '중외교섭사무대신'에 임명해 전권을 맡기자."

서태후는 6년 전 궁지에 몰린 자신에게 최고 권력을 안겨준 공친왕의 청에 토를 달지 않았다.

1868년 5월, '푸안천 사절단' 30명이 샌프란시스코에 도착했다. 환영연에 참석한 캘리포니아주 지사가 참석자들에게 벌링게임을 "가장 젊은 정부의 아들이며, 가장 오랜 정부의 대표"라고 소개하자 폭소가 터졌다. 워싱턴으로 이동한 사절단은 대통령 앤드루

베이징에 부임하기 전 워싱턴의 중국공사관을 방문한 벌링게임.

존슨에게 국서를 전달했다. 벌링게임이 중국대표 자격으로 연설했다.

"중국은 미국의 상인과 전도사를 환영한다. 미국과 대등한 관계를 유지하며, 공동의 특권을 누리기를 희망한다."

벌링게임은 시애틀에서 미국과 중국 근대사상 최초의 평등조약(푸안천조약)도 체결했다. 내용이 종래의 불평등조약과는 판이했다.

"대청국과 대미국은 양 국민의 여행, 장기 거주 등 자유로운 왕래에 합의한다. 미국은 중국의 내정간섭을 안 한다. 중국의 전보 개통과 철도 수축은 스스로 결정한다. 중국은 미국의 내전으로 파괴된 태평양철도의 보수와 건설에 염가의 중국 노동자를 지원한다."

벌링게임은 중국 흠차대신 자격으로 영국도 방문, 빅토리아 여왕을 접견하고 외상과도 두 차례 회담했다. 프랑스와 프로이센을 거쳐 러시아에 도착한 벌링게임은 1년 10개월에 걸친 강행군에 진이 빠졌다. 차르 접견 다음 날 급성 폐렴으로 객사했다.

청 황실은 벌링게임의 업적을 높이 평가했다. 1품 관직과 은 1만 냥을 하사했다. 작가 마크 트웨인이 벌링게임의 일생을 "국경을 초월한 위대한 세계인" 한마디로 정리했다.

의화단 사건의 배상금 처리

"미국 정부는 중국에 요구한 경자년 배상금이
과하다는 것을 알고 있다. 미국과 반환 교섭을 시작하자."

서구 열강의 포탄 세례를 맛본 중국

2,000여 년 전, 찬란한 거성(巨星)의 출현에 동방의 현인 3명이 넋을 잃었다. 별이 지시하는 새로운 종교(기독교)의 탄생지를 찾았다. 훗날 기독교는 서구의 생활과 정신세계에 확고한 지위를 점했다. 평화와 인애를 종지로, 누가 오른뺨 때리면 왼쪽도 내주라고 신도들에게 강조했다. 신자들은 고난과 좌절이 그치지 않았다. 로마 시대 맹수의 위협과 이교도의 학대를 감내하며 신앙을 전파했다. 당나라 초기, 기독교는 중국까지 흘러들어왔다. 당 태종이 경교사(景敎寺)라는 절까지 지어줬지만, 중국인들을 제대로 빨아들이지 못했다. 다시 몇백 년이 흘렀다. 17세기 중엽, 예수회 선교사들이 서구의 천문학을 들고 중국에 들어왔다. 예수회에는 최고의 지식인과 과학자인 선교사들이 즐비했다. 황제의 호감을 산 선교사가 한둘이 아니었다. 당시 서구민족은 활력이 넘쳤다. 기독교를 받아들이고 과학도 발전시켰다.

중국인들은 종교에 관심이 없었다. 수천 년간, 종교 비슷한 것을 앞세운 농민반란은 있어도 종교분쟁은 일어난 적이 없었다. 17세기 중엽, 군함을 앞세운 상인들과 함께 기독교가 유입됐다. 무력과 종교가 뗄 수 없는 관계라는 것을 안 중국인들은 당황했다. 이런 말이 나돌았다.

"부처님은 코끼리 등에 앉아 중국에 들어왔다. 예수 그리스도는 포탄을 타고 날아왔다."

서구 열강의 포탄 세례를 맛본 중국인들은 폭죽 재료로만 알았던 화약의 위력에 놀랐다. 포탄에 관심을 갖기 시작했다. 제조 기술만 배우면 설욕할 날이 온다고 이를 악물었다. 여자 문제 외에는 가장 지혜로웠던, 국민당 원로 장멍린(蔣夢麟)의 회고를 소개한다.

"역사의 발전은 정말 예측하기 힘들다. 한동안 우리는 포탄 연구와 기계 발명에 몰두했다. 하고 나니 정치개혁이 필요했다. 정치 개혁하자니 알아야 할 것이 많았다. 정치이론 연구에 머리를 싸맸다. 정치이론에 몰두하다 보니 서구철학과 접촉했다. 개혁은 함부로 거론하는 것이 아니라는 것을 깨닫기까지 오랜 시간이 걸렸다. 기계의 발명은 과학의 발현(發現)이라는 것을 깨우치기까지도 많은 시간을 허비했다. 우리는 포탄에서 멀어지기 위해 서구의 신무기 지원에만 매달렸다. 군수산업만 일으키면 포탄에서 멀어질 줄 알았다. 포탄의 공포에서 멀어진 것이 아니라 더 가까워졌다는 것을 자각하고 가슴을 쳤다."

의화단의 외세배척 운동

미·중 합작외교의 산물인 '푸안천조약' 서명 후 청나라는 신생국 미국에 의존했다. 여자를 제외한 양국 국민의 왕래도 자유로웠다. 30만 명을 웃도는 중국 노동자(華工)가 미국 땅을 밟았다. 화공들은 서부 개발과 철도 건설에 몸을 아끼지 않았다. 과로와 저임금으로 희생자가 1만 명을 넘었다. 1869년 동서 횡단철도 완공 기념식 날 철도공사 이사장이 화공들의 공로에 경의를 표했다.

"빈곤과 무시를 감수하며 묵묵히 일한, 중국 노동자의 성실과 근면이 없었더라면, 이 철도의 조기 완성은 불가능했다. 우리는 그 공을 잊으면 안 된다."

화공들은 캘리포니아주 북부 새크라멘토 삼각주 지대의 거대한 소택지도 양전(良田)으로 둔갑시켰다. 화공 6만여 명이 농사로 미국인들의 배를 채워줬다. 캘리포니아의 금광, 탄광, 은광의 노동력도 화공이 전담했다.

화공들의 노동환경은 열악했다. 백인 지상주의가 팽배하던 시절이다 보니 사람 취급도 못 받았다. 노예해방 후에는 자유노동자가 된 흑인들과 밥그릇 싸움이 벌어졌다. 경제위기로 실업률이 상승하자 화공들에게 책임을 넘겼다. 중국인 배척운동이 벌어졌다. 1882년 배화법(排華法)이 의회를 통과했다. '푸안천조약'은 14년 만에 휴짓조각이 됐다. 화공들은 법의 보호를 받지 못했다.

중국에 와 있는 미국인들은 천국이 따로 없었다. 치외법권 누리며 무리한 행동을 해도 제재가 따르지 않았다. 선교사 중에는 엉뚱한 사람이 부지기수였다. 지역 농민을 노예처럼 부렸다. 부녀자 추행과 폭행은 기본이었다. 1899년, 산둥의 무술 단련 민간조직 의화단(義化團)이 들고일어나자 농민도 합세했다. 교회를 불사르고 선

신생국 미국은 노동력이 부족했다. 철도 부설에 투입할
중국 노동자들의 이민을 묵인했다.

베이징 입성 후인 1900년 가을, 만리장성 유람을 즐기는
미 해군 육전 대원과 대사관 직원.

교사들을 두들겨 팼다. 황태후 즈시(慈禧)는 의화단의 외세배척 운동을 지지했다.

1900년 경자년(庚子年) 8월, 톈진 조계까지 진출한 의화단은 수도 베이징에 입성했다. 군인들까지 가담한 의화단은 '양인(洋人) 구축과 청 황실 보위'를 외치며 근왕군(勤王軍)을 자처했다. 성당과 교회를 불구덩이로 만들고, 외국 선교사들을 도륙했다. 영국, 미국, 독일, 프랑스, 러시아 등 8개국이 연합군을 결성했다. 연합군 3만 명 중 미군은 1,200명 내외였다. 즈시는 변복 차림으로 베이징을 탈출했다.

베이징을 점령한 연합군은 3일간 자유 시간을 줬다. 살인, 방화, 부녀자 강간으로 고도(古都)가 인간 지옥으로 변했다. 자금성, 중난하이(中南海), 이화원(頤和園)에 있는 진기한 보물들도 내버려 두지 않았다. 영국과 프랑스군은 정원 중의 정원 원명원(圓明園)을 폐허로 만들어버렸다.

미군은 만행을 자제했다. 자금성을 보존하고 고건축 보호에 앞장섰다. 거리 청소와 공중 화장실 건설로 중국인들의 환심을 샀다. 중국 연구에 열중하는 미국인들이 늘어나기 시작했다.

합의문서에 서명하고 피를 토하고 죽은 리훙장

1900년, 경자년 7월에 시작된 의화단 소멸 작전은 독일과 프랑스가 앞장섰다. 미국은 냉담했다. 독일이 프랑스의 옆구리를 찔렀다.

"귀국은 미국 독립전쟁 시절 라파예트가 인솔한 지원병을 파견했다. 미국의 참여를 권할 명분이 있다."

1900년 7월 2일, 프랑스가 미국에 제의했다.

"외국인의 안전과 질서 회복을 위해, 중국에 주둔 중인 각국 군대의 연합행동이 필요하다.

미 국무장관 존 헤이는 철저한 개방주의자였다. 러시아, 독일, 프랑스, 미국, 일본, 이탈리아, 오스트리아 등 8개국이 중국의 문호개방을 압박한다는 조건으로 연합군 가담에 동의했다.

중국이 자랑하는 톈진의 포대를 폐허로 만든 연합군은 진군 속도가 빨랐다. 서태후 즈시는 양다리를 걸쳤다. 겉으로는 화해를 구걸했다. 담판하라며 리훙장을 화의전권대신(和議全權大臣)에 임명했다. 뒤로는 의화단을 부추겼다.

"서양 귀신을 박멸해라."

부적과 화승총, 대도(大刀)로 무장한 의화단의 용맹은 한계가 있었다. 연합군 신무기에 나가떨어졌다. 다급해진 청나라 정부가 해외공관에 지시했다.

"주재국 정부와 사태를 완화시킬 방법을 모색해라."

주미공사 우팅팡(伍廷芳)은 노련한 외교관이었다. 태후에게 전문을 보냈다.

"미국이 문호개방 정책을 제창했다. 호응해야 황실이 안전하다. 의화단은 반란조직이다. 때가 되면 정부의 소탕 대상이다. 하늘이 준 기회다. 이참에 이이제이(以夷制夷), 서양 귀신 이용해 제압해 버리자."

즈시는 회의를 소집했다. 연일 결론 없는 회의가 계속됐다. 참석

大清國當今聖母皇太后萬歲萬歲萬萬歲

8국 연합군 철수 후 베이징으로 돌아온 즈시 태후는 외국 공사 부인의
접견을 허락했다. 오른쪽 둘째가 미국 공사 부인. 1902년 10월, 자금성.

자들이 줄어들기 시작했다. 측근이라는 것들이 제일 먼저 도망치자 즈시는 당황했다. 미국에 도움을 청하기로 작정했다. 제 손으로 유폐시킨 광서제를 불렀다.

"누가 뭐래도 중국 황제는 너다. 미국 대통령에게 편지를 보내라."

변복으로 홍등가 출입하다 들키고, 개혁가들 꼬임에 빠져 엉뚱한 짓 하다 자유를 잃었어도 걱정이 되기는 태후와 마찬가지였다.

어릴 때부터 당대의 대가들에게 교육받은 광서제는 명문장가였다. 7월 17일 밤, 미국 25대 대통령 윌리엄 매킨리에게 보내는 서신을 직접 작성했다.

"중국은 미국과 장기간 우호 관계 유지하며 미국의 최종 목적이 국제무역이라는 것을 깨달았다. 그간 중·미 쌍방은 일방적으로 상대를 불신임하지 않았다. 최근 중국인과 기독교 전도사 간의 증오가 폭발, 열강이 조정(朝廷)의 입장에 회의를 품기 시작했다. 선교를 마땅치 않게 여기는 중국인의 행동을 정부가 지지한다는 근거 없는 의심으로 재난에 가까운 군사 충돌이 임박했다. 목전의 곤경을 해결하기 위해 중국은 귀국에 무한한 신뢰를 표한다. 각하의 지혜로운 결정에 각국이 협조해 질서 회복과 평화 창출에 노력하기를 희망한다. 회답을 간곡히 청한다."

당시 베이징은 난장판이었다. 무선 통신이 불가능했다. 광서제는 준마(駿馬)를 동원했다. 산둥에 있는 위안스카이에게 서신을 보냈다. 산둥과 상하이는 무선망이 살아 있었다. 위안은 황제의 서신을 직접 상하이 지방장관(道臺)에게 타전했다. 주미공사 우팅팡은 상하이 도대가 보낸 황제의 서신을 매킨리에게 전달했다.

7월 19일, 광서제의 구원 요청 서신을 받은 매킨리는 3일간 머리를 굴렸다. 태후와 황제의 안전만 보장해주면 중국에서 미국의 이익을 극대화시킬 기회라고 확신했다. 답신을 보냈다.

"미국 정부와 미국 국민은 중국이 정의와 공평만을 추구한다는 것을 알았다. 우리가 군대를 파견한 목적은 단순하다. 엄중한 위기에 처한 미국 공사관을 구하고, 중국에 체류하며 조약과 국제법에 명기된 권리를 행사하는 미국인의 생명과 재산 보호 때문이다. 본 정부는 즐거운 마음으로 기타 국가들에게 폐하와의 우호를 주선하겠다."

미국은 중국의 이익을 제대로 대변하지 못했다. 담판장에서 리훙장과 마주한 연합국 대표들은 중국에 백은 4억 5,000만 냥을 요구했다. 정부의 1년 재정 수입이 9,000만 냥일 때였다. 존 헤이의 훈령을 받은 미국 대표는 2억 냥으로 줄이기 위해 노력했지만 허사였다. 리훙장은 부들부들 떨리는 손으로 8개국이 합의한 문서에 서명했다. 3일간 피를 토하다 세상을 떠났다. 미국 대통령 매킨리도 서명 하루 전날 무정부주의자의 저격을 받고 숨졌다.

5년 후, 주미공사 량청(梁誠)이 미국에 배상금 반환을 요구했다. 량은 12세 때 관비 유학생으로 미국 땅을 밟았다. 예일대학 재학 중 정부시책 변덕으로 귀국, 외교계에 투신했다. 뉴욕타임스가 극찬할 정도로 영어에 능통하고 미국 사정에 밝았다. 발군의 협상력에 미국도 손을 들었다. 배상금 일부를 토해내겠다고 량에게 통보했다.

량청은 미국식 교육과 체육에 관심이 많았다. 반환될 배상금의 용처를 고심했다. 미국에 기상천외한 제안을 했다.

"미국과 배상금 반환 교섭을 시작하자"

1904년 말, 미 국무장관 존 헤이가 중국 주미공사 량청을 국무부로 불렀다.

"미국은 금본위 국가다. 그간 은으로 지급하던 경자년 배상금을 황금으로 지급하기 바란다."

량은 대통령의 뜻이라고 직감했다. 미국 26대 대통령 시어도어 루스벨트는 약육강식을 신봉하는 골수 다윈주의자였다. 뉴욕주 지사와 부통령 시절 자주 하는 말이 있었다.

"스스로를 보호할 힘이 없는 국가는 존재할 자격이 없다."

대통령이 되자 생각을 바꿨다. 영토 침탈보다 국가 이익에 치중했다.

량청은 노련한 외교관이었다. 헤이에게 평소 하고 싶었던 말을 했다.

"배상금을 황금으로 요구하면 중국은 증세 외엔 방법이 없다. 부담이 늘어나면 중국인의 양인(洋人)에 대한 증오가 증폭된다. 무슨 소란이 일어날지 예측하기 힘들다."

미국 공사 시절, 새로 구입한 승용차를 시운전하는 량청.
1904년, 워싱턴.

한동안 침묵이 흘렀다. 몸을 한 차례 추스른 헤이가 적막을 깼다.

"경자년 배상금은 우리가 입은 손실에 비해 과했다."

량은 머릿속이 번쩍했다. 외교부에 전문을 보냈다.

"미국 정부는 중국에 요구한 경자년 배상금이 과하다는 것을 알고 있다. 미국과 반환 교섭을 시작하자."

량청은 더 이상 금으로 하건 은으로 하건, 결산 문제로 끙끙대지 않았다. 39년간 미국에 지불해야 할 배상금이 의화단에게 입은 손실액을 초과했다는 증거를 찾기 시작했다. 언론계에 미국 유학 시절 친구들이 많았다. 매일 밤 중국 공사관저에 기자들을 초청했다. 뉴욕타임스가 미국 측 손실이 실제와 달랐다는 기사를 큼지막하게 내보냈다. 힘을 얻은 량은 조야의 정치인들을 부지런히 찾아다녔다. 공사관보다 국회에 가 있는 시간이 더 많았다.

중국 지지 여론이 형성될 무렵, 생각지도 않았던 일이 벌어졌다. 중·미 양국이 광저우에서 한커우(漢口)까지 연결한 철도 운영권을 중국이 회수하자 미국이 발끈했다. 대통령 루스벨트는 중국의 주권은 인정하되 이익은 양보하지 않았다. 배화법을 발동, 중국 노동자들을 미국에서 내쫓았다. 중국은 대규모 미국 상품 배척운동으로 응수했다. 여론 조성에 분주하던 량은 숨을 죽였다. 때가 오기를 기다렸다.

황태후 즈시도 특유의 수완을 발휘했다. 세인트루이스 만국박람회에 청나라 정부 명의로 중국촌과 중국관을 만들라고 지시했다. 미국공사 부인 세라 콩거를 불렀다. 여류 화가를 한 명 소개해달라며 용건까지 설명했다. 미국 화가 캐서린 칼의 회고록 서문 일부를 소개한다.

"1903년 4월, 나는 상하이에 있었다. 도시 풍경 화폭에 옮기며 시간 가는 줄 몰랐다. 하루는 베이징 주재 미국공사 부인 콩거 여사가 보낸 편지를 받았다. 베이징에 와서 세인트루이스 만국박람회 중국관에 전시할 즈시 태후의 초상을 그릴 의향이 있는지 묻는 내용이었다. 콩거 여사는 태후를 몇 차례 만난 적이 있었다. 미국인들의 태후에 대한 편견이 내가 그린 초상을 보고 바뀌기를 희망했다."

칼은 흥분했다. 간절히 원한다는 답장을 보냈다.

상하이는 무더웠다. 칼은 하루에 다섯 번 목욕하며, 경건한 마음으로 연락 오기를 기다렸다. 콩거 부인이 보낸 편지 받고 맘이 놓였다.

"태후가 화가 만날 준비에 들어갔다. 주변에서 길일 택하느라 분주하다."

중국 관원들은 동작이 느렸다. 콩거 부인은 7월이 돼서야 외교부에서 보낸 문서를 칼에게 보냈다.

"콩거 부인에게 청한다. 8월 5일 미국 화가 대동해 입궁해라."

이화원에서 즈시를 만난 칼은 순친왕의 왕부에 머무르며 초상을 완성했다.

박람회 중국관 정면에 걸린 즈시의 실물 초상을 본 미국인들은 화려하고 단정한 귀부인의 자태에 넋을 잃었다. 흉물스럽고 기괴

244

공사관 도서실에서 관원들과 미국의 경자년 배상금 초과액
증거자료를 찾는 량청(오른쪽 둘째).

미국 여류화가 캐서린 칼이 그린 서태후 즈시의 초상.

하리라 여겼던 종래의 인상에 회의를 품기 시작했다. 박람회가 끝난 후 청나라 정부는 즈시의 초상을 루스벨트에게 선물할 특사를 미국에 보냈다. 루스벨트는 정중한 접수 의식을 거쳐 스미소니언 박물관에 수장하라고 지시했다.

몇 개 월 후, 루스벨트의 딸 앨리스가 관광차 중국에 왔다. 소식을 접한 즈시는 직접 접견하고 장시간 대화를 나눴다. 밥도 같이 먹고 이화원도 함께 산책했다. 앨리스는 자신의 눈에 비친 태후의 인상을 기록으로 남겼다.

"중간 정도의 신장에 치파오 걸친 모습이 수려하고 장엄했다. 대국 통치자의 풍모가 넘치는 걸출한 여성이다."

즈시의 앨리스 환대는 중·미 관계 완화에 영향을 끼쳤다. 1905년 6월 루스벨트가 국무원에 지시했다.

"경자년 배상금 반환 교섭을 재개해라."

한동안 엎드려 있던 량청도 기지개를 켰다. 1906년, 미국 정부에 정식으로 배상금 반환을 요구했다. 미국은 신중했다. 반환금이 부패한 중국 관리들의 주머니에 들어갈 것을 우려한다는 메시지를 량에게 전달했다. 량은 기다렸다는 듯이 대응했다.

"반환금은 일단 중국에 보내라. 우리는 교육기관을 설립해 미국 유학 보낼 청년들을 양성하겠다."

량청의 제안에 미국 정부가 고개를 끄덕일 무렵 앨리스의 결혼이 임박했다. 즈시는 명품 견직물로 만든 의상 한 상자와 비단을 량에게 보냈다.

"앨리스의 결혼 선물이다. 직접 전달해라."

백악관에서 성대한 결혼식이 열렸다. 하객들은 중국의 귀부인 같다며 신부에게 갈채를 보냈다. 즈시의 간단한 외교는 루스벨트의 배상금 반환을 촉진시켰다.

량청의 제안은 미국 지식인들의 마음을 흔들었다. 배화법에서 허우적거리는 정부의 대중국 전략을 수정하자는 명망가들이 한둘 나타나기 시작했다. 일리노이 주립대학 총장이 루스벨트에게 교육 시찰단을 중국에 보내자는 제안서 말미에 이런 내용을 삽입했다.

"중국 청년을 교육시키겠다고 나설 나라가 과연 있을까? 정신이 뒷받침되는 사업이라야 국가에 이익이 된다. 정신의 지배를 받는 상업은 강력한 군사력보다 국민을 안심시킨다."

중국 경험이 풍부한 선교사들은 교회학교 설립에 기대가 부풀었다. 루스벨트에게 배상금 반환을 촉구하는 서신이 줄을 이었다.

중국 청년들 교육 역설한 선교사 스미스

19세기 말, 중국에는 서양 선교사들이 들끓었다. 시골 벽촌 촌구석 어딜 가도 없는 곳이 없었다. 알코올 중독자나 상습 도박꾼 등 엉터리들도 있었지만 극소수였다. 특정 분야 전문가들이 대부분이었다. 관심 분야도 다양했다. 1872년 미국 기독교공리회가 파견한 스미스(Arthur Henderson Smith)는 중국인의 성격과 소질에 관심이 많았다. 산둥성 서부 궁핍한 지역에 초·중 교육기관과 병원을 설립하고 노동자와 농민만 상대했다.

1876년, 200년 만의 홍수로 황허가 범람했다. 아편 재배로 농지가 줄어들다 보니 비축한 식량이 바닥났다. 2년간 사망자가 1,000만 명을 웃돌았다. 참극을 목도한 스미스는 어이가 없었다. 본국에 있는 친구에게 편지를 보냈다.

"하늘과 인간이 연출한 재앙으로 사방에 굶어 죽은 시체가 즐비하다. 말로만 듣던 역자이식(易子以食), 자식을 서로 바꿔 삶아 먹는 비극이 빈번하다. 유럽 같으면 빵을 달라며 혁명이 일어나고도 남을 일이 2년간 계속돼도 관청 문전은 썰렁하고 지주의 창고도 멀쩡했다. 대형 민란이 일어날 줄 알았던 나는 이 나라 빈곤층을 이해하기 힘들었다. 이유를 물었더니 감히 못 한다는 말을 듣고 놀랐다. 수천 년간 고위공직자의 유사무공(有私無公)에 길들여진 중국 빈곤층의 목표는 단 하나, 과거를 통한 입신양명뿐이다. 이들에게 필요한 것은 선교나 물질 지원이 아니다. 미국은 교육을 통한 정신개조로 중국을 도와야 한다."

30여 년간 중국에서 온갖 체험한 스미스는 경자년 배상금으로 중국 청년들을 미국에서 교육시키자는 주미공사 량청의 구상에 공감했다. 대통령 루스벨트에게 중국 학생들의 미국 유학과 교회학교 설립을 역설하는 서신을 보냈다.

"중국에 거대한 변화가 발생한 것 같아도 진짜 변화는 시작되지도 않았다. 조만간 시동이 걸리면 엄청난 속도로 진행될 것이 분명하다. 물질이 도덕을 압도하는 변화가 서구에 악영향을 끼칠까 우려된다. 중국인들에게 진정과 성실로 용기와 희망을 줄 적절한 시점이다. 노 대국의 거대한 변화를 영접할 준비와 방법을 심사숙고하기 바란다."

루스벨트는 스미스가 쓴 중국 관련 저서의 애독자였다. 친필답장을 보냈다.

"그간 배상금을 어디에 쓸지 고심했다. 귀하의 제안에 공감한다."

하버드와 예일 등 명문대학에도 중국 학생들의 미국 유학을 위해 의원들 설득에 힘써달라고 당부했다. 대통령이 나서고 언론과 지식인들이 호응이 잇달아도 각료들이 움직이지 않았다. 량청은 초조했다. 베이징의 외교부에 우려를 전달했다.

"미국 정부는 목청만 컸지 동작은 느리다. 현 정부 요원들을 갈아치우지 않으면, 우리의 구상은 물거품이 된다. 대통령의 덕담을 결정으로 믿은 우리가 잘못이다. 시간 절약을 위해 직접 나서겠다."

리훙장이 눈여겨본 인재 우팅팡

량청은 신발 끈을 조여 맸다. 내무장관 가필드(James R. Garfield)와 공상부장관 스트라우스(Oscar S. Straus)의 집무실에 진을 쳤다. 량의 극성은 효과가 있었다. 배상금 반환이 환한 모습을 드러내기 시작했다. 량은 본국 외교부에 후임자를 물색해달라고 요청했다. 중국 외교부는 의화단사건 시절 주미공사를 역임했던 우팅팡을 량

1908년 시카고를 방문한 우팅팡.

의 후임으로 정하고 미국 측에 통보했다. 소식을 들은 루스벨트는 량을 백악관으로 불렀다. 관계 장관까지 배석한 자리에서 귀국 전까지 배상금 반환을 결정하겠다며 량을 안심시켰다. 1907년 6월 15일, 신임 국무장관이 청나라 정부에 1,160만 달러를 반환하겠다고 통보했다.

임무를 마치고 귀국한 량청은 진이 빠졌다. 모친이 있는 고향으로 낙향했다. 치료를 위해 홍콩으로 이주했지만 백약이 무효였다. 이 병원 저 병원 전전하다 52세로 숨을 거뒀다. 우팅팡은 공사가 아닌 흠차대신 직함으로 미국에 부임했다. 우는 지금은 광저우에 편입된 팡춘(芳村)의 부잣집 아들로 태어났다. 14세 때 부친이 세상을 떠나자 물려받은 유산으로 영국 유학길에 올랐다. 런던에서 중등교육 마치고 런던대학 법학박사 학위 받은 중국의 1호 해외박사였다. 홍콩의 법률사무소에 재직 중 해외순방 떠나는 북양대신 리훙장을 만나 인연을 맺었다. 통상교섭대신을 겸하던 리는 외국과 교섭할 외교관 후보를 물색 중이었다.

리훙장은 사람 보는 눈이 까다로웠다. 사람을 함부로 쓰지 않았다. 우팅팡을 가까이 두고 이일저일 시키며 5년간 관찰한 후 측근에게 우의 인물평을 했다.

"생긴 것과 복장만 중국인이다. 뉴잉글랜드의 미국인 상대하기에 저만한 인재가 없다."

성격이 급하다며 재고를 요청하는 측근의 권유도 묵살했다.

"급한 것과 민첩한 것은 다르다."

19세기 말 주미공사를 역임했던 우팅팡은 미국 조야에 아는 사람이 많았다. 유학생 파견규정 협의하며 중국에 필요한 인재양성 방안을 관철시켰다.

"초기 4년간 중국은 매년 100명의 유학생을 미국에 파견한다. 5년째부터는 반환금이 다할 때까지 한 해에 50명 유학생을 보낸다. 청나라 정부는 미국 유학 예비학교를 베이징에 설립한다. 고전문학과 역사 지식이 풍부한 학생들을 선발해 미국대학 강의 청취력이 가능할 정도의 영어교육을 시킨다. 유학생 중 80퍼센트는 농업, 기계공학, 광산, 물리, 화학, 철도공정, 금융 분야를, 나머지 20퍼센트는 법률과 정치학을 전공한다."

청나라 정부는 황실정원 청화원(清華園)에 유미학무처(游美學務處)를 신설하고 학생을 모집했다. 정부시책과 미국 유학 조건을 갖춘 응시가 거의 없었다. 응시자의 질을 높이기 위해 학무처의 명칭을 칭화학당으로 바꿨다. "중국의 영수급 인재를 양성하는 실험학교"라며 대대적인 선전에 나섰다. 중국은 소문이 빠른 나라였다. 순식간에 전국에서 지원자가 몰려들었다.

선발 과정은 엄격하고 혹독했다. 중간에 때려치우는 응시자가 한둘이 아니었다. 지원자 630명 중 중국역사와 중·미관계에 새 장을 열 47명이 합격했다.

위안스카이의 고문이 된 주중공사 폴 라인시

20세기 초, 청 황실은 썩은 고목이었다. 서구 열강은 중국의 주권과 황실의 보존을 담보로 이익만 챙기면 그뿐이었다. 프랑스는

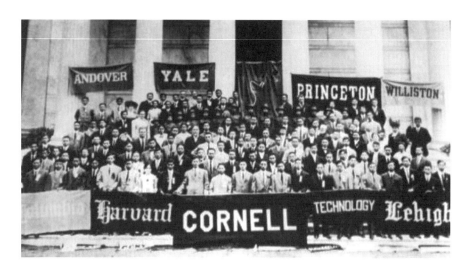

1912년 위싱턴에 집결한 칭화학당 출신 유학생.

시난(西南), 영국은 장시(江西)와 저장(浙江), 러시아는 동북 지역의 굵직한 이권을 독점했다. 미국의 중국 진출은 한발 늦었다. "다같이 먹고 살자"며 중국에 문호개방을 요구했다. 당시 중국은 개방 상태였다. 미국이 겨냥한 곳은 중국이 아닌 서구 열강이었다. 열강은 자신들의 세력범위에 빗장을 걸었다. 미국의 입질을 허용하지 않았다.

1911년 10월 10일, 우한 주둔 후베이(湖北)신군이 혁명군으로 돌변했다. 혁명 기간 미국은 중립을 천명하며 뒤로는 북방의 최강자 위안스카이를 지원했다. 중화민국 설립 후, 대총통에 취임한 위안은 열강의 승인에 목을 맸다. 영국, 러시아, 일본 등은 새로운 이권 도모에 분주했다. 미국 대통령 윌슨은 열강의 반대를 무시했다. 위안이 공화정을 선포하고 국회를 구성하자 중화민국 승인을 결정했다. 중화민국 정부를 승인한다는 국서를 위안에게 전달할 특사를 파견했다. 축하 사신(私信)도 잊지 않았다.

"새롭게 태어난 중국이 세계 대가정의 일원이 된 것을 열렬히 환영합니다. 완벽한 공화제를 이룩한 귀국의 발전과 행복이 실현되기를 희망합니다."

윌슨은 초대 중화민국 공사에 위스콘신대학 정치학 교수 폴 라인시(Paul Samuel Reinsch)를 임명했다. 위안은 서화(書畫)에 능한 미국 아동 유학생 출신을 주미공사로 내보냈다.

"미국인들이 중국 서예와 산수화를 좋아한다. 원하는 사람에게 막 써주고 그려줘라."

위안스카이는 라인시가 맘에 들었다. 엉뚱한 제안을 했다.

"미국의 진보주의를 대표하는, 정치학회 회장 출신이라고 들었다. 나는 선대의 통치술만 곁눈질했다. 정치학은 배운 적이 없다. 공사로 있는 동안 내 개인 고문을 해라."

라인시는 어이가 없었지만 거절하지도 않았다. 1915년 1월, 일본이 중국에 복잡한 요구를 했다. 담판이 벌어졌다. 일본은 중국 측에 비밀 보장을 요청했다. 라인시는 머리구조가 복잡한 사람이었다. 중·일 담판 기간 중국주재 미국 정부 대표와 중국 총통의 고문이라는 묘한 신분을 적절히 활용했다. 미국을 의심하는 중국 외교부를 총통 고문 자격으로 부지런히 드나들었다. 본국 국무부에 중국 내 반미파와 친일파의 동향도 상세히 보고했다.

중국 대표로 회담에 참석한 외교부 참사 구웨이쥔(顧維鈞)은 위안스카이의 당부를 성실히 수행했다. 회담만 마치면 그날 상황을 라인시에게 상세히 설명하며 부탁했다.

"미국은 중국을 위해 전면에 나선 적이 없다. 방관하지 말고 간섭해주기 바란다."

구의 회고록에 이런 구절이 있다.

"라인시는 시간을 벌라고 했다. 회담을 지연시키며 국제사회와 여론의 동정을 쟁취하라는 충고도 해줬다. 양보할 것과 절대 해서는 안 될 것을 이유까지 곁들여 상세히 알려줬다. 주미공사 통해 일본의 요구 사항을 미국 정부에 전달하면 효과가 있다는 말에 우리 편이라는 확신이 들었다. 라인시는 문화교류도 게을리하지 않았다. 경극 배우 메이란팡(梅蘭芳)의 미국 대도시 순회

외교사절을 접견한 중화민국 대총통 위안스카이(앞줄 왼쪽 셋째).
앞줄 오른쪽 셋째가 라인시.

청나라 말기 즈리(直隷) 총독 위안스카이(앞줄 왼쪽 다섯째)는 미국 서적 번역에 관심이 많았다. 영어 번역관을 자주 찾았다.

공연도 라인시의 조용한 극성 덕이었다. 미국 공사관에 군 막사를 신설하고 중무장한 육전대(해병대)를 주둔시킨 것도 라인시가 아니면 불가능했다."

2월 중순, 미국 정부가 개방정책을 파괴하는 일본에 유감을 표하는 성명을 발표했다.

"미국 정부는 중국에서 미국과 미국 국민에게 손상을 입힐, 중·일 양국이 비밀리에 체결한 약정이나, 체결을 앞둔 조약을 인정할 수 없다. 중화민국의 문호 개방정책은 중국의 국제정책에 의거한 협정이나 협약에 의거해야 한다."

미국에 실망한 중국, 소련과 가까워지다

1918년 11월, 1차 세계대전이 끝났다. 파리에서 열릴 전승국 회담을 앞둔 윌슨이 미국의 이익을 염두에 둔 발언을 했다. 비밀외교 폐지와 군비 삭감, 식민지 분쟁의 원만하고 공정한 해결 등을 주장했다. 중국의 반응은 엄청났다.

"윌슨 대총통의 제안으로 세계평화가 눈앞에 다가왔다."

11월 30일 밤, 베이징의 학생들이 거리로 나왔다. 현장을 목도한 시인이 훗날 구술을 남겼다.

"미대생들이 그린 윌슨의 초상화 들고 미국 공사관으로 몰려갔다. 목이 터지도록 외쳐대는 '윌슨 총통 만세' 소리에 새벽 닭도 울 엄두를 못 냈다. 그날 우리는 제정신이 아니었다."

전승국 일원으로 회의에 참석한 중국 대표는 상실한 주권을 되찾을 기대에 부풀었다. 적어도 패전국 독일이 점거했던 산둥반도의 조차지 회수는 가능하다고 확신했다. 미국의 역할에 기대를 걸었다. 윌슨도 돕겠다는 말을 한 적이 있었다. 청·일전쟁과 러·일전쟁에서 승리, 강국으로 부상한 일본이 독일이 산둥에서 누렸던 권익의 계승을 강하게 요구했다. 관철되지 않을 경우, 국제연맹에 참여하지 않겠다며 미국을 압박했다. 미국은 일본과 등지고 싶지 않았다. 영국, 프랑스와 손잡고 일본의 무리한 요구를 지지했다. 미국에 호감을 갖던 중국인들은 실망했다. 애국 운동과 반제국주의 운동이 고개를 들기 시작했다.

10월 혁명으로 집권한 레닌은 기회 포착의 고수였다. 미국 배척의 열기가 중국을 휩쓸자 그 틈을 파고들었다. 제정러시아가 중국과 체결한 불평등조약을 폐기했다. 미국 성토에 열을 올리던 중국의 일부 지식인들은 소련의 결정에 열광했다. 미국 독립전쟁을 부추긴 토머스 페인의 황당한 명언을 인용했다. 한 번도 경험해보지 못한, 붉은 중국을 만들겠다며 팔을 걷어붙였다.

한동안 미국은 중국에서 손해를 보자 당황했다. 3년 후, 워싱턴 회의에서 중국 외교관과 합세해 영국을 설득하고 일본을 압박했다. 일본은 어쩔 수 없이 산둥반도의 주권을 중국에 반환했다.

중국에 자선을 펼친 록펠러재단

"살아 있는 동안, 인류의 이익을 위해
영원히 지속될 수 있는 자선단체를 만들어라."

청나라 도자기를 좋아한 록펠러 2세

어느 나라건, 정부의 대외정책은 국가 이익에서 출발하기 마련이다. 민간활동은 다르다. 정부의 정책과 어긋나도 독립적인 경우가 허다하다. 20세기 이래 미국의 개인이나 교회, 공익재단은 정부와 상관없이 중국의 교육, 문화, 의료 등 각 분야의 현대화에 적극적으로 기여했다. 1990년대 초, 상하이의 품위 있는 중국 노부인에게 이런 얘기를 들었다.

"벽안의 선교사들이 중국에 세운 학교는 서양 교육기관 취급을 받았다. 학생들은 중국문화를 이해 못 하는 미개인이라며 손가락질당했다. 사실은 다르다. 외국인 학교의 학제는 중국 정부가 제정했다. 전국에 널려있던 교회학교는 중국 전통문화와 고전 수업이 중국학교보다 많았다. 양인들이 중국 청년들을 전통과 단절시켰다는 말은 중화민국이나 국민정부의 교육정책을 몰랐기 때문이다. 중국의 명문 중학과 대학은 모두 양인들, 특히 미국인이 설립했다. 문화와 의학, 교육 방면에서 중국은 미국의 엄청난 도움을 받았다."

록펠러재단의 공도 빠뜨리지 않았다.
"중국인들은 록펠러 가족의 자선에 경의를 표해야 한다."
미국의 석유 황제 존 록펠러는 중국과 인연이 없었다. 1863년, 24세 때 중국으로 떠나는 화물선에 석유 한 통 판 것이 다였다. 외아들 존 록펠러 주니어(록펠러 2세)는 어릴 때부터 단정하고 순했다. 말수도 적었다. 웬만해선 입을 열지 않았다. 부잣집 아들 특유의 괴팍한 습관도 없었다. 유일한 취미가 중국 도자기 감상이었다. 청나라 화병만 보면 넋을 잃었다. 가끔 중국과 관련 있는 종교단체를 지원했다. 1902년, 현지조사 다녀온 선교사가 통찰력 넘치는 중국 소식을 전했다.

"중국에 변화가 시작됐다. 중국인들이 교육과 사회개혁의 필요성을 절감하기 시작했다. 리훙장 사망 후 정무(政務)대신과 연병(練兵)대신을 겸한 위안스카이가 산둥에 신식학교를 설립하고 북양군을 조직했다. 수하에 쉬스창(徐世昌)이란 명참모가 있다. 쉬의 건의로 군에 일본인 의료 전문가와 군사교관을 초빙했다. 일본인 교관은 그렇다 치더라도 군 의료기관은 중국 역사상 처음 있는 일이다."

부친의 투자로 일류대학 반열에 오른 시카고대학 총장 저드슨(Harry Pratt Judson)의 구상도 들을 만했다.

위안스카이 사후 총통을 역임한 쉬스창(왼쪽)은
록펠러 주니어(오른쪽)와 친분이 두터웠다.

"중국은 교체기다. 하루빨리 시카고대학 같은 종합대학을 중국에 세워라. 그간 선교사들이 세운 교육기관의 최종 목표는 기독교 전파였다. 지금 중국은 교파와 무관한, 최고의 이상과 관용을 추구하는 대학이 절실한 시점이다."

아들의 보고를 받은 록펠러는 제대로 된 조사단을 파견하라고 지시했다. 1909년 중국에서 돌아온 조사단의 보고 내용이다.

"서구의 대학들이 추구한 과학과 이성이 중국의 현대화를 성공적으로 이끌 수 있을지 의문이다. 시카고대학과 유사한 형태의 종합대학은 여러 조건상 시기상조다. 의학으로 바꿀 것을 건의한다. 의학은 과학과 교육의 결합체이며 사회개조와 사상개조가 만나는 곳이다. 중국인들에게 가장 필요한 것이 의학이라는 것도 중요한 이유다. 중국은 정국이 불안한 대국이다. 언제, 어디서, 무슨 일이 벌어져도 의학은 논쟁에 휘말릴 이유가 없다."

중국에 협화의학원을 세우다

록펠러 주니어의 청나라 도자기 사랑은 날이 갈수록 더했다. 1913년 3월, 금융계의 거두 존 피어폰트 모건이 세상을 떠났다. 모건은 중국 도자기의 대수장가였다. 모건의 소장품 중 청나라 화병들이 경매에 나오자 록펠러 주니어는 부친에게 100만 달러를 빌려달라는 편지를 보냈다.

"청대의 도자기는 제가 돈을 주고 구입하고 싶은 유일한 물건입니다. 활짝 핀 꽃 문양 보면 마음이 편안해집니다."

구입을 반대하던 록펠러는 아들의 섬세한 감수성에 감동했다. 청나라 도자기를 한 점도 남김없이 구입해 아들에게 줬다. 친구의 권유로 설립한 록펠러재단도 아들에게 넘기고 은퇴했다.

40세에 록펠러재단의 운영을 맡은 록펠러 주니어는 중국의 의학과 교육에 전력을 기울였다. 1914년, 중국에 2차 조사단을 파견했다. 4개월간 중국의 15개 성과 88개 병원을 둘러본 조사단은 교육과 진료를 겸한 의료기구 설립을 건의했다. 저급하더라도 당장 수요를 충족시키기 위한 기구의 설립과, 국제 수준의 의과대학과 부속병원 설립을 주장하는 의견이 팽팽히 맞섰다.

록펠러 주니어는 중국의 상황을 더 상세히 알고 싶었다. 새로운 조사단을 꾸리며 신신당부했다.

"우리 재단은 이익을 추구하는 집단이 아니다. 미래를 위한 투자도 아니다. 중국은 미개한 나라가 아니다. 문화 대국에 우리가 할 수 있는 일을 정확하게 파악해주기 바란다."

3차 조사단의 보고서를 본 록펠러 주니어는 중국에 자선사업을 펴기로 결심했다.

"고도(古都) 베이징의 중심지에 교육, 임상, 연구의 집결지를 건설해라. 재단 부설기관도 별도로 만들어라."

당시 베이징에는 영국 성공회와 미국의 5개 교회가 합작해서 만든 협화의학당(協和醫學堂)이 있었다. 1906년 청나라 정부가 서래편작(西來扁鵲), '서쪽에서 온 편작'이라는 편액을 내린 병원 겸 의료요원 양성소였다. 록펠러 주니어는 협화의학당을 20만 달러에

협화의원 기공식에 참석한 록펠러 주니어(앞줄 모자 든 사람).
1917년 가을, 베이징.

인수했다. '베이징협화의학원'과 '부속병원 협화의원' 간판을 내걸었다. 새로운 부지도 물색했다. 우여곡절 끝에 예친왕(豫親王)의 왕부(王府)를 통째로 사들였다. 건축은 하버드 의과대학을 설계한 쿨리지(Charles Allerton Coolidge)에게 맡겼다. 베이징에 온 쿨리지는 예왕부의 궁전식 건축에 놀랐다. 내부만 서구식으로 꾸미고, 외관은 중국의 고전건축 양식을 고집했다.

1917년 기공식에 참석한 록펠러 주니어는 쿨리지의 억지에 공감했다. 애초에 잡았던 건축비 100만 달러가 750만 달러로 늘어났다.

인문학 교육을 중시한 협화의학원

중국공산당 창당 2개월 후인 1921년 9월 19일 오전, 록펠러재단이 설립한 협화의학원과 협화의원 낙성식이 열렸다. 바다에서 1개월을 보내며 베이징에 온 록펠러 2세의 연설은 간단했다.

"중국인들에게 작은 희망을 주기 위해 오늘 이 자리에 왔다. 서구의 의학과 과학이 중국인의 정신세계와 사유에 보탬이 되기를 고대한다."

식전에 참석한 베이징대학 교수 후스(胡適)는 감동했다. 일기에 이런 내용을 남겼다.

"엄숙한 전례(典禮)였다. 100명이 넘는 서구 유명 대학의 학위복 대열이 장관이었다. 록펠러의 연설도 좋았다."

록펠러재단은 1916년부터 47년까지 중국의 의학과 자연과학, 고고학, 향촌 건설, 평민교육, 학자 교류 등에 8억 달러를 투입했다.

그중 4,465만 달러가 협화의학원과 협화의원 몫이었다. 협화의학원은 예과 3년에 본과 5년이었다. 예과 교육은 다른 대학에 위탁했다. 당시 중국에는 록펠러재단의 기대를 충족시킬 종합대학이 없었다. 수업의 질을 높이기 위해, 13개 대학에 8년간 자금과 시설을 지원했다. 예과생들은 미국인 선교사 존 레이턴 스튜어트가 설립한 옌칭(燕京)대학을 선호했다.

협화의학원은 인문교육을 중요시했다. 훌륭한 의사가 되려면 사람이 돼야 한다는 것이 이유였다. 예과생들은 3년간 옌칭대학에서 의학과 상관없는 교육을 받았다. 량치차오의 동생 량치슝(梁啓雄)에게 돌대가리 소리 들으며 제자백가를 익히고, 하버드대학에서 송사(宋史) 강의로 명성을 떨친 녜충치(聶崇岐)의 현란한 중국 통사 강의에 입이 벌어졌다. 심리학과 사회학은 격주로 치르는 시험에 애를 먹었다. 자연과학과 영어는 기본이었다.

협화의원 내과 주임을 역임한 전 중국 혈액학회 회장의 회고를 소개한다.

"예과를 마친 후 본과 입학시험 통과하면 교수가 집으로 초청했다. 같이 저녁 먹으며 가정형편과 취미, 사회문제에 대한 견해 등을 영어로 물었다. 학생의 언동과 영어회화 능력을 유심히 살피는 눈치였다. 옌칭대학에서 교육받은 의예과 동기 53명 중 13명이 협화의학원 본과에 합격했다."

본과 5년은 하루하루가 질식할 정도였다. 저명한 비뇨기과 전문의가 구술을 남겼다.

"오전 8시에 기숙사에서 학교로 이동했다. 오후는 실험 수업이

협화의원을 방문한 록펠러 일가.

었다. 학생들은 밤 12시가 지나서야 잠자리에 들었다. 시험이 임박하면 교내에 긴장이 감돌았다."

학생 중에 결핵 환자가 속출했다. 학교가 요구하는 평균 75점에 들지 못하면 재시험을 치렀다. 두 번째도 미달이면 유급시켰다. 세 번째는 학교를 떠나야 했다. 가혹한 규정은 록펠러 2세를 실망시키지 않았다. 협화를 중국에서 가장 현대화된 의학원과 의원으로 만들기까지 오랜 시간이 걸리지 않았다. 1930년대 협화의원은 록펠러재단이 미국과 독일에서 초빙한 의사와, 협화의학원이 배출한 명의들이 포진한, 동양 최고의 종합병원이었다.

록펠러재단, '베이징원인' 발굴에 막대한 지원

록펠러재단은 시야가 넓었다. 저우커우뎬(周口店)도 내버려두지 않았다. 베이징에서 70킬로미터 떨어진, 교통이 불편하고 인구도 희박한, 기름 한 방울 안 나는 중국의 촌구석에 미국의 석유 황제가 거금을 투자했다. 저우커우뎬은 북송(北宋)시대부터 소문난 용골(龍骨) 산지였다. 오랜 세월, 용골은 하늘이 내린 명약으로 통했다. 1900년 8국 연합군이 중국을 침략하자 베이징은 혼란에 빠졌다. 탈출을 준비하던 독일 의사가 용골이 든 약 상자를 동포 동물학 교수에게 귀중한 약재라며 선물했다. 약재를 세밀히 연구한 동물학 교수는 고영장류(古靈長類)의 치아 한 개를 발견했다. 이 발견은 국제 학술계를 진동시켰다.

1914년, 베이징정부 농상부(農商部)가 스웨덴 지질학자 안데르손(Johan Gunnar Andersson)을 고문으로 초빙했다. 안데르손은 중국의 용골에서 적출했다는 치아 조각이 머리에서 떠날 날이 없었다. 기사들을 모집해 화베이(華北) 지역의 용골 화석을 찾으라고 지시했다. 용을 숭상하는 민족이다 보니 마을 사람들이 용골산이라 부르는 산이 도처에 있었다. 안데르손은 저우커우뎬의 용골산을 주목하기까지 4년이 걸렸다. 동료에게 "인류 조상의 유해가 그곳 어딘가에 있다는 예감이 든다"는 말을 자주했다. 1926년 베이징협화의원 강당에서 세계를 향해 선포했다.

"저우커우뎬에서 인간의 치아 화석을 발견했다."

중국은 장쭤린의 동3성 독립선언과 국민혁명군 사령관 장제스의 북벌선서, 상하이의 누드모델 파동에 묻혀버렸지만, 미국의 록펠러재단은 달랐다. 안데르손의 발표 당일 성명을 냈다.

"저우커우뎬의 발굴을 지원하겠다. 중국의 지질연구소와 함께하기를 희망한다."

1927년 봄, 저우커우뎬에서 대규모 발굴의 막이 올랐다. 황폐한 용골산에 사람이 나무보다 많았다. 발굴은 세인의 관심을 끌지 못했다. 주민들도 조용한 마을이 이상한 사람들로 북적거린다며 불평이 심했다. 2년간 진전이 없자 발굴단도 맥이 빠졌다. 포기를 저울질할 무렵 기적이 일어났다. 1929년 12월 2일, 기후관계로 철수를 준비하던 중, 베이징대학 지질학과를 갓 졸업한 페이원중(裴文中)이 무슨 생각이 들었던지 벌떡 일어났다. 앞에 보이는 작은 구멍을 헤치자 사람 한 명이 겨우 들어갈 수 있는 공간이 드러났다. 빨려 들어가다시피 한 페이는 거미줄 같은 광선 밑에 있는 편원형(扁圓形)의 물체를 관찰했다. 두개골이라는 생각이 들자 정신이 번쩍

베이징원인을 관찰하는 협화의학원 외국인 교수.

들었다. 베이징원인이 발견되기까지는 록펠러재단의 막대한 지원이 주효했다.

록펠러의 마음을 움직인 존스톤의 서신

19세기 말, 미국 제1의 부자로 등극한 록펠러는 돈을 어디에 써야 할지 고심했다. 독실한 침례교 신자였던 록펠러는 자신을 기쁘게 했던 돈이 타인을 만족시킬 수 있다고 확신했다. 기부를 결정하자 시작과 동시에 도움 청하는 개인과 단체가 줄을 이었다. 기부받는 사람은 묘한 속성이 있었다. 매년 100만 달러 이상을 기부해도 요구가 그치지 않았다. 거부하면 '만악(萬惡)의 자본가'라며 비난이 들끓었다. 가재를 탕진해도 부족하다는 생각이 들자 한 곳에 집중하기로 작심했다. 은퇴를 선언하고 장원(莊園)에 칩거했다.

록펠러는 교육을 중요시했다. 시카고대학 건립에 거액을 지원했다. 공짜 좋아하기는 당시의 미국 대학도 마찬가지였다. 보다 못한 목사 한 분이 록펠러에게 경고나 다름없는 충고를 했다.

"재물은 굴러다니는 돌과 같다. 쌓이는 것보다 흩어지는 속도가 빠르다. 자손들에게 나눠주는 것도 현명한 방법은 아니다. 나쁜 습관에 함몰되기 쉽다. 살아 있는 동안, 인류의 이익을 위해 영원히 지속될 수 있는 자선단체를 만들어라."

록펠러 부자(父子)는 목사의 의견에 공감했다. 록펠러재단을 출범시켰다. 재단은 의학에 중점을 뒀다. 1901년, 미국 최초의 의료

연구소를 설립해 인류 고난의 근원인 질병과의 전쟁을 시작했다. 유행성 뇌막염, 소아마비, 광견병, 매독, 황열병 퇴치에 성과가 있자 해외로 눈을 돌렸다.

록펠러재단은 중국을 선택했다. 이유가 있었다. 20세기 초반 중국은 다른 나라에서 찾아볼 수 없는 특징이 한두 가지가 아니었다. 대국이었지만 빈곤하고, 독립된 문명 고국(古國)이었다. 자의건 타의건, 개방과 개혁이 진행 중이다 보니 새로운 것에 대한 저항이 미약했다. 동방문화를 대표하는, 고루하지 않은 우수한 지식인들도 도처에 널려 있었다. 중국 외에도 빈곤한 큰 나라는 있었지만, 나머지 특징은 중국이 유일했다.

협화의학원 전신인 베이징의학원 교수 존스톤이 록펠러재단에 보낸 장문의 서신이 록펠러 부자가 결심하는 데 결정적 역할을 했다. 중국을 꿰뚫어본 내용이기에 간추려 소개한다.

"미국이 중국을 도울 시기가 도래했다. 가장 필요한 것이 무엇인지를 중국인이 깨달았다. 중국 청년들은 서양의학 배우기를 갈망한다. 지금 우리가 할 일은 이 위대한 국가에 의학의 기초를 닦아주는 일이다. 중국 의사들의 품성을 정립시킬 원대한 계획이 필요하다. 중국의 변화는 신속하다. 만주족 황제의 통치가 하루아침에 쑨원의 공화국으로 변했다. 위안스카이가 쑨원을 밀어낸 것도 순식간이었다. 국회를 구성하고 헌법을 공포하더니 갑자기 마음이 변했다. 지금 우리는 위안이 면류관 썼다는 소식만 기다리는 중이다."

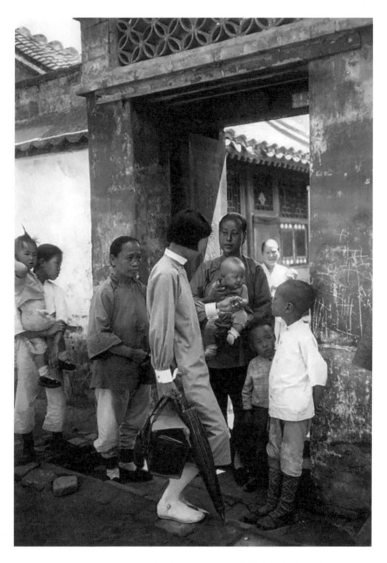

농촌 의료봉사 나온 협화의학원 여학생.

존스톤은 중국인의 습관과 주의사항도 상세히 적어 보냈다.

"중국은 온갖 질병이 들끓는 나라다. 미국의 의학도들에게 이처럼 좋은 실험장이 없다. 이 나라 사람들은 20세만 넘으면 모든 걸 다 안다고 자부한다. 절대 필요한 것이 아니면 남의 영향받기를 싫어한다. 미국인이 중국인을 교육시키며 배울 기간은 길지 않다. 지금 중국은 기아에 허덕인다. 우리가 주는 새로운 것을 흡수할 준비가 갖춰졌다. 미국이 돌려준 경자년 배상금으로 설립한 칭화학당(淸華學堂)이 좋은 예다. 지금 이 학당은 완전히 중국인 손으로 넘어갔다. 지난해부터 외국인 교수와 직원이 단 한 명도 없다. 유감이지만 어쩔 수 없다."

이유도 설명했다.

"중국 곳곳에 교회학교를 세운 선교사들 잘못이 크다. 군림하며 가르치려고만 했다. 상대가 무지한 백성이 아닌, 자존심 강하고 우수한 청년들이라는 것을 몰랐다."

기막힌 훈수도 빠뜨리지 않았다.

"중국에서 이익 볼 생각은 버려라. 중국의 전통과 문화에 경의를 표하고 록펠러재단이 설립한 의학원과 병원이 빠른 시간 내에 중국인의 손으로 운영되기를 희망한다고 해야 중국인들에게

중국 총리 저우언라이는 닉슨 대통령 중국 방문에 동행한 뉴욕주 지사
넬슨 록펠러에게 조부와 부친의 중국 지원에 대한 고마움을 표했다.
1972년 2월 말, 중난하이.

영원히 존경받을 수 있다. 17세기 예수회 선교사들을 본받아라."

맞는 말이었다. 1601년, 베이징에 첫발을 디딘 마테오 리치를 필
두로 예수회 선교사들은 사서삼경(四書三經)이 머리에 꽉 차 있었
다. 중국인들은 선비 복장한 예수회 신부들을 서양에서 온 유학자
라며 존경했다.

록펠러재단의 운영자 록펠러 주니어는 존스톤의 충고를 명심했
다. 중국 지원이 이익을 위한 투자가 아닌 자선사업임을, 1960년
세상을 떠날 때까지 견지했다. 중국의 의학과 농업, 자연과학과 인
문사회과학 연구, 평민교육과 향촌 건설에 거금을 투입하고 미국
의 중국학 연구에도 불멸의 업적을 남겼지만 중국에서 이익을 추
구하지는 않았다.

1949년 10월, 중국이 공산화된 후에도 록펠러재단의 협화의원
지원은 그치지 않았다. 6·25전쟁 발발 6개월 후인 1950년 겨울,
한·미연합군 10만 명과 쑹스룬(宋時輪)이 이끈 항미원조 지원군
9병단 등 15만 명이 장진호에서 격돌했다. 양측 모두 승리를 주장
했지만 진정한 승자는 전쟁을 질타한 한반도의 혹한이었다.

장진호 전투 종결 직후, 협화의원 원장 리쭝언(李宗恩)이 뉴욕의
록펠러재단에 짤막한 편지를 보냈다.

"협화의원이 정부에 귀속됐다."

록펠러재단은 신중국의 결정을 존중했다. 30년 이상 해오던 지
원을 멈췄다.

중국이 열광한 철학자 존 듀이

"실용주의는 한마디로 실험주의다.
중국은 온갖 실험을 다 해본 나라다."

듀이의 중국 제자들

20세기 초 중국의 젊은 지식인들은 개혁을 입에 달고 다녔다. 말만 좋았지 뾰족한 대책은 없었다. 출로를 놓고 갈팡질팡했다. 미국의 대표적인 실용주의 철학자 존 듀이를 초청해 귀를 기울였다. 하고많은 서구의 지식인 중 듀이를 선택한 이유가 있었다. 컬럼비아대학 교수 시절 미국이 토해낸 경자년 배상금으로 유학 온 중국 청년과의 인연 때문이었다. 후스와 평민 교육가 타오싱즈(陶行知), 철학자 펑유란, 베이징대학 교장(총장)을 가장 오래 역임한 장멍린, 난카이(南開)대학 교장 장바이이링(張伯苓) 등이 듀이의 제자였다.

영국의 버트런드 러셀과 인도의 타고르도 중국에 머무르며 여기저기 강연을 다녔지만, 체류 기간과 영향력이 듀이에 비하면 어림도 없었다. 러셀의 강연은 무슨 말인지 알아듣기 힘들었다. 초청한 기관의 대표가 불평할 정도였다.

"중국의 실정을 몰라도 한참 모르는 사람이다. 꿈에서 깨어나지 못한 몽상가다."

전염병까지 걸리고 각계의 공격을 받은 러셀은 유감이라는 한마디 남기고 1년 만에 중국을 뒤로했다. 타고르는 러셀보다 더했다. 처음엔 인도의 성인(聖人)이 왔다며 잡지마다 특집을 발행했다. 시간이 지나자 베이징대학 문학원 원장 천두슈를 필두로 대표적인 지식인들의 비판이 줄을 이었다. 루쉰(魯迅)은 타고르 이름만 나와도 고개를 돌려버렸다. 비난 전단도 난무했다.

"인도에 가서 성인놀음이나 해라. 저 정도는 중국의 골목이나 산속에 널려 있다."

타고르는 상심했다. 일정 취소하고 중국을 떠났다.

듀이는 어릴 때부터 독서 외에는 관심이 없었다. 호기심 하나만은 남달랐다. 퍼블릭 아이비리그의 알짜배기 버몬트대학 재학시절 모든 학과의 수업을 골고루 들었다. 1882년, 23세 때 쓴 논문이 당시 미국 유일의 철학 논문 학술지에 실려 주목을 받았다. 학위는 2년 후 존스 홉킨스대학에서 받았다.

듀이는 현실을 무시하는 미국의 기계식 교육에 의문을 품었다. 시카고대학에 부속실험학교를 설립했다. 자신의 교육이념을 이렇게도 해보고 저렇게도 해봤다. 연구와 실험을 거듭하다 보니 독일에서 유입된 교사와 강의실, 교재 중심의 교육방법에 문제가 있다는 생각이 들었다. 경험과 활동을 중요시하는 실용주의 교육을 주장했다.

1919년 초, 도쿄 제국대학이 듀이 부부를 초청했다. 목적은 강연이었다. 일본에 온 듀이는 학술단체의 초청에 쉴 틈이 없었다. 베이징대학 교수로 갓 부임한 후스가 꾀를 냈다. 도쿄에 체류 중이던 난징(南京)고등사범학교 교장과 베이징대학 동료 교수에게 전보를 보냈다. 두 사람은 귀국을 앞둔 듀이 부부를 방문했다. 장쑤(江蘇)성 교육회와 베이징대학 등 5개 학술단체 명의의 초청장을 전달했다.

"신교육건설이 절실한 중국은 선생의 강학(講學)을 희망합니다."

듀이는 기분이 좋았다. 즉석에서 수락했다.

"영광이다. 만나고 싶은 사람도 많다. 몇 차례 강연이라면 일정에 차질이 없다."

당시 뉴잉글랜드 지역의 부인들 사이에는 중국 마작이 유행이었다. 마작을 즐기던 듀이의 부인도 입이 벌어졌다.

"깨우치기가 힘들지 행동은 쉽다"

1919년 4월 30일, 듀이 부부의 상하이 도착은 거창했다. 후스, 타오싱즈, 장멍린 등 학계와 문화계의 거성들이 부두에서 스승을 맞이했다. 국부 쑨원도 듀이의 거처를 방문, 만찬을 함께하며 장시간 대화를 나눴다. 쑨의 말은 무게가 있었다.

"중국은 지이행난(知易行難), 알기는 쉬워도 행동에 옮기기는 힘들다는 공론(空論)을 만고의 진리처럼 숭상하는 전통이 있다. 경험이 부족하고 현실을 무시하는 헛소리에 불과하다. 나는 지난행이(知難行易), 깨우치기가 힘들지 행동은 쉽다고 생각한다."

실용주의 철학자 듀이는 쑨의 탁견에 공감했다. 미국에 있는 딸

중국 체류 기간 옛 제자 후스(왼쪽 첫째)와 장멍린(오른쪽 첫째)의 안내로
이화원을 유람 중인 듀이 부녀.

에게 편지를 보냈다.

"중국의 전 총통 쑨원과 만찬하며 많은 얘기 나눴다. 흔히들 혁명가라고 하지만, 내가 보기엔 철학자였다. 장래가 우려된다."

훗날 쑨원은 "내가 제창한 '지난행이'를 듀이도 인정했다"며 애들처럼 좋아했다.

항저우(杭州)에서 열린 듀이의 첫 번째 강연은 인산인해였다. 강연 도중 베이징에서 5·4운동이 발발했다. 민주와 과학을 외쳐대는 청년들의 열정에 듀이는 감동했다. 제자들에게 베이징행을 고집했다. 5월 30일, 학생운동이 최고조에 이를 무렵 듀이는 베이징에 도착했다. 딸에게 이런 편지를 보냈다.

"중국 학생들의 열정에 감염됐다. 나의 이상을 실현하기에 적합한 곳이다. 어떤 부분은 미국보다 더 민주적이다. 힘 있는 사람들은 지들끼리 싸우느라 민생에는 관심이 없다. 그러다 보니 사회적 평등이 저절로 완성된 기이하고 괴상한 나라다. 내 말이 믿기지 않으면 중국에 와서 직접 봐라. 인생은 체험이다."

딸도 듀이 못지않게 호기심이 많았다. 중국 갈 채비를 서둘렀다.

듀이는 1919년 4월 30일부터 1921년 8월 2일까지, 기이하고 괴상한 나라에 2년 3개월간 머물렀다. 후스를 비롯한 학계의 거목들을 통역으로 대동하고, 전국의 11개 성과 대도시를 순회했다. 100차례 이상 실용주의를 소개하며 중서(中西) 문화와 제도를 분석하고 비교했다.

듀이의 강연은 교육계와 문화계뿐만 아니라 중국의 정치 지도자들에게도 영향을 미쳤다. 신문화운동의 사령관 격인 천두슈는 직접 강연회를 주관했다. 청년 마오쩌둥은 후난(湖南)성 창사의 강연에서 듀이의 말을 경청하며 한마디도 빠뜨리지 않고 기록했다. 프랑스에 있던 저우언라이는 친구가 보내준 듀이의 강연록을 읽었다. 실험주의야말로 세계 최고의 신사조(新思潮)라며 극찬했다. 비판하는 사람도 부지기수였다.

"실용주의는 한마디로 실험주의다. 중국은 온갖 실험을 다 해본 나라다. 새로운 내용이 없다."

듀이의 실용주의는 현대중국의 사상과 문화의 발전에 큰 영향을 미쳤다. 듀이도 중국의 영향을 많이 받았다. 듀이의 중국 강학 100년이 지났다. 아직도 중국이 듀이의 영향을 받았는지, 듀이가 중국의 영향을 더 받았는지, 가늠하기 힘들다는 사람들이 많다.

국·공 분쟁 사이의 미국 5

"미국은 장제스와 국민당을 지지한 지 오래다.
중공은 미국을 적으로 대한 적이 없다.
국민당 지지를 철회하고 승인해주길 바랄 뿐이다.
부득이한 경우가 아니면 추방할 이유가 없다.
제 발로 나가야 제 발로 들어온다."

국민당 정부에 등 돌린 미국

"장제스를 계속 끼고 가는 것은
현명한 외교가 아니다."

장제스의 정치고문 오언 래티모어

미·중 관계는 나빴던 기간보다 좋았던 시절이 더 많았다. 한국
전쟁 이후 20년간 지속된 적대관계도 말뿐이었다. 험담만 주고받
았다. 정전협정 2년 후 대사급 회담도 시작했다. 대화를 계속하다
보니 협의에 도달하지 못해도 화약 냄새 풍길 이유가 없었다. 마오
쩌둥도 미국을 제국주의라 매도했지만 행동은 함부로 하지 않았
다. 1958년 진먼다오(金門島) 포격할 때도 미국 군함은 절대 건드
리지 말라고 지시했다. 미국 비행기의 국경 정찰과 영공 침범도 항
의에 그쳤다. 100차례 이상 항의만 했지 공격은 자제했다. 세계혁
명 부르짖던 황당한 시절에도 주적(主敵)은 미국이 아니었다.

미국도 마찬가지였다. 대통령 루스벨트는 국·공합작으로 시작
한 일본과의 전쟁이 끝나면 국민당과 공산당의 내전을 우려했다.
마오쩌둥에게도 신경을 썼다. 중·일전쟁이 한창이던 1941년 7월,
장제스에게 중공에 우호적인 오언 래티모어를 정치고문으로 추천
했다. 록펠러재단의 지원으로 설립한 태평양국제학회 기관지 주간
(主幹) 래티모어는 중국 변방지역 연구의 권위자였다. 1937년 중

공의 항일근거지 옌안에 도착, 마오쩌둥, 주더, 저우언라이와 회견한 후 중공의 민족정책을 찬양한 적이 있었다. 저서에 대담한 추론도 담았다.

"중국공산당이 서북지역에서 소수민족과 연합해 펼치는 항일투쟁은 중국 역대 왕조의 연속을 보는 듯하다. 소수민족과 함께 일본을 축출한 후, 수(隋)나라와 당(唐)나라처럼 광활한 변방지역에 근거지를 구축해 중원과 연해지역의 통치자를 부패세력으로 몰아 전복시키면 통일 중국의 출현을 앞당길 수 있다. 동시에 내지(內地)와 변방이 서로 베풀며 행복과 즐거움을 함께하면 새로운 중국의 건설과 도약이 가능하다."

예언자 같은 명언도 남겼다.

"일본 군대는 녹슨 중국 군대의 칼을 예리하게 만드는 마도석(磨刀石)이다. 중공의 군대는 일본군과의 작전을 통해 단련됐다. 내전이 벌어지면, 일본군과 싸우기를 꺼리던 국민당군 주력은 일본군과의 작전에 적극적이었던 공산당군 주력을 당하지 못한다."

전시수도 충칭의 국민정부 고관들은 장제스 주변에 나타난, 유창한 중국어를 구사하는 미국인이 누군지 궁금했다. 쑹메이링과 산책하며 대화 나누는 모습도 자주 눈에 들어왔다. 루스벨트가 파견한 래티모어라는 것을 알자 다들 기겁했다. 지식인들은 더했다. 말로만 듣고, 글로만 접하던 래티모어는 세계적인 대가였다. 몽골과 시베리아, 중앙아시아, 동북지역을 답사하며 변방지역에 대한 거작을 여러 권 남긴 현대판 마르코폴로나 다름없었다. 오랜 해외 생활과 경험으로 다듬어진 통찰력과 폭넓은 시야는 서재에서 땀만 흘리는 학자나, 훈수에 능한 눈치꾸러기 고관들과는 격이 달랐다. 아태지역 14개국의 내로라하는 학자들이 집결한 태평양국제학회의 회원이며 1,000권 이상의 학술서적을 출간한 기관지 주간이었다. 이쯤 되면, 장제스 일가의 성탄절 만찬에 초청받은 유일한 외국인이란 말도 헛소문이 아니었다.

장제스는 닝보(寧波) 방언이 심했다. 아랫사람들이 무슨 말인지 몰라 쩔쩔맬 때가 많다 보니 장도 짜증낸 적이 한두 번이 아니었다. 래티모어와의 대화는 통역이 필요 없었다. 미국에서 태어나자마자 부모 따라 강보에 쌓여 중국에 온 래티모어는 닝보 출신 보모의 손에서 어린 시절을 보냈다. 모국어인 영어보다 닝보 방언을 먼저 익혔다. 장은 이런 래티모어를 좋아했다. 첫 번째 대화도 맘에 들었다. 군인정치가 장제스는 독일의 소련 침공을 루스벨트가 어떻게 예측하는지 궁금했다. 래티모어는 기다렸다는 듯이 입을 열었다.

"대통령은 독일군이 너무 깊숙이 들어갔다며 혀를 찼다. 전열을 정비한 소련이 승리하고 독일이 패할 것이라고 확신한다."

장이 무릎을 치며 말을 받았다.

"맞다. 나도 대통령의 생각에 동의한다. 우리 장군들은 하나같이 독일의 승리를 예측한다."

전시수도 충칭의 장제스(오른쪽)와 래티모어(가운데).
왼쪽은 국민당 공군을 지휘한 셔놀트.

래티모어는 동북의 중요성을 누차 강조했다.

"동북을 점령한 일본 관동군이 만주국을 세우자 동북 청년들은 유랑민이 됐다. 이들을 충칭으로 끌어모아 군복을 입히면 훗날 도움이 된다."

장은 귀담아듣지 않았다. 이런 일이 빈번하자 래티모어는 다른 방법으로 중국을 돕겠다며 귀국했다. 전시 정보국에서 중국 관련 업무를 했지만, 일이 일이다 보니 뭘 했는지 밝혀진 것은 없다.

미 공화당 후보에게 대선자금 댄 장제스

1941년 12월 7일, 일본이 하와이의 미 해군기지 진주만을 쑥대밭으로 만들었다. 이튿날 미국과 영국이 일본에 선전포고했다. 중국정부는 하루 늦었다. 미국은 영국의 반대를 무릅쓰고 중국전구(戰區)를 설립했다. 월남과 태국을 포함한 중국전구사령관에 장제스가 취임했다. 참모장은 미 육군중장 조지프 스틸웰 몫이었다. 태평양전쟁의 막이 올랐다.

일본은 버마(미얀마)를 점령, 중국을 외부와 단절시켰다. 미국은 인도에서 히말라야 산맥을 넘어 윈난성 쿤밍까지 공중으로 전쟁물자를 운송했다. 1942년부터 3년 1개월간 65만 톤을 실어 날랐다. 매달 평균 13대, 총 468대의 수송기가 중도에 추락했다. 1,579명의 조종사가 전사하거나 실종됐다. 인도에서 현대식 장비로 훈련시킨 중국군도 3만 2,000명을 웃돌았다.

태평양전쟁 기간 중공 근거지 옌안에도 미군과 미국기자들이 관찰조(觀察組) 명의로 진을 쳤다. 미군 관찰조는 중공 중앙과 8로군,

신4군 지휘관들과 같은 밥 먹고 노래하며 훈련과 정보를 공유했다. 미군 관찰조의 보고서에 이런 내용이 있다.

"중공 군대는 사기가 왕성하다. 국민정부를 거치지 않고 이들에게 직접 물자를 지원하면 일본을 빨리 패망시킬 수 있다."

심지어 예언에 가까운 섬뜩한 보고도 했다.

"그간 우리가 국민당에 지원한 물자의 일부를 옌안에 제공하면, 이곳의 자칭 공산주의자들은 언제고 중국을 장악할 능력이 있다."

미국은 단명으로 그친 쑨원의 임시 대총통 시절부터 국민정부를 지지했다. 1927년 4월, 중공과 결별한 북벌군 사령관 장제스가 난징에 딴살림 차린 후엔 더 견고해졌다. 태평양전쟁 시기에는 가깝기가 말도 못할 정도였다. 미국은 자금과 물자를, 중국은 인력을 쏟아부었다. 일본 패망 후 벌어진 국·공전쟁 말기, 미국은 국민정부에 원조를 중단했다. 국민정부가 대륙에 집권하는 것이 미국엔 이익이었다. 신흥세력인 중공은 다룰 방법이 없었다. 그래도 미국은 국민정부에 등을 돌렸다. 여러 이유가 있었다.

장제스의 국민정부는 통치수단이 야비하고 잔인했다. 민심을 잃었다. 군심(軍心)은 더 일찍 상실했다. 사기가 엉망이다 보니 미국이 지원한 신무기도 쓸모가 없었다. 미국이 국민정부를 포기했을 때도 국민정부군은 강군(強軍)이었다. 창강 이남에 웅거해 반격을 준비할 여력이 충분했다. 문제는 장제스와 그 수하들의 무능과 판단 착오였다.

1948년, 미국 대선은 민주당 경선을 통과한 대통령 해리 트루먼과 공화당 후보 토머스 듀이의 대결이었다. 장제스는 뉴욕주 지사 듀이의 정견에 흥분했다.

"미국 정부는 얄타에서 소련과 비밀협정을 체결했다. 소련이 중국의 동북과 화북 지역에 진출할 통로를 열어줬다. 공산주의자는 물론, 공산주의자와 같은 길을 걷는 사람들이 정부의 요직을 맡고 있다. 동아시아에서 소련의 확장을 막으려면 장제스의 국민정부를 지원해야 한다."

대학에 침투한 중공 지하당원들이 개미처럼 움직였다. 베이징대학과 칭화대학 학생 1,000여 명이 거리로 나왔다. 미국의 원조를 거절한다는 시위가 그치지 않았다.

1933년부터 16년간 집권한 민주당에 미국인들은 싫증이 났다. 기업인들이 공화당 쪽으로 기울었다. 듀이는 선거자금이 부족하지 않았다. 트루먼이 듀이와 공화당을 공격했다.

"월 스트리트는 자신들의 돈을 물 쓰듯 하는 특권자가 선거에 이기기를 희망한다. 공화당도 국민을 위한 정당과는 거리가 멀다."

여론조사기관은 듀이의 압승을 예측했다. 영향력 있는 언론인 50여 명도 트루먼의 패배를 예상했다. 트루먼은 선거에 적극적이었다. 열차로 전국의 작은 역을 순회했다. 356차례 명연설로 1,200만 명의 유권자를 홀렸다. 듀이는 활동이 저조했다. 접근했던 사람이 톈진(天津)에 있는 중국 친구에게 편지를 보냈다.

"팔자 수염을 한 듀이의 인상은 영화에 나오는 악마 같았다. 연설도 무미건조하고 재미가 없었다. 세균 감염을 두려워하다 보니 악수하자고 손 내미는 자원봉사자들을 혐오한다."

다들 공화당의 승리를 노래했다. 듀이는 추가 자금 모금이 쉽지 않았다. 장제스는 듀이를 지원하기로 작심했다. 1948년 여름, 최측근을 미국에 파견했다. 장의 특사를 만난 듀이는 감격했다. 이런 말을 했다고 전해진다.

"장 위원장의 도움에 감사한다. 내가 당선되면 위원장에게 불리한 전국(戰局)이 바뀌도록 진력하겠다. 중국 경내의 공산당을 철저히 소멸시켜 위원장의 총통직 수행이 원만하도록 하겠다."

중국인들은 1948년 미국 대선을 여상지쟁(驢象之爭), 민주당과 공화당의 상징인 당나귀와 코끼리의 전쟁이라고 불렀다. 고도 베이핑에 코끼리 인형과 듀이의 초상화 들고, 이상한 악기 연주하며 듀이의 당선을 기원하는 도사 복장의 지지자까지 등장했다.

장제스를 향한 트루먼의 독설

린뱌오가 지휘하는 중공 제4야전군의 동북 석권 2개월 후, 미국 대선은 트루먼의 승리로 끝났다. 선거자금은 210만 달러를 쓴 공화당보다 민주당이 60만 달러를 더 썼다. 인도네시아의 화교가 운영하는 좌파신문 사설 「트루먼 승리의 의의」가 시선을 끌었다.

"전 세계의 전쟁상인과 전쟁광들은 트루먼의 연임에 실망했다. 장제스가 국민정부 입법원 부원장 천리푸(陳立夫)를 통해 듀이에게 지원한 150만 달러는 물거품이 됐다. 장이 만지작거리던 두 장의 카드, 듀이의 당선과 세계대전 폭발도 허공으로 사라졌다."

천리푸는 회고록에서 1948년의 미국 방문을 인정했다.

"목적은 민주정치 참관이었다. 트루먼 대통령과 국방부장, 재정

1948년 10월, 베이핑 고궁박물원 앞에 나타난
듀이 지지 선전원.

부장, 양당의 영수들을 만났다.”

공화당 영수가 듀이였는지 여부는 밝히지 않았다. 한동안 미국이 중국에서 손을 뗀 이유가 트루먼의 보복이라는 설이 파다했다. 대선이 끝나기 몇 개월 전부터 트루먼 정부는 국민정부의 몰락을 인정했다. 조지 케넌이 이끈 국무부 정책연구실의 보고가 결정적이었다.

“우리의 중국정책에 변화가 필요한 시점이다. 장제스를 계속 끼고 가는 것은 현명한 외교가 아니다. 지금 방향을 바꾸지 않으면 선택의 여지가 없을까 우려된다.”

트루먼의 구술에 이런 내용이 있다.

“대륙에서 국민정부의 몰락은 부패와 무능 때문이었다. 우리는 약 30억 5,000만 달러의 군사장비를 소위 자유중국 인사라는 사람들에게 지원했다. 동북에서 베이징을 거쳐 난징까지 모든 전선에서, 장제스의 500만 대군은 공산군 30만에게 패했다.”

트루먼의 독설은 거침이 없었다.

“장제스와 그 수하들이 미군 수백만을 파견해 구해달라는 요청을 한 적이 있다. 나는 한마디로 거절했다. 부패와 무능을 타고난 사람들을 위해 단 한 명의 미군도 희생시킬 수 없다. 나를 공산주의에 관대하다고 질책하는 사람들이 있다. 그들의 지적에 절대 굴복하지 않았다. 장과 그의 패거리들은 자신들의 방법을 바꾸려 한 적이 없다. 그런 인간들이 갈 곳은 감옥 외에는 없다.”

2003년 10월 말, 장제스의 부인 쑹메이링이 뉴욕에서 세상을 떠났다.『뉴욕타임스』에 이런 글이 실렸다.

"트루먼은 장제스와 주변 인물들을 도적 취급했다. 미국이 원조한 수십억 달러 중 7억 5,000만 달러를 빼돌려 브라질의 상파울루에 투자했다. 심지어 지금 우리가 밟고 다니는 뉴욕에도 부동산이 있다."

트루먼은 독설가였다. 빈말은 안 했다.

중·미 관계의 산증인 스튜어트

"역사의 전환점에서,
학생들이 조용한 나라는 미래가 없다."

옌칭대학에 묻히고 싶다던 옛 교장의 소원

1955년 8월 워싱턴, 전 주중대사 존 레이턴 스튜어트는 세상 떠날 날이 머지않았다는 예감이 들었다. 유촉(遺囑)을 작성했다. 1919년 중국에서 스승과 제자의 인연을 맺은 후, 희열과 고통을 함께한 푸징보(傅涇波)에게 봉투를 건넸다.

"내가 죽으면 뜯어봐라."

스튜어트의 말년은 처량했다. 중풍으로 언어 능력을 상실하고 글씨도 제대로 못 썼다. 2002년 6월, 군 복무 중인 푸징보의 아들 푸뤼런(傅履仁)이 구술을 남겼다.

"아버지는 스튜어트를 모시기 위해 워싱턴 교외에 집을 마련했다. 나와 누이는 스튜어트를 할아버지라 불렀다. 우리 집에는 할아버지 만나러 오는 특별한 손님이 많았다. 주미대사 후스는 아버지에게 깍듯했다. 조지 마셜 원수는 주말마다 직접 차를 몰고 왔다."

1962년 9월 19일, 7년간 사경을 헤매던 스튜어트가 눈을 감았다. 『시카고트리뷴』에 실린 중국 역사학자의 기고가 눈길을 끌었다.

"중국인들에게 20세기를 통틀어 스튜어트와 견줄 만한 미국인은 없었다. 중국의 정치, 문화, 교육에 미친 영향은 헤아리기 힘들다. 중·미 관계의 연합과 파열의 산증인이다."

과장이 아니다. 스튜어트는 50년간 청말 신정(新政)과 혁명, 공산당의 무장폭동과 항일전쟁, 국·공 전쟁을 현지에서 체험한 유일한 미국인이었다.

유촉은 간단했다.

"푸징보에게 청한다. 유골을 옌위안(燕園)에 있는 처자 옆에 안장해주기 바란다. 저우언라이에게 선물 받은 명(明)대의 5색 화병은 원주인에게 돌려줘라."

옌위안은 50여 년 전 스승이 설립한 옌칭대학을 의미했다. 푸는 스승의 골회(骨灰)를 하장(下葬)하지 않았다. 생전에 기거하던 방에 모셔놓고 매일 기도했다. 푸는 국제정세에 밝았다. 1960년대 말 중·소 관계가 악화되자 중국과 미국이 악수할 날만 고대했다. 1972년 헨리 키신저의 중국 방문 후 24년간 얼어붙었던 미·중 관계에 훈풍이 돌기 시작했다. 화교 방문단의 일원으로 중국에 가는 딸에게 편지 한 통 주며 당부했다.

"저우언라이에게 보내는 편지다. 고위층을 만날 기회가 있으면 그냥 전달해라. 저우는 내 글씨를 안다."

이듬해 가을, 푸는 "극비리에 조용히 다녀가라"는 저우언라이의 초청장을 받았다.

푸징보는 베이징에 10개월간 머물렀다. 교우들을 부지런히 만났다. 살벌한 시절이었다. 스튜어트 얘기만 나오면 안타까운 표정 지

미국으로 돌아온 스튜어트는 무일푼에 갈 곳도 없었다.
죽는 날까지 푸징보(오른쪽 첫째)가 마련한 집에 기거했다.
스튜어트 뒤가 푸뤄런. 1950년대 말, 워싱턴.

으며 말길을 돌렸다. 무슨 일이건 대책이 있었던 저우언라이는 병중이었다. 병실에서 눈길만 주고받았다. 10년 후 푸는 다시 중국을 찾았다. 고위층들의 환대는 여전했지만 옌위안에 묻히고 싶다는 옛 교장의 소원을 실현에 옮길 능력은 없었다. 기다리라는 말만 되풀이했다. 여 교우들은 말없이 펑펑 울기만 했다.

기다린 보람이 있었다. 1986년, 베이징대학 측이 스튜어트 골회를 교내에 안장하겠다며 중앙서기처에 동의를 구했다. 서기처가 수락하자 반대 목소리가 난무했다.

"스튜어트는 마오 주석에게 비판받은 사람이다. 베이징대학이 끌어안는 것은 도리가 아니다."

푸징보는 '충분히 이해한다'는 편지를 베이징대학에 보내고 또 기다렸다. 2년 후 88세를 일기로 워싱턴에서 세상을 떠났다.

다시 10년이 흘렀다. 세인의 주목을 끌기에 충분한 두 명의 정치가가 역사의 골짜기에 갇혀있던 옌칭대학을 끄집어냈다. 한 명은 미국인이고, 다른 한 명은 중국인이었다. 1998년 6월 29일 중국을 방문 중인 미국 대통령 빌 클린턴이 베이징대학을 찾았다. 80년 전 스튜어트의 의뢰로 미국 유수의 건축가 머피(Henry Killam Murphy)가 설계한 옌위안의 베이궁러우(貝公樓) 2층 강당에 운집한 학생들에게 강연했다. 베이징대학 개교 100주년을 축하하며 옌칭대학을 거론했다.

"지금 나는 미국 선교사가 설립한 옌칭대학 교정에 서 있다. 옌위안의 건물도 미국 건축가가 설계했다. 예전에 이곳에서 많은 미국인 교수와 학생들이 가르치고 배웠다. 나도 여러분과 특수 관계라는 생각이 든다."

생방송으로 전국에 중계된 클린턴의 강연을 계기로 없어진 지 오래인 옌칭대학과 설립자 스튜어트의 이름이 세간에 오르내렸다. 중국인들은 스튜어트를 쓰투레이덩(司徒雷登)이라 불렀다.

2005년 국민당 명예주석 롄잔(連戰)의 방문으로 옌칭대학이 다시 주목을 받았다. 롄잔은 클린턴이 섰던 자리에서 모친을 회상했다.

"오늘 나는 국민당 대륙방문단과 함께 베이징대학에 왔다. 옌칭대학이 있던 곳이라는 것을 방금 알았다. 모친은 지난 세기 30년대에 이곳에서 공부했다. 초목과 오가는 사람 보며 옌칭대학 시절 모친의 모습을 상상하는 즐거움을 만끽했다. 옌칭대학은 나의 모교다. 모친(母)의 학교(校)였기 때문이다."

베이징을 방문한 정치가들의 옌칭대학 회상은 묘한 파장을 불러일으켰다. 클린턴과 롄잔의 방문 보도에서 옌칭대학 관련 기사는 삭제시켰다.

2006년, 스튜어트 사망 40년 후, 푸뤠런이 육군 소장으로 승진했다. 같은 해 가을, 저장성 대표단이 미국을 방문했다. 푸뤠런이 화교 중추 모임 백인회 회장 자격으로 대표단을 접대했다. 만찬 석상에서 스튜어트의 골회를 저장성 항저우에 안치하자고 제안했다.

"스튜어트는 항저우에서 태어났다. 평소 고향을 물으면 항저우라고 했다. 부모와 형제들의 무덤도 그곳에 있다."

귀국한 대표단은 수속을 밟았다. 스튜어트에게 항저우시 명예시민증을 발부하고, 태어난 집을 '쓰투레이덩 기념관'으로 만들었

옌위안 완공 전, 직원들과 함께한 옌칭대학 교장 스튜어트(왼쪽 둘째).

다. 원주인에게 돌려주라고 했던 5색 화병과 스튜어트의 유물도 기념관에 진열했다. 2008년 11월 17일 스튜어트의 골회 안장식이 성대하게 열렸다. 국내외의 언론들도 상세히 보도했다. 베이징대학은 달랐다. 모른 체했다.

중국인들에게 추앙받던 스튜어트는 한동안 제국주의의 상징으로 전락했다. 그럴 만한 이유가 있었다.

옌칭대학의 중국화·국제화에 힘쓰다

서구의 기독교 단체가 중국에 세운 교회학교는 기독교와 서구문화 전파가 최종 목표였다. 미국 선교사 스튜어트가 베이징 교외에 설립한 옌칭대학은 달랐다. 종교학 수강과 예배 참석을 강요하지 않았다. 남녀공학은 물론, 사상과 학문의 자유도 보장했다. 경제학과 학생들은 마르크스의 『자본론』을 끼고 다녔다. 중국사회과학원 원사(院士) 허우런즈(侯仁之)가 이런 회고를 남겼다.

"옌칭대학은 진정한 의미의 대학이었다. 학생들을 시험하지 않았다. 진리를 전수하고 왜곡된 진리는 배척했다. 신앙도 개인 의사를 존중했다. 스튜어트가 부교장으로 영입한 『타임스』지 설립자 헨리 루스는 미국에서 대학 홍보에 한몫 거들었다."

스튜어트는 대학의 중국화를 시도했다. 저명한 중국학자 초빙을 게을리하지 않았다. 대우도 외국인 교수와 차별을 두지 않았다. 수년 만에 중국인 교수가 70퍼센트에 육박했다. 종교단체의 속박에서 벗어나기 위해 모금도 적극적으로 했다. 미국을 수없이 넘나들었다. 개인 명의로 받은 지원은 거의 구걸에 가까웠다.

대학의 국제화에도 머리를 짜냈다. 저렴한 알루미늄 개발로 거부를 축적한 찰스 마틴 홀의 유촉에 주목했다.

"자손 망치기 좋은 것이 유산이다. 극히 일부만 가족들에게 분배하고 나머지는 3등분해라. 알루미늄 연구와 인연이 많던 오버린 대학과 남부 각주의 중학교에 3분의 1씩 기부하고 다른 3분의 1은 미국인이 아시아와 발칸 지역에 설립한 고등교육기관에 지원해라. 집행은 친구 같은 제자 데이비스(Arthur V. Davis)와 존슨(Homer H. Johnson)에게 위임한다."

신청기관이 줄을 이었다. 데이비스와 존슨을 만나기 위해 줄 대기에 분주했다. 스튜어트에겐 이런 행운이 없었다. 데이비스는 부교장 헨리 루스의 절친한 친구였다. 뉴욕으로 달려간 스튜어트는 헨리 루스와 함께 데이비스와 존슨을 설득했다. 바랐던 금액의 세 배를 지원받았다. 스튜어트는 이 돈으로 하버드대학에 동아시아 관련 연구기관을 설립하자고 제안했다. 두 명의 집행인도 동의했다. 우리 귀에도 익숙한 '하버드 옌칭학사'를 출범시켰다. 하버드와 연계를 도모하던 베이징대학의 노력은 수포로 돌아갔다. 스튜어트가 갈망하던 옌칭대학의 국제화에 속도가 붙었다. 록펠러재단이 베이징에 설립한 협화의학원 예과를 옌칭대에 합병시켰다. 록펠러 주니어는 매년 옌칭대 예산의 21퍼센트를 부담했다.

1929년, 중국 정부가 교육주권을 선언했다. 외국인이 설립한 교육기관의 교장은 중국인이 아니면 불가능했다. 스튜어트는 10년간

하버드대학 방문단의 기념촬영에 응한 스튜어트(앞줄 왼쪽 다섯째)와
엔칭대 교수들. 앞줄 왼쪽 셋째가 철학자 펑유란.

재임하던 교장직을 중국인에게 내줬다. 1937년 중·일전쟁이 발발하기까지 8년간은 교무장으로 재직했다. 사람들은 중국인 교장을 인정하지 않았다. 스튜어트를 여전히 교장이라고 불렀다. 중국 정부도 마찬가지였다.

항일로 옥고 치른 스튜어트

옌칭대학은 중국 신문화운동의 격동기에 태어났다. 정부의 굴욕외교를 질타하고, 민주와 과학을 선망하는 학생시위가 대륙을 수놓던 시절이었다. 스튜어트는 학생들을 지지했다.

"중국의 학생운동은 전 세계 민주운동의 일환이다. 학생은 중국의 희망이다. 역사의 전환점에 학생들이 조용한 나라는 미래가 없다. 옌칭대 학생들은 지금이 어떤 시점인지 고민하기 바란다."

중국 학생들의 애국운동도 구경만 하지 않았다. 1931년 9월 18일 일본 관동군이 동북을 침략했다. 정부는 무저항 정책을 천명했다. 홍군 소탕에만 힘을 쏟았다. 안내양외(安內攘外), 공산당을 일소해 내부를 안정시킨 후 외부의 침략자를 구축하겠다는 장제스의 호소에 전국의 학생들이 발끈했다. 일본과의 전쟁을 간청하는 청원단(請願團)을 조직해 수도 난징으로 몰려갔다. 옌칭대학도 들썩거렸다. 학생들이 수업을 거부하고 청원단에 합세했다. 교무장 스튜어트는 미국에서 귀국 중이었다. 도착 후 첫 질문이 옌칭대 학생들의 청원단 참가 여부였다. 대답을 듣자 안도했다.

"우리 학생들이 청원에 참가하지 않았다면, 그간 내 교육방법은 완전 실패다."

학생들 시위에도 동참했다. 선두에서 "일본 제국주의 타도"를 외쳐 중국인들에게 깊은 인상을 각인시켰다. 유랑민이 된 동북 학생들에겐 옌칭대학 입학도 허락했다.

1937년 중·일 전쟁 초기, 일본군이 베이핑에 입성했다. 베이징대학과 칭화대학은 윈난성 쿤밍으로 이전, 톈진의 난카이대학과 연합해 시난연합대학이라는 학술제국을 선보였다.

옌칭대학은 미국인이 세운 학교였다. 교문에 성조기를 게양하고 일본군의 출입을 엄금했다. 치외법권 지역이던 아름다운 교정이 북방 항일운동의 보루로 변했다. 일본군은 협력을 거부하는 스튜어트를 구금했다. 1942년 태평양전쟁이 발발하자 패망하는 날까지 3년 8개월간 감옥에서 풀어주지 않았다. 수감 생활 중 스튜어트는 중국인들의 존경을 받았다. 졸업생의 회고를 소개한다.

"교장이 수감되자 옌칭대학도 청두(成都)로 이전했다. 교수 학생 할 것 없이 교장을 그리워하며 눈시울 붉히지 않는 날이 단하루도 없었다. 전쟁 승리 후 감옥 문을 나온 스튜어트는 더 이상우리의 교장이 아니었다. 연말에 한 번씩 옌칭대학을 찾았지만신분이 미국의 주중대사다 보니 학생들과 편하게 얘기를 나누지못했다. 국·공 간에 전운이 감돌 무렵이다 보니 정치 얘기는 꺼낼 엄두도 못 냈다. 트루먼의 특사로 중국에 온 마셜 원수가 대사

1921년 봄, 옌칭대 학생들의 야유회.

에 추천했다는 말에 다들 마셜을 욕했다. 여학생들은 특히 심했다. 마셜 얘기만 나오면 얼굴이 새빨개지곤 했다. 옌칭대 졸업생과 재학생 중에는 중공 지하당원들이 유난히 많았다."

맞는 말이다. 충칭에서 스튜어트를 처음 만난 마오쩌둥도 먼저 머리를 숙였다.

"만나서 영광입니다. 옌칭대학은 우리의 훌륭한 당원들을 많이 배출했습니다. 경의를 표합니다."

대사 스튜어트는 공산당과 국민당을 오가며 화해를 종용했다. 여기 가면 이 말 하고, 저기 가선 저 말 하는 것 외에는 뾰족한 방법이 없었다.

국·공 분쟁 해결할 트루먼의 특사 마셜

스튜어트는 성실한 교육자이며 성직자였다. 대를 이어 50년간 중국에서 봉사했다. 얼떨결에 중국 대사직을 맡는 바람에 중국에서 쫓겨났다. 스스로 "중국과 미국 사이에서 벌어진 한 편의 코미디였다"는 말을 자주했다.

2차 세계대전 종결 후, 미국 대통령 트루먼은 중국의 국·공 분쟁에 골머리를 앓았다. 1945년 12월 15일, 6년간 육군참모총장 역임한 조지 마셜을 특사로 낙점했다. 마셜은 버지니아주 리스버그의 농장에서 만년을 즐기려던 계획을 접었다. 모셔뒀던 원수 복장 입고 중국으로 떠났다. 국민정부의 배도(陪都) 충칭과 중공 근거지 옌안을 오가며 조정에 나섰다. 3주 만에 국·공 쌍방이 정전에 합의했다. 이듬해 3월 27일, 전운이 감돌던 동북지역의 정전협정 서명도 받아냈다. 마셜은 중국과 중국인을 몰라도 너무 몰랐다. 남의 간섭 받기 싫어하고, 남의 일에 끼어들기 귀찮아한다는 사실을 알 턱이 없었다. 보고차 워싱턴으로 갔다. "임무 완성이 임박했다"며 허리를 폈다.

협정문은 종잇조각에 불과했다. 마셜이 자리를 비우자 전쟁이 터졌다. 국민당군이 중공의 동북민주연군에 공격을 퍼부었다. 겉으론 민주와 평화를 노래하고 뒤로는 전쟁을 준비하던 중공은 기다렸다는 듯이 초청에 응했다. 황당한 소식을 접한 마셜은 당황했다. 황급히 중국으로 돌아왔다. 양쪽을 어르고 달랬다. 1개월간 정전을 성사시켰다.

4월 하순 스튜어트가 상하이에 나타났다. 볼일 보고 베이핑행 비행기에 탑승할 무렵 비서가 달려왔다.

"장제스 위원장이 보낸 전용기가 대기 중이다."

장은 부인 쑹메이링과 함께 사저에서 스튜어트를 만났다. 동향 사람 만나기가 너무 힘들다며 너스레를 떨었다. 두 사람은 저장성 출신이었다. 저장 방언으로 얘기꽃을 피웠다. 무슨 말인지 몰라 지루해하던 쑹이 영어로 끼어들었다. 스튜어트의 회고록에 이런 대목이 있다.

"쑹메이링이 마셜을 만나보라고 권했다. 중국의 운명에 관심 많은 5성 장군이 어떤 사람인지 호기심이 동했다. 쑹의 주선으로 만난 마셜은 정전과정을 상세히 설명했다. 합의 며칠 후 전쟁을

312

일으킨 중국 지도자들은 국제사회에 동참할 자격이 없는 사람들이라며 자문을 청했다. 나는 부르면 언제건 오겠다며 자리를 떴다."

국·공이 모두 동의하는 인물 스튜어트

당시 미국의 주중대사는 공석이었다. 마셜은 스틸웰과 웨드마이어를 놓고 저울질했다. 스틸웰은 모범적인 직업군인이었다. 태평양전쟁 시절 연합군 중국전구사령관 장제스의 참모장으로 버마 전선에서 혁혁한 공을 세웠다. 군용물자를 공산당이 이끄는 8로군과 신4군에도 공평하게 분배해야 한다며 장과 충돌이 빈번했다. 국민당 군대의 부패와 무능을 비판한 적도 한두 번이 아니었다. 후임 웨드마이어는 성격이 원만한 반공주의자였다. 장은 웨드마이어가 맘에 들었다. 마셜에게 중국대사로 추천했다. 소문이 나자 중공과 자칭 민주인사들의 반대가 물 끓듯 했다. 국·공 연합정부 수립을 구상하던 마셜은 제3의 인물을 물색했다. 미국 전역을 뒤져도 국·공 양당이 동의할 인물은 스튜어트 외에는 없었다. 트루먼에게 스튜어트를 천거했다.

베이핑에 돌아온 스튜어트는 옌칭대학 일에만 전념했다. 자주 만나자던 마셜의 말은 빈말이 아니었다. 2주일 후 난징에서 만나자며 전용기를 보냈다. 스튜어트는 거절할 명분이 없었다. 마셜의 첫마디가 심상치 않았다.

"선생은 중국에서 태어났다. 50년간 생활하며 완전히 중국화됐다. 미국인들은 선생을 중국인으로 대한 지 오래다. 중국과 미국을

소년 시절 부모 형제와 함께한 스튜어트(왼쪽 셋째).
1890년 저장성 항저우.

위해 무슨 일을 해야 할지 생각해보기 바란다. 나도 생각하겠다. 시간이 없다. 모레 다시 만나자."

이틀 후, 마셜은 긴말을 하지 않았다.

"나는 대통령의 특사일 뿐이다. 중국은 있을수록 생소한 나라다. 중국을 잘 알고, 아는 사람도 많은 선생이 대사직을 맡아주기 바란다."

스튜어트는 손사래를 쳤다.

"그간 교육과 복음 전파에만 주력했다. 정치, 외교는 문외한이다. 나이도 70줄에 들어섰다. 건강에 자신이 없다. 학교 일도 태산 같다."

마셜은 막무가내였다. 열흘 후 스튜어트에게 통보했다.

"담판이 파열됐다. 양측이 전쟁 준비를 갖췄다. 트루먼도 내 제안에 동의했다. 상원도 이의를 제기하지 않았다. 장제스는 옛 친구라며 반대하지 않았다."

중공의 반응을 우려하자 마셜은 웃기만 했다.

"은밀히 탐문했다. 걱정할 필요 없다"

이튿날 저우언라이가 스튜어트에게 전화를 걸었다.

"환영한다. 그간 일부 미국인들은 국민당에게만 군수물자를 지원했다. 중국인의 손을 빌려 중국인을 살해했다. 선생은 공평한 사람이다. 마오 주석은 나보다 더 선생의 부임을 기뻐했다."

스튜어트는 저우의 예리한 지적에 등골이 오싹했다.

베이핑에는 미군 수십 명이 협화의원에 군사조사처(軍調處) 간판 걸고 상주하고 있었다. 중공과 자주 충돌했다. 미군은 부상자가 속출하자 철수시켰다. 미군이 자취를 감추자 동북에서 화약 냄새와 피비린내가 진동하기 시작했다.

마셜의 충고를 무시한 장제스

1945년 2월 얄타에서 만난 루스벨트와 스탈린이 귓속말을 주고받았다. 전후 중국 문제에 죽이 맞았다. 태평양전쟁 기간 일본에 점령당했던 홍콩을 되돌려 받기로 한 처칠은 토를 달지 않았다. 2개월 후 미국의 신임 주중대사 패트릭 헐리가 대중국 정책을 발표했다. "미국은 중국공산당을 승인한 적이 없다"며 중공을 지원할 의향이 없음을 분명히 했다. 대다수의 미국인의 눈에 비친 중공은 소련 공산당에 비해 호의적이었다. 정부의 정책에 영향을 끼칠 정도는 아니었다.

미국의 중공 압박은 계속됐다. 같은 해 6월, 장제스를 재촉했다.

"소련과 우호조약을 서둘러라."

2개월 후 '중소우호동맹조약' 체결을 성사시켰다. 일본 패망 직전 동북에 진입해 일본 관동군의 무장을 해제시킨 소련군은 구세주나 다름없었다. 열렬한 환영을 받았다. 미국은 국민당이 선포한 중공 직할부대 8로군과 신4군의 "일본군 무장해제 금지령"도 지지했다. 이어서 수송기와 군을 동원해 국민당 정예 40여만 명과 미 해병대 5만 명을 북방의 전략 요지에 배치했다. 국민당은 일본군 120만 명이 사용하던 장비와 물자도 손에 넣었다. 미국의 지원은 끝이 보이지 않았다. 전투기 1,000대와 대포 7,000문 외에 인도와 태평양 17개 도서(島嶼)에 방치해둔, 원가 9억 달러에 해당하는 전

장제스(가운데)와 스튜어트(오른쪽), 왼쪽은 소련대사.

베이징대학과 옌칭대학 학생회가 주도한 반미시위.

시 잉여물자를 헐값으로 국민당 정부에 팔았다.

미국의 구상은 장제스를 핵심으로 한 친미반소(親美反蘇) 정권의 수립이었다. 중공과의 대화도 소홀히 하지 않았다. 무력충돌이 임박하자 국·공 양당과 오가기 수월한 스튜어트를 중국대사에 임명했다. 1946년 6월, 국·공내전의 막이 올랐다. 장제스는 승리를 장담했다.

"8개월, 늦어도 10개월이면 공산 비적 소멸이 가능하다."

트루먼의 특사 마셜이 장에게 건의했다.

"작전지역이 너무 넓다. 군사력에만 의존하면 재력(財力)이 고갈된다. 재정이 붕괴되면 공산당의 천하로 변하는 건 시간문제다. 한동안만이라도 중공과 합작해라."

장은 마셜의 충고를 내정간섭으로 간주했다. 한 귀로 흘렸다. 국민당 군은 거침이 없었다. 10개월 만에 하얼빈을 제외한 동북의 도시들을 탈환하고, 장쑤성 이북의 성(城)과 진(鎭)을 수복했다. 중공 중앙 근거지 옌안에도 청천백일기를 게양했다. 중공도 팔짱만 끼고 있지 않았다. 도시를 포기하고 농촌으로 들어가 토지개혁을 실시했다. 땅이 생긴 농민 자제들이 떼를 지어 몰려들었다. 도시에선 선전과 선동으로 응수했다. 베이징대학과 옌칭대학 학생들이 시작한 반미시위가 순식간에 대도시로 번졌다.

경제에 무심했던 국민당 정부

마셜은 선견지명이 있었다. 전쟁에서 이기면 이길수록, 국민당 정권의 근간이었던 도시민들이 등을 돌렸다. 이유가 있었다. 중·

일전쟁 승리 후 국민당 정부는 경제건설에 무심했다. 정부 예산의 90퍼센트를 군에 쏟아부었다. 1946년 정부의 재정 총수입이 1조 9,791억이었지만 군비 지출은 6조였다. 미국의 원조를 제하면 재정적자가 4조 3,000억을 웃돌았다. 재정적자는 지폐 남발로 이어졌다. 국민정부 재정부 당안(檔案)에 따르면 장제스가 항일전쟁을 선포한 1937년 17억 원이었던 법정화폐 발행 총액이 1946년에 8조 2,000억으로 늘어났다. 1947년엔 40조로 증가했다.

통화팽창으로 물가가 치솟았다. 도시민들의 생활 수준이 최저점에 이르렀다. 통계에 따르면 당시의 일반 지식인과 대학교수, 중등교사, 작가, 기자, 정부고용원들의 실제 수입은 1937년에 비하면 7퍼센트 정도였다. 대학교수들은 더 심했다. 98퍼센트 감소했다. 국민당의 지원으로 최대의 발행 부수를 자랑하던 정치평론 잡지 『관찰』(觀察)의 주간(主幹) 추안핑(儲安平)의 글이 주목을 끌었다.

"국민당은 도시민과 공무원을 포함한 지식인, 공상계(工商界) 인사들의 지지를 받아왔다. 지금 저들은 현 정권에 호감을 느끼지 못한다. 무능한 정권의 행패를 애통해하며 가슴을 친다. 말단 공무원들의 못된 작폐가 살아나고 공상계 인사들의 노기가 극에 달했다. 걸인 취급당한 도시민들의 원성은 헤아릴 길이 없다."

이쯤 되면 돈 무서운 줄 모르는 망한 정부였다.

스튜어트는 미국의 구상을 성실히 수행했다. 틈만 나면 장제스를 설득했다. 이런 일기를 남겼다.

"새벽에 장제스를 방문했다. 공산당이 연합정부 구성을 위한 회의를 했다는 정보를 전달했다. 홍콩에 있는 민주인사와 국민당 각 계파의 영수들과 연합해 중공의 전략에 대응하라고 했다. 장은 자력으로 입신한 사람이라 의심이 많다. 중공이 반격할 준비를 한다는 정보도 믿으려 하지 않았다."

중공의 대규모 공세가 시작되자 국무부에 보고 전문을 보냈다.

"국민당은 기회를 제대로 활용하지 못했다. 용인(用人)에 문제가 많다. 지도자의 최대 금기사항인 임인유친(任人唯親), 친한 사람만 요직에 기용한다. 전문성 없는 무능한 지휘관들이 대세를 망치는 일이 빈번하다. 참담한 모습 대하며 거절할 날이 올까 우려된다."

스튜어트의 우려는 예상보다 일찍 왔다.

신중국과 새로운 관계 맺기

"앞으로 미국과 맞서야 할 일이 많다.
합리와 억지를 적절히 혼용할 줄 아는 인재가 필요하다."

중공과의 관계 개선 서두른 미국

국·공 양당이 손잡고 치르던 북벌전쟁(1926~28) 시절, 난징에 입성한 북벌군이 사고를 쳤다. 외국 대사관에 총격을 가하고 외국인 주택에 난입했다. 기물 파괴는 물론, 폭행도 서슴지 않았다. 남자들은 수염이 뽑히고, 여자들도 부상자가 속출했다. 북벌군 지휘관들은 난감했다. 서방 국가들이 윽박지르며 온갖 간섭 다 해도 할 말이 없었다. 평소 부하들에게 군벌과 서방 제국주의 타도를 외친 탓에 내부 수습에도 애를 먹었다.

국·공내전(1946~49) 막바지, 승리를 확신한 마오쩌둥은 20여 년 전의 교훈을 잊지 않았다. 외국인 보호에 신경을 썼다. 1948년 10월 27일, 중공 동북야전군의 선양 입성을 앞두고 '군사관제위원회(군관회)'를 만들라고 지시했다. 주임에 천윈(陳雲), 부주임 겸 위수사령관에 우슈취안(伍修權), 시장에 전 하얼빈 시장 주치원(朱其文)을 임명하고 전문을 발송했다.

"미국인의 금융과 상업활동을 허락해라. 무력을 동원해 미국 영사관을 보호해라. 국민당 잔여 세력과의 소통을 차단시켜라."

선양에서 철수한 국민당군. 1948년 11월, 선양 교외.

미국은 국민당의 반격이 물건너가자 중공과의 관계 개선을 서둘렀다. 국무장관 애치슨이 선양 주재 미국 총영사 앵거스 워드에게 전문을 보냈다.

"중공과 관계 건립을 요한다. 은밀히 군관회 지도자와 접촉할 방법을 모색해라."

10월 31일, 온종일 집무실에서 창밖을 응시하던 워드는 걱정이 이만저만 아니었다. 그날 밤 이런 일기를 남겼다.

"근 2주간 불안과 공포를 떨쳐내기 힘들었다. 진저우(錦州)가 함락되고 창춘을 포위당한 국민당은 동북에서 완전히 실패했다. 국민당이 점거 중인 동북 최후의 대도시 선양도 중공의 수중에 들어갈 날이 눈앞에 다가왔다. 관리들은 가족 데리고 도망가는 것 외에는 관심이 없다. 중공은 미국과 장제스를 한통속으로 취급한 지 오래다. 국무부는 1948년 초 국민당의 실패를 예견했음에도 영사관 철수를 고려하지 않았다. 동북에 외교기관을 잔류시키려 했기 때문이다. 반미교육 철저히 받은 중공 사병들이 국민당을 지지해온 미국 외교관을 어떻게 대할지, 무슨 모험이 우리를 기다리고 있을지, 중공이 무슨 합리적인 변덕을 부릴지, 예측하기 힘들다."

이틀 후에 벌어질 미국 대통령 선거도 언급했다.

"트루먼에게 실망한 장제스는 뒤로 듀이를 지원했다. 듀이가 당선된다 해도 중국 내전의 전세가 역전될 가능성은 없다."

11월 1일 동틀 무렵, 선양 시내에 총성이 콩 볶듯 했다. 떼를 지어 도망가는 국민당 병사들의 초라한 모습이 시민들을 불안케 했다. 미리 준비해둔 백기를 내건 주택과 상점이 의외로 많았다. 이튿날 오전, 일본이 남기고 간 다허(大和)여관에서 첫 번째 군관회 회의가 열렸다. "질서 회복을 호소하고, 내외국인의 사유재산과 인신의 안전에 만전을 기하겠다"는 포고문 발표에 합의했다. 거리, 골목 할 것 없이 군복 입은 선전원들이 포고문 붙이느라 정신이 없었다. 이틀 만에 거리에 인파가 넘쳤다. 워드는 시험 삼아 영사관을 나왔다. 처자와 함께 사저까지 산책했다. 아무 문제가 없자 군관회와 접촉을 시도했다.

미국 영사와의 경솔한 대화

당시 선양에는 미국 외에 영국, 프랑스 영사관과 소련 무역대표단이 있었다. 주치원의 시장 취임을 통보받은 4개국 대표들의 전화통에 불이 났다. 재임 기간이 가장 긴 워드에게 신임 시장을 방문하자고 재촉했다. 11월 3일 워드가 인편으로 주에게 편지를 보냈다.

"영전을 축하한다. 불원간 만나 친밀한 관계 맺기를 희망한다."

군관회는 거절할 이유가 없었다. 천원이 주에게 당부했다.

"트루먼이 듀이를 누르고 재선에 성공했다. 우리에겐 좋은 징조다. 말을 적게 하고 듣기만 해라. 웃음을 잃지 말고 외국인 보호에 힘쓰겠다는 말만 되풀이해라. 차량 통행증과 중요한 외국인 주택에 초병(哨兵) 세우겠다는 말도 잊지 마라. 소련 무역대표는 승용차가 없다. 다른 영사들과 차별화할 필요가 있다. 돌아갈 때 차량을 선물해라."

주는 시키는 대로 했다.

3일 후, 주치원이 통역 두 명 데리고 미국 영사관을 답방했다. 워드는 미국의 공업과 과학서적 보여주며 주를 홀렸다. 주가 관심을 표명하자 기회를 놓치지 않았다.

"미국은 중국 영토에 야심이 없다. 상업과 기술을 통해 동북의 발전에 기여하기를 바랄 뿐이다."

주도 무릎을 치며 동의했다. "나는 미국 상인들이 동북에서 무역 활동 회복하기를 희망한다"며 큰소리쳤다. 미국과 통신도 즉석에서 허락했다.

군관회 주임 천원은 치밀했다. 그날 밤 통역 두 명을 각자 불러 주치원과 워드의 대화 내용을 확인했다. 날이 밝기가 무섭게 회의를 소집해 젊은 시장을 질책했다.

"외사(外事) 업무는 언다필실(言多必失), 말이 많으면 반드시 실수한다. 불필요한 말을 많이 했다. 동북과 미국의 무전은 소련을 거쳐야 한다. 소련의 오해를 사고도 남을 발언을 했다."

위수사령부 정치위원 타오주(陶鑄)는 성질이 불같았다. 주가 "별 생각 없이 외교 예의상 어쩔 수 없었다"고 우물거리자 물컵을 집어 던지며 고함쳤다.

"미국 외교관들은 본업이 제국주의자다. 일반인처럼 대했다간 무슨 대가를 치를지 모른다. 우리는 아직 외교관이 없다. 앞으로 외교 타령 하려면 외교가 뭔지 제대로 배워라."

이날 타오주의 비판은 주치원에겐 보약이었다. 각고의 노력으로 외교계에 입신해 불가리아와 베트남 대사 역임하며 타오주가 내 스승이라는 말을 입에 달고 다녔다.

이튿날 천원은 우슈취안, 타오주와 연명으로 당 중앙에 자아 비판서를 전송했다. 전선에 있는 동북야전군 사령관 린뱌오에겐 군관회 토론 결과를 전화로 보고했다.

"외국인과는 가급적 만남을 피한다. 외국 영사관원들의 법적 지위는 당분간 유보한다. 외국 영사관의 질문은 가급적 묵살한다. 회답을 해도 짧게 한다. 선양시 시장은 외교 문제에서 배제시킨다. 이미 발부한 차량통행증은 회수한다."

린뱌오의 관심은 엉뚱한 곳에 있었다.

"미국 영사관에 무선통신 시설이 있는지 확인해라. 있으면 간첩질했다는 증거다."

주치원 문제는 화를 냈다.

"학생 시절 길바닥에서 반제운동(反帝運動) 시위나 하던 철부지라 어쩔 수 없다. 피아노 못 치는 놈이 건반을 멋대로 쳐댔다. 외국인 만나지 말고 서신으로 대신하라고 일러라. 모르는 건 회답할 필요 없다."

다시 회의를 소집한 천원은 미국 영사관 수색을 토론에 부쳤다. 중공과 미국의 관계가 살벌해지기 시작했다.

미국 영사관 무전시설 압수 시도

1948년 11월 8일, 중공이 임명한 신임 시장과 우호적인 대화를 나눈 선양 주재 미국 총영사 워드는 기분이 좋았다. 다시 만나기로

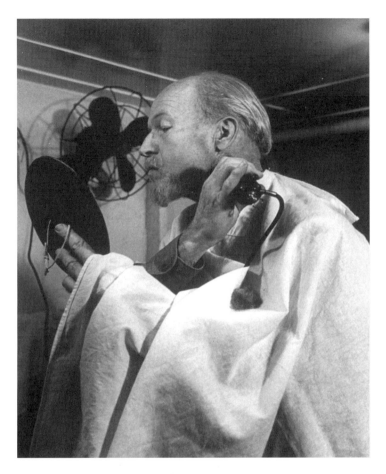

사저에서 무료한 시간 보내는 선양 총영사 워드.

한 시장 측에서 연락이 없어도 걱정할 정도는 아니었다. 영사관 앞에 행인들이 자유롭게 오가고, 이상한 징후도 보이지 않았다. 영사관 담에 군관회 선전원들이 정치 선전화를 그리자 시장 앞으로 공문을 보냈다.

"영사관은 미국 정부의 재산이다. 벽에 인쇄물이나 선전화 그리는 행위를 막아주기 바란다."

벽이 말끔해지자 난징에 있는 미국대사 스튜어트와 국무부에 전문을 보냈다.

"중공은 우리와 정상적인 왕래를 바라는 눈치다. 우리를 인정하는 의도가 감지된다."

11월 15일 오전 10시, 중공야전군이 국민당 군에게서 노획한 지프가 영사관에 도착했다. 군관회 참모라고 신원을 밝힌 청년이 워드에게 공문을 전달하고 돌아갔다.

"군관회의 허락을 받지 않은 중국인과 외국인을 포함한 기관들은 현재 소유 중인 무전기와 관련 장비를 36시간 후, 16일 밤 10시까지 군관회로 제출하기 바란다."

워드는 태연했다. 무전시설은 미국 정부 재산이었다. 군관회의 통보를 무시해버렸다. 규정시간 1시간 전, 젊은 참모가 다시 나타났다.

"명일, 17일 오전 10시 직접 군관회에 와서 무전기 문제를 설명하기 바란다."

군관회의 변덕은 계속됐다. 17일 오전 9시 워드는 다시 이런 통보를 받았다.

"18일 오후 3시로 시간을 변경한다."

워드는 군관회의 갈팡질팡에 자신이 생겼다. 18일 오전 국무부가 보낸 전문도 워드의 확신을 부추기는 내용이었다.

"영사관과 외교관에게 주어진 권리와 특권을 견지해라."

제시간에 나타난 워드를 군관회 부주임 겸 위수사령관 우슈취안이 상대했다.

"우리가 보낸 문건 받았으리라 믿는다. 지금 선양은 군사관제 기간이다. 용도와 소속을 막론하고 무전기는 사용할 수 없다. 준행하기 바란다."

워드도 할 말이 있었다.

"영사관의 존재를 훼손시킬 수 없다. 무전시설이 없으면 대사관은 물론, 국무부와 연락할 방법이 없다. 선양에 거주하는 미국 교민의 보호가 불가능하다."

우는 물러서지 않았다.

"미국에 보낼 문건이 있으면 내게 보내라. 군관회의 비준을 거쳐 신화사(新華社)가 발송해주면 된다."

워드도 지지 않았다.

"무전시설은 미국 정부 재산이다. 군관회에 보관시키려면 국무부의 비준을 거쳐야 한다."

논쟁이 길어지자 우가 자리를 뜨며 한마디했다.

"정 못 하겠으면 우리가 사람을 파견하겠다."

영사관으로 돌아온 워드는 제정신이 아니었다. 경건한 마음으로 기도만 했다. 불필요한 일인 줄 알면서도 어쩔 수 없었다.

미국 총영사 워드를 추방하다

같은 날 밤, 시바이포의 중공 중앙지휘부, 저우언라이를 통해 선양군관회가 보낸 전문을 본 마오쩌둥은 혀를 찼다.

"외교에 경험이 없다 보니 소란만 떨었다. 우슈취안에겐 좋은 경험이다. 앞으로 미국과 맞서야 할 일이 많다. 합리와 억지를 적절히 혼용할 줄 아는 인재가 필요하다. 우슈취안을 염두에 둬라."

마오의 사람 보는 눈은 일품이었다. 2년 후 6·25전쟁이 발발하고 미 7함대가 대만해협을 봉쇄하자 신중국은 우를 UN에 특파대사로 파견했다. 판문점 정전회담을 막후에서 지휘한 리커눙(李克農)의 건강이 엉망일 때 대안으로 내세운 사람이 우였다. 우는 4인방 재판에도 재판관으로 참여했다.

마오쩌둥은 저우언라이에게 불평을 늘어놨다.

"레닌의 명언처럼, 모든 일은 현실에서 출발해야 한다. 지금 선양은 해방구다. 국민당 통치 지역이 아니다. 국민당이 미국에게 준 권리나 권한은 우리와 상관이 없다."

저우는 마오의 의견대로 선양에 보낼 답전을 작성했다. 자정 무렵 초고를 본 마오는 몇 자 손을 봤다. 앞머리에 마오(毛), 류(劉), 주(朱), 런(任), 네 자를 쓰고 毛에 동그라미를 둘렀다. 류샤오치(劉少奇), 주더(朱德), 런비스(任弼時) 등의 의견을 구한다는 의미였다. 내용을 간추려 소개한다.

"미 영사관은 무전기를 보관하겠다는 우리의 요구를 거절했다. 미국은 양손잡이다. 우리를 영사관으로 몰고, 우리가 강제로

베이핑 입성 전 마지막 전선지휘부
시바이포 시절의 마오쩌둥.

영사관에 진입해 미국 정부의 재산을 탈취해야 직성이 풀린다. 우리의 대책은 주동적이라야 한다. 해방구 정부는 미국 정부와 외교관계를 맺은 적이 없다. 미국 영사관이 누리는 모든 권리는 국민당 정부에게 얻은 것이다. 그것을 인정할 수 없다. 우리 인민정부에게 선양에 주재하는 영사관원들은 외국 교민이다. 보호 대상이지 외교업무를 주고받을 이유가 없다. 외국 교민은 군관회가 선포한 법령을 준수해야 한다. 군관회는 인신(人身)과 실내를 수색할 권한이 있다. 자유행동을 금지하고 강제로 출국시킬 권한도 있다. 무전시설을 압류해서 잘 보관해라. 쌍방이 정식 외교관계를 맺고 전 영사관 관원들이 돌아오면 돌려줘야 한다.”

19일 밤, 군관회 주임 천원이 회의를 소집했다.

“내일 오후 1시 시원하게 대변(大糞)볼 준비해라. 평화적으로 해결해야 한다. 저항이 있을지 모른다. 대항은 금물이다. 때리면 맞아라. 미 영사관 무전시설과 발전기를 몰수해 봉인한 후 쌍방의 서명을 잊지 마라. 모욕적 행위를 엄금한다. 쓸데없는 대화 나누지 말고 다른 물건에 손대지 마라. 무기 휴대를 불허한다.”

중앙이 지시한 후속 사항도 설명했다.

“주석의 명령이다. 영사관을 봉쇄하고 관원들은 분산시켜 연금에 처한다. 훗날을 생각해 여지를 둬라. 감금이라는 용어는 입에 올리지 마라. 식음료는 충분히 제공한다. 영사관에 근무하는 외국 교민이나 중국인의 출입은 모른 체해라. 가족 왕래와 전화도 허용한다. 서신은 우리가 대신 전달한다. 몰수가 끝나면 전원을 절단

해라."

저우언라이가 군관회 간부들에게 마오쩌둥의 구상을 전문으로
보냈다.

"미국은 장제스와 국민당을 지지한 지 오래다. 중공은 미국을
적으로 대한 적이 없다. 국민당 지지를 철회하고 승인해주길 바
랄 뿐이다. 부득이한 경우가 아니면 추방할 이유는 없다. 제 발로
나가야 제 발로 돌아온다. 동북은 소련, 외몽골, 북조선과 인접한
특별한 지역이다. 중공 중앙은 소련의 안전과 이익도 고려해야
한다."

소련과 이란에 20여 년간 근무했던 워드는 황당했다. 연금기간
별꼴을 많이 겪었다. 평소 순종만 하던 중국인 직원들이 밀린 월급
달라고 불만을 표출했다. 여직원 한 명이 워드에게 대들었다. 참다
못한 워드가 주먹을 휘두르자 여직원이 계단으로 굴러 떨어졌다.
동북 전역이 들고일어나자 마오쩌둥이 워드의 체포를 지시했다.
워드와 영사관원들이 공안에게 끌려나올 때 1,000여 명이 몰려와
"미 제국주의 타도"를 외쳤다. 재판에 회부된 워드는 징역 4개월에
집행유예 1년을 선고받고 추방됐다.

신중국 선포 2개월 후인 1949년 12월 11일, 무장한 공안의 감시
받으며 영사관 관원들과 함께 남행열차에 오른 워드는 웃음을 잃
었다. 중공은 워드 일행을 태운 미국 수송선이 영해를 빠져나가기
까지 오성홍기를 게양하라고 요구했다.

1949년 12월 중순, 귀국 중인 선양 총영사 워드 부부와 영사관원들.

외사처 주임 황화와 스튜어트의 긴밀한 만남

1949년 4월 21일 새벽, 베이징 교외에 머물던 마오쩌둥이 붓을 들었다. 각 야전군과 남방의 유격부대에 보낼 진군명령서를 일필휘지했다.

"우리에게 저항하는 국민당 반동파를 단호하고, 철저하고, 깔끔히 제거해라. 전국의 인민을 해방하고 주권의 완벽한 독립을 보위해라."

동틀 무렵, 창강 연안 500킬로미터에 포진해 있던 중공야전군 100만여 명이 움직이기 시작했다. 강을 도하하는 1만여 척의 나룻배와 어선이 수면을 수놓았다. 국민당군의 창강 방어선은 중공야전군의 강공에 붕괴됐다. 4월 23일, 포구를 점령한 중공야전군이 수도 난징에 모습을 드러냈다. 국민당 군정 요원과 공직자들은 살길 찾기에 분주했다. 재주껏 뿔뿔이 흩어졌다. 국민정부는 예정했던 광둥성 광저우로 천도했다.

지난 몇 주간 중국은 복잡했다. 총통 장제스는 하야를 선언하고 낙향했다. 총통 권한대행 리쭝런은 베이징에서 중공과 평화회담을 벌였다. 승리를 눈앞에 둔 중공은 성의가 없었다. 미국의 주중대사 스튜어트는 평화회담이 흐지부지될 것을 예감했다. 난징이 함락됐을 경우에 대비해 국무부에 "중공 고위층과 접촉을 허락해달라"는 전문을 보냈다. 비준을 받은 스튜어트는 중공야전군 도강 10일 전 이런 일기를 남겼다.

"온종일 측근들과 대사관 이전 문제를 놓고 토의했다. 국민정부와 함께 광저우로 가자는 의견이 지배적이었다. 나는 난징을 떠나기 싫다. 근거리에서 중공과 접촉해 중·미 양국 관계에 관한 의견을 나누고 싶다."

4월 22일 난징 함락 전야, 국민정부 외교부장이 스튜어트를 방문했다. 미국대사관의 광저우 이전을 청했다. 스튜어트는 확답을 주지 않았다. 중공 수뇌부도 스튜어트를 잊지 않았다. 은밀히 접촉할 방법을 찾았다. 부주석 저우언라이에게 마오쩌둥이 톈진 군사관제위원회 외사처 주임 황화(黃華)를 추천했다. 황은 옌칭대학 재학시절 미국기자 에드거 스노를 홍군 근거지 바오안(保安)까지 안내했다. 마오와 중국 홍군의 진면목을 세계에 알린『중국의 붉은별』출간 계기를 마련한 장본인이었다.

중공야전군의 창강 도강 직전 저우언라이가 황화를 불렀다.

"며칠 후 난징이 해방된다. 난징에 가서 외사 업무를 관장해라. 미국대사 스튜어트가 난징을 떠나지 않았다. 옌칭대학 교우들과 스튜어트를 사적으로 접촉해라."

황화의 회고록에 이런 구절이 있다.

"난징으로 출발하기 전 저우 부주석이 다시 나를 불렀다. 스튜어트는 선교사 출신이라 말이 많다. 대화 속에 미국 정부의 대중국 정책이 있을 수 있다. 사소한 내용도 빼놓지 말고 보고하라고 당부했다. 차 마실 때 기도하고, 예수 초상화 보면 부동자세로 잠시 고개 숙이라는 말도 잊지 않았다."

난징에 온 황화는 국민당 정부 외교부 청사를 접수했다. 난징의 외국인들은 중공이라면 치를 떨었다. 프랑스혁명 시절 자코뱅당보다 더 지독하다는 생각이 강했다. 황은 스튜어트 측에서 연락 오기를 기다렸다. 5월 6일 스튜어트가 개인비서 푸징보를 통해 황과의 만남을 시도했다. 옌칭대학 출신들에게 푸는 스튜어트의 분신이나 다름없었다. 황을 만나자 스튜어트 옹호에 열중했다.

"대사는 1년 전부터 지난날 국민당에 대한 인식이 착오였음을 인정했다. 미국은 이미 장제스 지원을 중단했다. 난징을 떠나지 않은 이유는 중국공산당과 접촉을 희망했기 때문이다. 국무장관 애치슨도 동의했다."

보고를 받은 마오쩌둥이 난징시 위원회에 전문을 보냈다.

"황화와 스튜어트의 만남을 허락한다. 미국 정부의 의향과 목적을 세밀히 관찰해라. 스튜어트와 주고받은 약속은 지킬 이유가 없다. 쌍방은 외교관계를 맺은 적이 없다. 스튜어트의 태도가 우호적이면 황화도 우호적인 태도를 취하되 과한 표현은 자제해라. 푸징보가 스튜어트와의 만남을 요구하면 언제건 응해라."

마오쩌둥의 지시를 접한 황화는 5월 13일 밤 개인 자격으로 스튜어트를 방문했다. 1995년 11월, 이런 구술을 남겼다.

"스튜어트는 신중국과 새로운 관계 맺기를 원했다. 민주인사들을 과감히 흡수하라는 조언도 빠뜨리지 않았다. 나는 칭다오(靑島)에 정박 중인 미 해군 함대와 해병대 철수를 요구했다. 2주 후, 미국함대가 칭다오를 떠났다."

스튜어트는 1개월간 황화와 다섯 번 만났다. 한번은 황화가 이런 제안을 했다.

"새로운 관계를 수립하려면 미국이 할 일이 있다. 국민당 원조를 멈추고 광저우에 차린 국민당 도망정부와 관계를 단절해라."

스튜어트는 폭소를 터뜨렸다.

"도망정부라는 말은 처음 들어본다. 내가 난징을 떠나지 않은 것이 국민당에 대한 미국의 입장이다. 국민당 정부가 광저우에서 다른 곳으로 이동해도 동행할 생각이 없다."

황화는 스튜어트의 요구라면 다 들어줬다. 3야전군이 점령한 상하이 방문 요청도 수락했다. 경호원까지 대동한 스튜어트는 상하이 영사관 잔류 인원과 미국 교민들의 안전을 보장받았다. 자신이 생기자 마오쩌둥과 저우언라이를 만나고 싶었다.

황에게 이유를 설명했다.

"내전 기간에 쌓인 적의를 해소시키는 것이 목적이다. 신중국이 소련에 기대면 독립을 유지하기 힘들다. 중국의 경제회복과 발전을 위해 20억 달러를 저금리로 지원하겠다. 옌칭대학 개교기념일 참석을 이유로 베이징에 가서 마오와 저우를 만나고 싶다."

6월 29일 황이 정식으로 통보했다.

"마오 주석과 저우 부주석도 선생의 방문을 환영한다."

중공의 초청을 받은 스튜어트는 국무장관 애치슨에게 허락을 청했다. 국무부는 스튜어트의 요청을 거부했다. 이유가 있었다. 국민당 정부가 무너지자 동아시아의 전략 중점기지를 중국에서 일본으

스튜어트가 중국을 떠난 후 키신저가 극비리에 베이징을 방문하기까지
22년이 걸렸다. 1971년 7월 9일, 전인대 위원장 예젠잉(왼쪽 둘째)과 함께
키신저를 맞이하는 황화(왼쪽 셋째).

로 바꿨기 때문이다.

베이징행이 좌절된 스튜어트는 광저우로 가라는 국무부의 지시를 따르지 않았다. 귀국을 자청했다. 귀국 도중 오키나와에서 성명을 발표했다.

"상무 관계를 유지하기 위해 중공을 승인해야 한다."

국무부는 발끈했다. 워싱턴으로 돌아온 스튜어트에게 강연, 미·중관계 언급, 기자회견, 세 가지를 불허했다.

미 국무부의 『중국백서』 논란

1949년 6월 30일, 마오쩌둥은 중국공산당 창당 28주년을 하루 앞두고 '일변도'(一邊倒) 석 자를 강조했다.

"'일변도'는 쑨원의 40년 경험과 중국공산당 28년의 경험이 우리에게 가르쳐준 것이다. 숙지해서 승리에 도달하고, 승리를 공고히 하려면 '일변도'를 견지해야 한다. 40년과 28년의 누적된 경험에 의하면 중국인은 제국주의 편에 서면 안 된다. 사회주의 편에 서야 한다. 예외가 있을 수 없다. 담 위를 걷는 제3의 길은 없다. 우리는 제국주의에 기운 반동파 장제스를 반대한다. 제3의 길을 걷는 환상가들에게도 마찬가지다. 국제적으로는 소련을 으뜸으로 한 반제국주의 전선에 속해야 진정한 우의와 지원을 받을 수 있다."

이쯤 되면 미국 정부 내의 반공주의자들을 자극하고도 남을 내용이었다.

미 국무장관 애치슨은 반응이 빨랐다. 이틀 후, 주중대사 스튜어트에게 전문을 보냈다.

"7월 25일 전까지 워싱턴에 도착해라."

베이징에서 마오와 저우언라이를 만나기로 했던 스튜어트는 난감했다. 동행하기로 했던 난징 군사관제위원회 외사처장 황화를 볼 면목이 없었다. 비서 편에 황에게 통보하고 귀국 준비를 했다.

스튜어트는 국민당 정부의 몰락을 확신한 국무부의『중국백서(白書)』발표가 임박한 것을 알 턱이 없었다. 베이징행을 허락해달라는 전문을 다시 보냈다. 황화도 스튜어트를 부추겼다.

"당 지도부가 선생 오기를 기다린다."

국무부는 뉴욕타임스의 문의가 빗발치자 8월 2일 전까지 중국을 떠나라고 재촉했다. 8월 2일 오전 7시 45분, 주중대사 스튜어트는 아침도 거른 채 50년간 생활하던 중국을 황급히 떠날 수밖에 없었다.

장제스는 미국의 중국정책 조정과『중국백서』발간계획을 알고 있었다. 시종실 비서가 구술을 남겼다.

"미 국무부 안에는 평소 총통이 구워삶은 부원들이 많았다.『백서』내용을 총통에게 알려줬다. 이런저런 이유로 우호적인 공화당 의원들이『백서』발간 저지에 나섰지만 허사였다. 화가 난 총통은 대응할 준비를 했다. 미국과 주고받은 문건과 사신(私信)들을 정리하라고 지시했다."

8월 1일, 타이베이 차오산(草山), 지금의 양밍산(陽明山)에 국민

중국을 떠나는 스튜어트. 1949년 8월 2일, 난징.

당 총재 집무실을 차린 장제스가 시종실 주임에게 지시했다.

"이승만과 태평양지역 반공연맹 출범 의논차 한국에 갈 계획이다. 3일 오후 출발하니 준비해라."

미 군정과 의논한 한국 측이 6일로 변경을 요구했다. 장은 보안상 3일 날 타이베이를 출발했다. 중공의 손길이 미치지 못하는 저장성 해안지역을 유람하고 8월 6일 진해에 도착했다. 전날 미국이 『중국백서』를 발표할 줄은 상상도 못 했다.

1,200페이지에 달하는 『중국백서』는 중공과 국민당을 싸잡아 비방하는 내용이었다. 파장이 컸다. 국민당 지도부가 노발대발했다.

"미국 정부가 우리를 배반했다. 우물에 빠진 사람에게 돌 던진 것과 다를 바 없다. 재기를 노리는 국민당에 찬물을 뿌리고, 붕괴를 가속화했다. 미국이 국민당 통치구역의 민심이 중공 쪽으로 기우는 계기를 만들었다. 정말 나쁜 놈들이다."

장제스의 반응은 의외였다. 평소와 다른 모습을 보이지 않았다. 일기에는 솔직한 심정을 토로했다.

"애통할 뿐이다. 미 국무부의 조치에 통석(痛惜)을 금치 못한다. 심모원려가 결핍된 미국의 지도자가 제 손으로 제 팔을 잘랐다."

이런 일기도 남겼다.

"마셜과 애치슨은 중국정책의 착오와 실패를 덮기 위해 양국의 전통적인 우의에 흠집을 냈다. 국가 간의 신의와 외교의 규범을 모르는 사람들이다. 미국 역사에 기록될 큰 오점이다."

국민당 비상대책위원회가 『백서』를 비판하는 성명을 작성했다. 초안을 본 장제스는 발표를 저지했다.

"공산당보다 미국이 더 고약하다. 그래도 우리가 의지할 유일한 세력은 미국 외엔 없다. 이를 악물고 고통을 삼켜라."

일기에 이런 구절을 첨가했다.

"심판대에 선 그리스도는 억울하지만 한마디도 하지 않았다."

체면상 침묵만 유지할 수는 없었다. 비상대책위원회에 두 가지를 지시했다.

"다시는 미국에 도움을 청하지 마라. 정부 명의로 성명을 발표해라. 정부 입장에 치중하되 미국 비난이나 변명은 한마디도 거론하지 마라."

열받기는 중공도 마찬가지였다. 마오쩌둥이 직접 나섰다. 스튜어트를 비난하는 문장을 발표했지만 실제 비판 대상은 미국 정부와 『백서』를 만든 국무장관 애치슨이었다. 간추려 소개한다.

"스튜어트가 난징을 떠났다. 워싱턴에 도착하기도 전에 『백서』가 날아왔다. 이해가 간다. 스튜어트는 철저히 실패한 미국 침략 전쟁의 상징이기 때문이다. 스튜어트는 중국에서 태어난 미국인이다. 중국 사회에 상당히 넓은 관계망을 구축하고, 오랜 세월 교회학교를 이끌었다. 항일전쟁 시기엔 일본인 감옥에 있었다. 평소 미국을 사랑하고 중국도 사랑하다 보니 일부 중국인들을 미혹시켰다. 마셜의 눈에 들어 중국대사 역임한, 마셜 계열의 풍운 인물 중 한 사람이다."

내전 기간도 나름대로 회상했다.

"지난 3년간 미국의 카빈총과 기관총, 박격포, 화염방사기, 수류탄, 탱크, 폭격기가 수백만의 중국인을 살상했다. 저들만 우리를 죽인 게 아니라 우리도 저들을 죽였다. 이제 저들은 우리에게 봉쇄, 실업, 통화팽창, 물가상승 등 어려운 일만 남기고 패주했다."

마무리가 가관이었다.

"미국의 『백서』는 파산의 기록이다. 교육자들은 참고해라. 스튜어트가 떠나고 『백서』가 날아온 것은 좋은 일이다. 두 사건은 경축할 가치가 있다."

스튜어트는 호놀룰루에서 『백서』두 권을 입수했다. 옌칭대학 졸업생들과 어울리느라 볼 시간이 없었다. 샌프란시스코로 가는 기내에서 『백서』를 펼쳐보고 경악했다. 대사 재직기간 국무부와 주고받은 전문과 보고서는 물론, 극비리에 나눈 대화 내용이 깡그리 들어있었다. 자신이 모르는 내용도 한두 가지가 아니었다. 스튜어트는 타고난 교육자였다. 워싱턴까지 가는 동안 좌고우면(左顧右眄)하며 불안을 감추지 못했다.

"언젠가 지식인을 탄압할 날이 온다"

1949년 8월 10일, 워싱턴에 도착한 주중대사 스튜어트에게 국무부 극동담당 차관보 버터워스(William Walton Butterworth)가 권했다.

"가급적이면 두문불출해라."

스튜어트는 무슨 말인지 알 만했다. 국무장관 애치슨을 예방하고 대통령 트루먼과 국방장관 마셜을 만난 후 미·중 관계의 앞날

중·일전쟁 시절, 중공의 항일 근거지 옌안에는 미군들이 상주했다.
마오쩌둥과 펑더화이(오른쪽)와도 자주 어울렸다.

을 우려했다. 버터워스의 권고를 흘려버렸다. 주미대사 구웨이쥔(顧維鈞)까지 참석한 옌칭대학 교우회 초청 만찬석상에서 하고 싶은 말을 했다.

"중공은 거리에서 시위하며 유인물이나 뿌리던 정당이 아니다. 자신들의 '주의'(主義)를 철저히 실행하는 정당이다. 국민당도 삼민주의라는 위대한 사상이 있었지만 제대로 실천하지 못했다. 신중국은 국가주의를 추구할 것이다. 모스크바에 종속될 가능성은 제로다. 지도자들 간에 의견충돌은 발생할 수 있어도 분열은 일어나지 않는다고 단언한다. 중공 당원들은 조직에 재능이 있다. 경제는 잘 모른다. 균등을 주장하며 퍼주기만 하다 곤란을 자초할 수 있다. 중공이 전 중국을 장악하면 미국도 언젠가는 승인해야 한다."

신중국 선포 5일 후 국무부 원탁회의에서 이런 발언도 했다.
"중국의 유구한 역사와 문화적 전통이 중공에 거대한 영향을 끼쳤다. 중국의 공산주의는 완전히 중국적인 특색을 갖췄다. 지금 중공 지도자들은 소련에서 배운 공산주의 통치방법을 취하기로 작정했다. 결국은 중국식 공산주의가 출현하고야 만다."
국민당 실패 원인도 한마디로 정의했다.
"부패와 무능 때문이다. 장제스는 쑨원이 제창한 삼민주의를 말로만 외쳤다. 보이지 않는 곳에서 인재를 찾으려 하지도 않았다. 주변에 기웃거리는 사람들만 기용하며 개혁을 외치다 보니 사회개혁에 실패했다."

11월 말, 뉴욕에서 열린 외교 관련 회의에 참석, 중국 공산주의 운동에 관한 독특한 견해를 피력했다.

"중국의 공산주의 운동은 노동자 운동이 아니다. 농민운동도 아니다. 지식분자 운동이다. 역사적으로 중국인들은 지식인을 숭상했다. 지식인들이 공산주의를 수용하자 온 국민이 따랐다. 중공의 성공에는 국민당 못지않게 지식인들이 결정적인 역할을 했다. 중공도 이 점을 잘 안다. 언젠가 지식인들을 탄압할 날이 온다."

훗날 벌어진 반우파운동이나 문혁을 보면 스튜어트만이 할 수 있는 내용이었다. 스튜어트는 100일간 30여 차례 회의에 참석했다. 피로가 누적됐다. 옌칭대학 교수였던 신시내티 대학 총장의 초청으로 특강 마치고 오던 중 열차 화장실에서 정신을 잃고 쓰러졌다. 4개월간 병원 신세를 졌다.

역사 속으로 사라진 옌칭대학

미국은 신중국을 승인하지 않았다. 대만에 새살림 차린 중화민국을 합법적인 중국 정부로 인정했다. 총통에 복귀한 장제스는 본국에 가 있던 주중대사 스튜어트의 타이베이 부임을 거절했다. 6·25전쟁 발발 이틀 전인 1950년 6월 23일, 스튜어트의 74세 생일을 하루 앞두고 주미대사 구웨이쥔이 장에게 전문을 보냈다.

주중대사 시절 옌칭대학 축제에 참석한 스튜어트.
오른쪽이 교장 루즈웨이. 스튜어트는 부양가족이 없었다.
대사 봉급을 교직원 복지와 대학축제,
학생 송년 만찬에 사용했다.

"스튜어트는 중국의 교육사업에 누구도 하지 못할 공을 세웠다. 항일전쟁 기간 일본 감옥에서 전쟁이 끝나는 날까지 고초를 겪었다. 총통 명의로 축하 화환을 보내겠다. 허락을 청한다."

장은 구의 청을 거절했다. 감찰원장 위유런이 장징궈를 불렀다.

"총통의 노여움이 아직 풀리지 않았다. 지금은 저래도 시간이 지나면 후회한다. 스튜어트는 병중이다. 네가 부친 대신 보내라."

장징궈는 평소대로 위유런의 말에 토를 달지 않았다.

스튜어트가 베이징에 설립한 옌칭대학은 자타가 인정하는 명문 대학이었다. 중공도 소홀히 하지 않았다. 동북야전군의 베이핑 진군을 앞두고 마오쩌둥이 지시했다.

"옌칭대학을 보호해라."

사령관 린뱌오에게 전문도 보냈다.

"옌칭대학 교직원, 학생들과 연합해 작전 중 손실을 감소할 방법을 의논해라."

총 한 발 안 쏘고 베이핑에 입성한 동북야전군은 옌칭대학에 좁쌀 100만 근(斤)을 기부하고 남쪽 전선으로 향했다. 신중국 성립 초기, 옌칭대학은 우대를 받았다. 베이징에서 열린 정치협상회의에 교직원 11명이 대표로 참석했다. 교장 루즈웨이(陸志韋)가 미국에 있는 스튜어트를 모셔오자고 해도 군말이 없을 정도였다.

한반도에 전쟁이 발발하자 상황이 급변했다. 미국 유엔대사 오스틴(Warren Austin)이 총회 연설에서 중국의 교육사업에 끼친 미국의 업적을 열거하며 옌칭대학을 예로 들었다. 중공이 발끈했다. 중국에 있는 미국 재산을 압류하고 예금도 동결시켰다. 옌칭대학에 벽보가 난무했다.

"미 제국주의의 문화침략을 규탄한다."

"친미(親美), 숭미(崇美), 공미(恐美) 사상을 청산하자."

스튜어트도 미국의 간첩, 인민의 적으로 둔갑했다. 교장 루즈웨이는 생명에 위협을 느꼈다. 설립자 스튜어트를 남들보다 더 강하게 비판했다.

"옌칭대학의 역사는 반동세력을 대표하는 미국 특무 스튜어트의 기록이다. 이런 대학은 없어져야 한다."

종교학과 교수의 시(詩)가 주목을 끌었다.

"스튜어트라는 물건은 달콤한 설탕으로 감싼 독약이었다. 포근한 면화(棉花) 속에 숨어, 우리의 정신을 도살한 비수였다."

1951년 2월, 중공은 미국인이 세운 옌칭대학 등 13개 교회학교를 국가에 귀속시켰다. 지식분자 사상개조 운동이 벌어졌다. 교수들이 된서리를 맞았다. 외국인들은 추방당하고, 내국인들은 비판대에 섰다. 중요 비판 대상인 루즈웨이는 "미 제국주의 간첩 스튜어트의 후계자. 제국주의자에게 충성한 문화침략의 도구"라며 직위를 박탈당했다. 1년 후, 신중국은 옌칭대학을 날려버렸다. 모든 학과를 8개 대학에 분산시켰다. 역사 속으로 사라진 옌칭대학에 베이징대학이 이주했다.

미국에 있던 스튜어트의 충격은 가늠하기 힘들 정도였다. 대륙에서 자취를 감춘 교회학교들이 대만에 둥지를 틀기 시작했다. 해외에 있던 옌칭대학 교우회가 스튜어트에게 권했다.

"대만에서 다시 시작하자."

스튜어트는 고개를 흔들었다. 이유가 분명했다.

"베이징에 있어야 옌칭대학이다."

다시 20년이 흘렀다.

냉전 시대의 외교 삼국지 6

"너 같은 낙천가는 처음 본다.
나는 낙천가를 좋아한다. 나도 낙천가다.
그간 우리는 전쟁만 했다. 외교가 뭔지 모른다.
앞으로 외교관이 필요할 날이 온다.
외교관은 너 같은 낙천가라야 한다.
낙천가를 많이 발굴해서 양성해라."

중국 외교의 주역들

"구동존이(求同存異), 다른 점은 인정하고,
같은 것을 찾기 위해 노력하자"

장제스, 패인을 분석하다

대만에 온 장제스는 800만 대군과 500만 당원을 자랑하던 국민당이 대륙에서 무너진 이유를 연구하고 분석했다. 매주 양밍산의 혁명실천연구원에 당 고급간부와 군 지휘관들을 소집했다. 귀에 못이 박이도록 같은 말을 반복했다. 내용이 자책과 반성이다 보니 설득력이 있었다.

"항일전쟁 승리 후 우리는 승리에 도취했다. 2년 안에 공산 비적들도 소탕할 수 있다는 나의 장담은 국민들에게 믿음을 주지 못했다. 국내외의 조력에도 불구하고 좌절했다."

교육정책 실패도 자인했다.

"전쟁 기간 국가의 기강이 땅에 떨어졌다. 당은 제구실을 못 하고, 군도 제 역할을 못 했다. 국민도 국민답지 못한 이유가 있다. 학교 교육이 불량했기 때문이다. 교사들이 교사의 도리를 못 하고 제자들도 스승을 불신했다."

실패의 원인도 외부에서 찾지 않았다.

"국민당은 국민을 위한 정당을 표방했다. 전쟁 승리 이래, 동지들은 타락했다. 기절(氣節)을 상실하고 50년간 이어오던 혁명 도덕을 잿더미로 만들었다."

법관 교육도 반성했다.

"법을 집행하는 사람들의 추함이 극에 달했다. 칼 들고 구걸하는, 걸인(乞人)만도 못한 행동을 서슴지 않았다. 머리 구조가 복잡하고 산만하기가 이를 데 없다. 범죄자 잡는 것보다 만드는 재주가 더 탁월하다. 제대로 가르치지 못했기 때문이다."

군의 자질도 실패의 원인으로 꼽았다.

"지휘관이란 자들이 사창가 출입과 도박, 먹고 마시는 일에 목을 맨다. 우리의 적인 공산비적은 군기가 엄격하고 지휘관들의 사고와 행동이 모범적이다. 국민혁명군의 창군 목적은 단순했다. 애국구민(愛國救民), 나라를 사랑하고 군민을 도탄에서 구하는 것이 지상목표였다. 애민은커녕, 온갖 명목으로 주둔지 주민들을 갈취하고 근심거리만 안겨주는 존재로 전락한 것이 현실이다."

지식인들을 혹독히 비난하며 중공과의 두 차례 회담도 반성했다.

"교수와 청년학생 반 이상이 중공을 감쌌다. 적의 도구 역할을 충실히 수행했다. 우리는 전쟁에서만 패한 것이 아니다. 적과의 불필요한 회담으로 실패했다. 적에게 시간만 벌어줬다."

베이징에서 장제스의 훈화 내용을 보고받은 마오쩌둥은 박장대소했다.

"모두 맞는 말이다. 알면서도 빼먹은 것이 한 가지 있다. 우리는 인민에 의지했지만 옛 친구 장제스는 미국에 너무 의존했다. 지금

대만을 방문한 미국 부통령 닉슨과 시내로 이동하는 장제스.
1953년 11월 8일, 타이베이 숭산(松山)공항.

은 나보다 미국을 더 원망할 것이 분명하다. 미국은 약한 자는 버린다."

1990년 봄, 국민정부 마지막 상하이 시장 우궈전(吳國楨)의 비서를 역임했던 황먀오쯔(黃苗子)가 홍콩에서 구술을 남겼다.

"중국국민당과 중국공산당은 중국 인민이 청나라 봉건 황조(皇朝)를 타도한 후 깃발을 올린 혁명정당이다. 이상과 신앙은 달라도 반제(反帝)와 반봉건(反封建)이라는 큰 목표는 일치했다. 장제스는 근본이 틀려먹었다. 자신이 국부로 추앙하던 쑨원의 신삼민주의(新三民主義)를 파기하고, 중공을 불공대천(不共戴天)의 원수 취급했다. 미국은 남의 싸움에 먼저 끼어드는 법이 없다. 구경만 하다 이길 만한 곳을 지원한다. 전세가 역전되면 지원 대상을 바꾸는 것이 관행이다."

등을 완전히 돌리지 않은 미국과 신중국

6·25전쟁에서 미·중 양국은 총구를 맞댔다. 신중국은 윤번제로 25개 야전군과 16개 포병사단 외에 수송사단 10개와 12개 공군사단을 투입했다. 미국도 만만찮았다. 육군과 공군의 1/3, 해군의 1/2이 한반도에서 중국 지원군과 자웅을 겨뤘다. 6·25전쟁을 계기로 미국의 대만 정책이 변했다. 대만의 국민당 정권을 지지하고 신중국의 대만 주권 주장을 부인했다. 군사고문단을 파견하고 돈과 전략물자를 쏟아부었다. 6·25전쟁 정전협정 104일 후 닉슨 부통령이 대만을 방문했다. 외교부장 예궁차오(葉公超)와의 단

독회담에서 공동방어조약 체결을 놓고 입씨름을 했다. 예는 직업 외교관은 아니었다. 개항지 광저우의 부유하고 문화가 넘치는 집 안에서 태어나 어릴 때부터 고급교육을 받았다. 열 살도 되기 전에 13경(經)이 머릿속 깊이 자리 잡았다. 대가들에게 익힌 서예와 사군자도 일품이었다. 중학 시절 학생시위 기웃거리자 조부가 기겁했다. 미국까지 데리고 가서 명문 중학에 입학시켰다. 미국과 영국 오가며 서구문화에 넋을 잃었다. 학위에는 관심이 없었다. 천하의 후스도 예궁차오 앞에서는 주눅이 들었다. 귀국 후 후스와 함께 문학잡지 『신월』(新月)을 창간했다. 영국 시절 매료됐던 T.S. 엘리엇의 「황무지」를 멋진 중국어로 소개한 최초의 중국인이었다. 닉슨은 예궁차오의 열변에 귀가 솔깃했다. 대한민국 외무장관 변영태와 미 국무장관 존 덜레스가 워싱턴에서 한·미상호방위조약에 서명한 지 1주일 후였다.

신중국과 원수가 된 미국은 베이징의 눈치를 봤다. 시간을 끌었다. 이듬해 겨울이 되어서야 대만의 자유중국 정부와 공동방어조약을 체결했다. 그사이 제네바에서 한반도와 베트남 문제를 토의하기 위한 국제회의가 열렸다. 신중국은 건국 후 처음 참여하는 국제회의에 대규모 대표단을 꾸렸다. 1954년 4월 26일부터 6월 15일까지 51일간, 6·25전쟁 참전국을 포함한 19개국의 기라성 같은 인물들이 전 국제연맹회관에 모였지만 결과는 신통치 않았다. 신중국은 참석한 보람이 있었다. 갤럽이 실시한 여론조사에서 미국인 47퍼센트가 신중국과의 우호 관계를 원했다. 적이라고 생각하는 사람은 40퍼센트였다.

미·중 공동방어조약에 서명하는 예궁차오.
1954년 12월 2일 오후, 워싱턴.

미국과 신중국은 냉전 시대에도 등을 완전히 돌리지 않았다. 키신저가 극비리에 베이징을 방문하기 전까지 제네바와 바르샤바에서 136차례 대사급 회담을 열었다.

"미국 간첩 사건은 중국의 내정문제다"

도둑질이 직업인 사람들이 같은 부류들을 더 증오하는 것처럼, 전쟁 좋아하는 사람들이 평화를 더 입에 올린다. 법과 상식 어기기를 밥 먹듯 하는 정객과 정치판 기웃거리는 지식인들도 비슷하기는 마찬가지다. 냉전 시절, 전쟁으로 입신한 강대국 지도자일수록, 입만 열면 평화를 노래했다.

냉전 초기, 엉뚱한 사건이 미국과 중국의 대화를 촉진시켰다. 1954년 11월 중국 인민최고법원이 미국 간첩 사건을 판결했다. 미국 정부는 중국주재 영국대사를 통해 중국 측에 사건 조회를 의뢰했다. 국무부는 부본(副本)을 유엔 사무총장 함마르셀드(Dag Hammarskjöld)에게 보냈다. 회원국에 배포를 요구했다. 저우언라이도 가만있지 않았다. 검찰이 작성한 기소이유서와 판결문 외에 항의 서신까지 유엔총회 의장에게 발송했다.

"미국 간첩 사건은 중국의 내정문제다. 우리의 법률은 존엄하다. 유엔이 간섭할 문제가 아니다. 적들이 매도해도 우리는 두려울 것이 없다."

저우언라이는 유엔을 이용해 문제를 해결하려는 미국의 의도를 꿰뚫고 있었다. 미국과 15개국이 연합으로 총회에 의안을 상정했다. 당시 유엔은 미국의 입김이 강했다. 12월 10일 의안이 통과되자 함마르셸드가 세 통의 전문을 연달아 저우에게 보냈다. 내용은 동일했다.

"중국을 방문하고 싶다."

16일, 중국도 두 통의 답전을 보냈다. 한 통은 간첩 사건에 대한 중국 측의 입장 설명이었다. 다른 한 통은 초청장이나 다름없었다.

"우리는 평화와 국제사회에 만연된 긴장을 완화하기 위해, 우리의 수도 베이징에서 귀하를 접대하며, 중국의 평화에 관한 대화를 나누고 싶다."

1955년 새해 벽두, 함마르셸드가 베이징에 도착했다. 중난하이 (中南海)에서 저우언라이와 네 차례 회담을 가졌다. 저우는 완강했다.

"중국은 유엔 회원국이 아니다. 미국 간첩 처리에 관한 유엔 결의안을 수용할 수 없다."

함마르셸드는 유엔헌장까지 거론하며 미국을 변호해도 저우는 담벼락이었다. 구렁이 담 넘어가는 것 같은 공동성명을 냈다.

"우리의 회담은 유익했다. 긴장 완화를 위해 계속 접촉할 수 있는 계기를 마련했다."

함마르셸드가 베이징을 떠나기 전, 중국 측이 미국 간첩들의 생활을 찍은 사진을 건넸다.

"미국의 가족들에게 전해주기 바란다."

미국 정부는 저우에게 감사편지 보내라고 가족들을 독려했다. 중국은 중국적십자회 명의로 답신을 보냈다.

"가족을 만나기 위해 중국에 올 수 있다면, 중국적십자회는 귀하

1955년 1월 5일, 중난하이에서
함마르셸드와 건배하는 저우언라이.

를 도울 준비가 되어 있다."

유엔을 동원해 중국을 압박하려는 미국의 시도는 불발됐다. 직접 접촉을 염두에 두기 시작했다. 기회는 예상보다 빨리 왔다.

영국과 인도, 미·중 만남 주선

1955년 4월 18일, 인도네시아 반둥에 아시아·아프리카 지역 29개국 수뇌가 집결했다. 일주일 동안 평화수호와 민족독립 쟁취, 민족경제 발전 등 공동의 관심사를 놓고 토론했다. 목적은 경제·문화 교류와 미국과 소련의 신식민주의 억제였다. 네루, 수카르노, 나세르 등이 명연기를 펼쳤지만, 주연은 중국(중화인민공화국) 대표단 단장 저우언라이였다. "구동존이(求同存異), 다른 점은 인정하고, 같은 것을 찾기 위해 노력하자"며 철빗장을 활짝 열었다. 반공 국가들도 안심시켰다.

"구동존이를 위해 미국과의 협상도 마다하지 않겠다."

회의 기간 중국은 미국에 성의를 보였다. 간첩 용의자 4명과 구금 중인 미군 전투기 조종사를 석방할 용의가 있다고 선언했다.

미국의 반응도 적극적이었다. 반둥회의 종결 3일 후, 국무장관 덜레스가 기자 간담회를 열었다. "중국과의 담판을 배척할 이유가 없다"며 단서를 달았다.

"대만도 참가해야 한다. 담판이 신중국을 승인하는 것은 아니다."

대통령 아이젠하워는 한 발 더 나갔다.

"담판을 통해 동아시아의 평화가 강화되기를 바란다."

국무부가 여론을 분석했다.

"저우언라이의 제의와 미국의 적극적인 반응으로 평화에 대한 희망이 다시 일어나기를 다들 고대한다."

영국과 인도가 미·중 양국의 만남을 주선하겠다고 나섰다.

저우는 영국과 인도 측에 같은 말을 되풀이했다.

"우리는 미국과 담판을 원한다. 국민당과도 담판을 하고 싶다. 두 가지 담판은 연관이 있지만 성질은 판이하다. 전자는 국제성 담판이다. 미국의 간섭을 포기시키는 것이 담판 목적이다. 미국은 대만과 대만해협에 있는 무장병력을 철수해야 한다. 후자는 내정성(內政性) 담판이다. 중국 중앙정부와 대만에 있는 국민당 집단 간의 종전과 평화통일 문제를 놓고 담판을 진행해야 한다. 대만해방 방법은 두 가지가 있다. 하나는 평화적 방식이고, 다른 하나는 전쟁 방식이다. 가능하다면 우리는 평화적으로 대만을 해방시키고 싶다."

부부관계를 예로 들었다.

"국가 대사도 가정일과 다를 바 없다. 이혼하기도 어렵지만, 다시 결합하기는 더 어렵다. 재결합에 성공한 후 벌어질 일은 겪어본 사람이 아니면 모른다."

영국은 중국의 태도를 미국에 전달했다. 미국 정부도 영국을 통해 중국에 제의했다.

"중·미 쌍방의 대사급 대표가 제네바에서 회담을 거행하자."

미국의 목적은 억류자를 포함한 교민의 안전한 귀국이었다. 중국이 동의하자 성명을 발표했다. 찬성이 대부분이었지만 중국 승인은 반대한다는 의견도 만만치 않았다. 마오쩌둥이 회담 대표로 폴란드 대사 왕빙난(王炳南)을 낙점했다. 미국은 체코슬로바키아 대사 존슨(Ural Alexis Johnson)을 내세웠다.

회담에 임하는 미국 정부의 속내는 복잡했다. 어쩔 수 없이 응한 회담이었다. 성과를 기대하지 않았다. 중국의 영향력 확대도 우려했다. 회담대표 존슨이 국무장관 덜레스에게 기간이 얼마나 소요될지 물었다. 덜레스는 "길어야 3개월"이라며 낯을 찡그렸다. 15년을 끌 줄은 상상도 못 했다. 곡절이 많았다.

타고난 외교관 왕빙난

1995년 가을, 베이징의 스자후퉁(史家胡同)에서 차오관화(喬冠華)의 부인 장한즈(章含之)에게 이런 말을 들었다.

"냉전 시절 중국 외교의 주역은 저우언라이와 천이(陳毅) 원수, 차오관화였다."

왕빙난에 관해 물었더니 입을 다물었다. 사연이 있는 것 같아 더 이상 묻지 않았다. 미안했던지 헤어질 때 몇 마디 해줬다.

"왕빙난 부장은 저우 총리의 그림자였다. 중·미 대사급 회담의 중국 측 대표를 9년간 역임했다. 담판의 고수였다. 중·미 관계 개선에 큰 업적을 남겼다."

과장이 심하다는 생각은 잠시였다. 닉슨과 키신저의 중국 방문을 체험하고, 유엔 대표까지 역임한 노부인의 말이다 보니 무게가

중·미 대사급 회담장의 왕빙난(왼쪽 둘째)과 존슨(오른쪽 둘째).
1955년 8월, 제네바.

있었다.

왕빙난은 18세 생일날 시안에 있는 중공 지하당을 제 발로 찾아
갔다. 주둔군(西北軍) 사령관 양후청(楊虎城)의 친구였던 부친 덕을
봤다. 낮에는 국민당 시안시 선전부장 행세하고, 해가 지면 공산당
지하공작에 열중했다. 양은 장제스에게 불만이 많았다. 하루는 평
소 눈여겨보던 왕에게 짓궂은 질문을 던졌다.

"장제스를 어떻게 생각하느냐?"

대답이 엉뚱했다.

"사람을 믿지 않는다고 들었다. 사실이라면 은혜를 망각하고 배
신을 밥 먹듯 했기 때문이다. 지금은 승천할 기세지만 말로가 좋을
리 없다. 하늘 문턱까지 갔다가 나락으로 떨어질 수밖에 없다."

듣기를 마친 양의 두 눈이 휘둥그레졌다. 왕에게 해외 유학을 권
했다.

"돈 걱정하지 말고 외국 친구 많이 사귀도록 해라."

왕은 일본을 거쳐 유럽으로 갔다. 베를린에 거처를 정하고 유럽
각국을 제집처럼 드나들었다. 학생조직에 가입하고 국제반제동맹
(國際反帝同盟)에도 이름을 올렸다. 칭송이 자자했다.

"왕빙난은 외교관 자질을 타고났다. 하고 싶은 말 다해도 상대방
의 기분을 상하게 한 적이 없다."

1935년 일본의 중국 침략이 가속화되자 왕빙난은 귀국했다. 중
공은 왕의 국제적 감각을 높이 샀다. 중공주재 코민테른 대표 자격
으로 시안에 파견했다. 당시 시안에는 양후청의 서북군과 장쉐량

의 동북군이 주둔하고 있었다. 장과 양이 연합해 장제스를 감금, 중공과 항일전쟁을 치르자고 촉구한 시안사변에서 왕빙난이 무슨 역할을 했는지는 밝혀진 적이 없다. 국·공합작으로 기사회생한 마오쩌둥이 공로를 치하하는 친필서신 보낸 사실로 짐작만 가능할 뿐이다. 시안에 와서 장제스와 담판한 저우언라이의 극찬은 입에 침이 마를 정도였다.

"빙난은 내 수하가 아니다. 내가 의지하는 친구다. 내 왼팔이고 오른팔이다. 나의 귀와 눈, 혀 역할도 혼자서 다 했다."

왕빙난, 제네바 회담 선발대 인솔

항일전쟁 시절 왕빙난은 저우언라이가 지휘하는 중공 남방국에서 외교업무를 전담했다. 외국 기자들은 왕만 만나면 받아 적기에 바빴다. 중공 근거지 옌안에 미군시찰단을 끌어들이고 벽안의 기자들이 옌안을 활보하게 만든 것도 왕빙난이 아니면 불가능했다. 마오쩌둥은 왕의 담판과 선전 능력을 높이 샀다. 전쟁 승리 후 장제스와 담판하기 위해 충칭에 왔을 때 비서로 임명했다. 마오는 왕이 안배한 문화인과 민주인사들 만나며 진면목을 과시했다. 항간에 떠돌던 이상한 소문들을 불식시켰다. 충칭을 떠나던 날 마오는 왕의 등을 두드리며 격려했다.

"너 같은 낙천가는 처음 본다. 나는 낙천가를 좋아한다. 나도 낙천가다. 그간 우리는 전쟁만 했다. 외교가 뭔지 모른다. 앞으로 외교관이 필요할 날이 온다. 외교관은 너 같은 낙천가라야 한다.

제네바 공항에 도착한 저우언라이. 회색 코트 차림이 대표단 비서장 왕빙난.
저우와 왕 사이가 장정 시절 중공 총서기를 역임한 장원톈(張聞天).

낙천가를 많이 발굴해서 양성해라.”

　6·25전쟁 정전협정 후, 미국과 중국의 적대관계는 극에 달했다. 1954년 4월 26일, 한반도와 인도차이나 문제를 토론하기 위한 정치회담이 제네바에서 열렸다. 중국은 외교부장을 겸하던 저우언라이와 부부장 겸 중앙군사위원회 정보국장 리커눙을 필두로 대표단을 짰다. 판문점 정전회담을 막후에서 지휘한 리커눙이 저우에게 건의했다.

　“미국과 접촉할 수 있는 좋은 기회다. 나는 중국어 외엔 할 줄 아는 말이 없다. 서구에 아는 사람이 많고 국제관계에 정통한 왕빙난을 전면에 내세우자.”

　저우도 같은 생각이었다. 마오쩌둥도 무릎을 치며 찬성했다.

　“폴란드 대사가 공석이다. 회담을 마치면 부임시켜라. 대표단 비서장 자격으로 선발대를 인솔해 제네바로 보내라. 푸서우창(浦壽昌)과 장원진(章文晉)도 선발대에 투입해라. 중국은 큰 나라다. 대표단은 많으면 많을수록 좋다. 각 분야의 전문가 200명 정도는 돼야 나라 체면이 선다.”

　저우가 가볍게 이의를 제기했다.

　“장원진은 독일 유학생 출신이다. 영어에 독일어 억양이 강하다.”

　마오가 손사래를 쳤다.

　“장원진은 명문 집안에서 태어나 좋은 교육을 받았다. 옌안 시절 조악한 의상에 몇 달간 세수 안 해도 귀태가 넘쳤다. 푸서우창은 하

버드대학에서 학위를 받았다. 미국 측에서 먼저 접근할 가능성이
있다."

회의 시작 이틀 전, 1954년 4월 24일 오후, 중국대표단 200명을
태운 항공기 두 대가 제네바 공항에 도착했다. 소련대표 몰로토프
가 리커눙과 왕빙난에게 중요한 정보를 줬다.

"사석에서 미 국무차관 월터 스미스와 대화를 나눴다. 미국의 중
국 정책이 비현실적이라며 투덜댔다."

왕빙난은 스미스의 행동을 주시했다. 회의 마지막 전날 바에서
차를 마시던 중 스미스가 칵테일 잔 들고 푸서우창에게 가는 것을
보고 깜짝 놀랐다.

닉슨의 의중

"우리는 소련과 미국의 모순을 이용할 방법을 찾아야 한다.
삼국시대, 유비는 손권과 연합해 조조에 대항했다."

마오, 미국과 소련에 대응할 묘책 찾기

1955년에 시작된 중·미 대사급 회담은 합의를 도출하기 힘들었다. 1969년 1월 반공주의자 닉슨이 미국 대통령에 선출되자 양국 관계는 더 얼어붙었다. 취임 1주일 후 열린 기자간담회에서 뉴욕타임스 기자가 손을 들었다.

"공산 중국과의 관계를 개선할 의향이 있는지 궁금하다."

닉슨은 단호했다. 중국의 적대 행동을 열거했다. 여지도 남겼다.

"저들이 변하기 전에 우리의 정책이 변할 일은 없다."

당시 중국은 문혁 3년째, 미 제국주의와 소련 수정주의 타도로 온 중국이 난리를 떨 때였다.

중국 외교부도 성명을 냈다. "조국을 배신하고 도망친 전 네덜란드 주재 외교관 랴오허수(廖和淑)를 미 중앙정보국이 미국으로 빼돌렸다. 중국 인민과 전 세계 인민은 역대 미국 정부의 의발(衣鉢)을 계승한 닉슨 정부의 의도를 똑똑히 봤다"며 2월 20일로 예정된 135차 중·미 대사급 회담 불참을 선언했다.

닉슨은 월남전쟁을 확대시켰다. 취임 3개월 후 주월 미군이

50만 명에서 53만 5,000명으로 늘어났다. 미군 폭격기와 함정이 수시로 중국 영공과 영해에 나타났다 사라지곤 했다. 중국은 엄중한 경고가 고작이었다. 소련도 중국을 건드렸다. 우수리강에 있는 작은 섬 전바오다오(珍寶島)에서 소련 변방군이 중국 변방군을 기습했다. 사상자가 발생한 중국은 소련에 항의했다. 무지막지한 말도 서슴지 않았다. 소련 정부의 대응도 강경했다.

"원래 우리 영토다. 중국 변방군이 우리 땅에 침입했다. 공격도 중국 측이 먼저 했다."

소련은 여론 매체를 총동원했다. "중국 군대가 국경선을 넘어왔다"며 국내외에 선전 공세를 퍼부었다. 미국주재 소련대사가 미 국무장관 로저스에게 전바오다오 사건을 상세히 설명했다는 보도가 나가자 중국도 발끈했다. 열흘간 27개 성과 자치구에서 소련 규탄 시위가 벌어졌다. 연인원 4억 명이 동원된 인류 역사상 최대 규모의 시위였다. 소련도 18개 도시에서 중국을 성토하는 시위대가 거리를 메웠다. 모스크바에서는 성난 시민 10만 명이 중국 대사관을 에워싸고 중국 타도를 외쳐댔다.

복잡한 배경 속에 중국공산당 9차 전국대표자대회가 열렸다. 회의는 미 제국주의와 소련 수정주의 비판으로 일관했다. 특이한 점이 있었다. 2년 전 문혁의 와중에서 밀려난 천이(陳毅), 녜룽전(聶榮臻), 쉬샹첸(徐向前), 예젠잉(葉劍英) 등 4명의 개국 원수(元帥)가 중앙위원으로 복귀했다. 회의를 마친 마오쩌둥이 원수들에게 두 가지 임무를 줬다.

"각자 베이징에 있는 공장에 가라. 말단 조직에서 작업하며 사업

1969년 겨울, 전바오다오를 수비 중인
중국 변방군의 훈련 모습.

을 지도해라. 천이의 책임하에 공동으로 국제정세를 연구해서 서면으로 보고해라. 구체적인 내용은 저우언라이에게 들어라."

저우는 주도면밀했다. 외교부와 외사 관련 기관에 있는 전문(電文)과 정보자료 외에 미국, 대만, 홍콩, 일본의 주요 언론에 보도된 중국 관련 기사를 원수들에게 배부했다. 일 할 공장도 직접 선정했다. 천이는 차량 수리공장, 예젠잉은 신화 인쇄창, 쉬샹첸은 차량 부품공장, 네룽전은 화공약품 공장에 배정했다. 공장 책임자들에게도 지시했다.

"매주 화요일부터 목요일까지 3일간 원수들의 노동과 휴식시간, 음식, 안전, 직공들이 원수들을 대하는 태도에 만전을 기해라. 궁금한 점은 예의를 갖춰 물어보고, 원수들의 질문에 성실히 답해라."

원수들은 나머지 4일간은 국제관계 자료를 열람하고 매달 두 번 토론회를 열었다.

홍위병들에게 혼이 나고 현직에서 쫓겨난 원수들은 국제정세를 연구하라는 마오 주석의 의도를 이해하기 힘들었다. 연구 결과가 주석의 심의를 거친 9차 대회 결의 내용과 다를 경우 보고서를 작성할 일도 난감했다. 마오도 원수들의 우려를 알고 있었다. 저우언라이를 통해 연구의 필요성을 전달했다.

"주관적 인식은 객관적 실제와 부합해야 한다는 것이 나의 일관된 생각이다. 객관적 실제는 부단히 발전하고 변하는 속성이 있다. 주관적 인식도 발전과 변화에 부응해야 한다. 기존의 생각이나 결론도 부분적으로, 혹은 전부 바꿔야 될 시점이 있다. 지금 국제사회는 복잡하다. 모든 역량을 비판, 투쟁, 개조에 치중하다 보니 국제문제에 소홀했다. 네 사람은 전략과 안광(眼光)이 뛰어난 원수들이다. 눈에 보이지 않는 곳에서 일어나는 일에 대처할 수 있도록, 성숙한 방법으로 나를 보좌해라."

주의사항도 구두로 전했다.

"토론 내용은 비밀에 부쳐라. 토론에 타인의 참가는 불허한다. 비서들을 대동하지 마라. 입이 싸고 자신을 원수들과 대등하게 보는 습관이 있다. 밖으로 새나가면 홍위병들이 원수들에게 무슨 난동을 부릴지 모른다. 보조 인원은 국제문제에 정통한 캐나다 대사 슝샹후이(熊向暉) 한 사람만 배정한다. 미·중·소 삼각관계를 세밀히 살피고 대처 방안을 강구해라."

원수들은 매주 4일간 저우언라이에게 공급받은 자료에 매달렸다. 외국어에 능통한 슝샹후이는 외국자료 번역으로 낮과 밤이 따로 없었다. 같은 자료를 봐도 해석은 제각각이었다. 격렬한 토론이 벌어졌다. 서로 반박하고 설득하다 보니 다들 녹초가 됐다. 토론회는 여섯 차례, 총 17시간이 걸렸다. 일치된 의견을 천이가 정리했다. 중·미관계 부문만 소개한다.

"미국은 중국과 소련의 모순을 이용하려 하고, 소련은 중국과 미국의 모순을 이용하려 한다. 우리는 소련과 미국의 모순을 이

신중국은 파키스탄과 우의가 돈독했다. 1963년 3월 베이징을 방문한
파키스탄 대통령 아유브 칸(오른쪽 둘째)과 외무장관 알리 부토를
접견하는 마오쩌둥. 왼쪽 첫째가 천이.

용할 방법을 찾아야 한다. 삼국시대, 유비는 손권과 연합해 조조에 대항했다. 지금 국제정세는 삼국시대와 다를 바 없다. 중국은 태평양을 사이에 둔 미국과 연합해 국경을 마주한 소련을 견제해야 한다. 닉슨이 루마니아 대통령 차우셰스쿠와 파키스탄 대통령 아유브 칸과 나눈 대화를 보면 미국도 중국을 더 이상 적대시할 이유가 없다는 결론에 이르렀다. 멀리 떨어진 루마니아보다 우리와 우의가 돈독하고 거리도 가까운 파키스탄을 통해 미국에 접근하는 것이 현명하다."

중·소 접경지 전바오다오의 유혈사태

1960년대 중엽, 소련은 전략무기 개발에 매진했다. 1969년 닉슨이 대통령에 취임할 무렵 미국에 접근할 정도였다. 1965년에서 69년까지 미국의 대륙간탄도미사일(ICBM)은 854개에서 1,054개로 증가한 반면 소련은 270개에서 1,050개로 늘어났다. 1년 후 소련이 1,300개로 급증해도 미국의 보유량은 변함이 없었다. 월남전도 골칫거리였다. 812억 달러를 쏟아부어도 끝이 보이지 않았다. 염증을 낸 평화요구와 반전시위가 그칠 날이 없었다. 경제문제도 심각했다. 1968년에 4퍼센트였던 통화팽창률이 69년 5.6퍼센트, 70년엔 6.5퍼센트까지 상승했다.

문혁의 소용돌이에 빠진 중국도 난장판이었다. 세계혁명이라는 황당한 관념에서 출발한 혁명이다 보니 "제국주의 타도, 현대수정주의 타도, 각국 반동파 타도"가 기본 구호였다. 홍위병들이 인도, 버마, 인도네시아 대사관을 때려 부수고 영국 대사관 격인 베이징

주재 연락사무소를 잿더미로 만들어버렸다. 파장이 컸다. 수교를 맺은 40여 개국 중 30개국과 분규가 그치지 않았다. 단교를 선언한 국가도 한둘이 아니었다. 마오쩌둥이 "현재 우리는 고립됐다. 우리를 이해할 사람이 없다"고 통탄할 정도였다. 1969년 5월 1일 노동절, 외국 사절들 만난 자리에서 관계 회복과 대사 파견을 통보했다. 적도기니, 남예멘, 칠레, 캐나다, 이탈리아 등과 외교 관계를 수립해 국제사회에 체면이 섰다.

국제환경이 호전돼도 소련과 미국과의 관계는 낙관적이지 않았다. 60년대 초 소련과 이념논쟁이 벌어진 이래 소련의 태도는 날이 갈수록 강경일변도였다. 소련공산당 기관지 『프라우다』가 중국을 "세계혁명운동의 적"이라며 깎아내렸다. 마오쩌둥은 단순한 필전(筆戰)이 아니라고 직감했다. 예상이 적중했다. 1969년 3월, 소련이 '유한주권론'(有限主權論)을 주장하며 전바오다오에서 유혈사태를 일으켰다. 미국은 기회를 놓치지 않았다. 같은 해 7월 21일, 미국 시민의 중국 여행과 중국 물품구입 제한을 방관한다고 선언했다. 3일 후 중국도 화답했다. 불법으로 월경(越境)한 두 명의 미국인을 풀어줬다. 아시아 순방길에 오른 닉슨의 발언도 주목을 끌었다.

"미국은 소련이 제의한 아시아 집단안전체제 건립에 동의하지 않는다. 중국을 고립시키려는 어떤 조직에도 참여할 계획이 없다."

소련 수상 코시긴과 저우언라이의 전격 회담

생각하지도 않았던 일이 벌어졌다. 9월 3일 새벽, 월남민주공화국(월맹) 주석 호찌민이 하노이에서 세상을 떠났다. 당시 월맹은 중·소 양국과 우의가 돈독했다. 소련이 수상 알렉세이 코시긴의 조문과 영결식 참석을 발표하자 서구 언론이 베이징을 주시했다. 신화통신이 총리 저우언라이의 하노이 파견을 발표하자 코시긴과 만나 무슨 대화를 나눌지 온갖 예측이 난무했다. 9월 4일 하노이에 도착한 저우는 오래 머무르지 않았다. 청년 시절 프랑스에서 처음 만나 수십 년간 우의가 지속된 호찌민의 영전에 20분간 침통한 표정으로 머리 숙였다. 월맹의 실질적인 지도자 레주언과 수상 팜반둥에게 조문을 표한 후 베이징으로 돌아갔다. 코시긴과는 만나지 않겠다는 의미였다. 9월 9일에 열릴 영결식 참석은 부총리 리셴녠(李先念)을 단장으로 대표단을 따로 꾸렸다. 저우를 만나지 못한 코시긴은 리와의 대화도 성사시키지 못했다.

소련 측이 팜반둥에게 부탁했다.

"귀국길에 베이징을 경유하고 싶다. 중국 측에 통보해주기 바란다."

소련 대표단 통역이 구술을 남겼다.

"코시긴은 온건파였다. 중국과의 무력 충돌을 바라지 않았다. 연락 오기를 기다렸지만 팜반둥에게 걸었던 기대도 허사였다. 귀국길에 올랐다. 타지키스탄 수도 두샨베에 도착해 늦은 저녁 먹던 중 코시긴에게 전화가 왔다. '중국이 소련 항공기의 중국 상공 경유를 허락했다. 저우언라이가 베이징 공항에서 코시긴 수상과 만나고 싶어한다'는 내용이었다. 코시긴은 일행 중 다섯 명과 함께 베이징으로 향했다."

중국 측 기록도 소개한다.

"팜반동의 연락을 받고 중앙 정치국원들이 한자리에 모였다. 코시긴을 만나지 말자는 주장이 우세했다. 결과를 보고받은 마오는 심사(深思)와 숙고(熟考)를 반복했다. 코시긴의 접대를 비준하며 강조했다. '양국 총리들끼리 공항에서 만나라'. 코시긴은 시베리아를 경유해 베이징으로 왔다."

9월 11일 오전, 베이징 공항에 도착한 코시긴은 저우언라이와 3시간 40분간 회담했다. 저우가 먼저 입을 열었다. 4년 전 코시긴의 중국 방문을 회상했다.

"당시 우리는 이념논쟁으로 서로를 모욕하고 매도할 때였다. 코시긴 동지가 마오 주석에게 논쟁이 언제 끝날 것 같냐고 물었다. 주석은 만 년이 지나야 끝난다. 오늘 코시긴 동지를 보니 천 년으로 줄어들었다며 기뻐했다. 지금 주석은 더 당겨지기를 기대한다. 우리 변방군이 소련을 공격했다는 주장은 터무니없다. 중국은 문화대혁명 중이다. 전쟁을 일으킬 겨를이 없다. 핵무기 수준도 초보 단계다. 우리의 핵기지 공격은 침략이다. 끝까지 저항할 준비가 되어 있다. 변방문제는 평화적으로 해결해야 한다."

코시긴도 소련의 입장을 설명했다.

"그간 논쟁이 모욕으로 변하고, 해서는 안 될 말까지 주고받았다. 관계가 단절되고 분노가 극에 달해 무력 충돌까지 발생했다. 긴장 관계 해소는 빠를수록 좋다."

저우언라이와 코시긴은 양국 관원들끼리 회담을 진행하자고 합의했다. 의제가 간단하면서도 복잡했다. 사태가 묘하게 전개될 줄

1969년 9월 11일 베이징 공항에서 저우언라이(앞줄 오른쪽 첫째)와
회담을 마친 코시긴(앞줄 가운데).

은 상상도 못 했다.

브레즈네프의 대중국 강경책 고집

1969년 9월 11일, 베이징공항에서 열린 저우언라이와 소련 수상 코시긴의 회담은 팽팽했다. 실무자 회담과 대사 교환 재개만 합의했다. 점심시간은 예외였다. 오찬을 담당했던 인민대회당 주방장이 회고를 남겼다.

"주메뉴는 카오야, 오리구이였다. 공항까지 운반하다 보니 제맛이 안 났다. 중국 특유의 양념장에 볶아서 내놨다. 코시긴은 최고라며 하라쇼를 연발했다. 얼떨결에 만든 요리를 코시긴이 극찬했다는 소문이 퍼졌다. 한 음식점이 코시긴의 음역(音譯)인 커스진(柯西金)에 오리(鴨)를 붙인 요리를 선보였다. 중국인들이 즐겨 먹는 커스진야(柯西金鴨)는 이렇게 탄생했다."

소련 공산당 서기장 레오니트 브레즈네프는 코시긴과 저우언라이의 합의에 동의하지 않았다. 대중국 강경책을 고집했다. 영국주재 공보관에게 은밀히 손을 쓰라는 암호 전문을 보냈다. 회담 2주후, 런던 유명 언론의 보도에 세계가 들썩거렸다.

"소련이 중국의 핵실험 기지를 폭격할 가능성이 있다. 미국도 소련 134개 도시와 중요 군사시설, 도로, 기업을 목표로 핵 타격 계획을 진행 중이다."

10월 1일 밤, 코시긴이 브레즈네프에게 국가보안위원회(KGB)가 수집한 정보를 보고했다.

"중국의 미사일 기지가 전쟁상태에 들어갔다. 미국도 중국의 이익이 자신들과 부합됨을 분명히 했다. 이미 우리와의 핵전쟁 계획을 수립했다."

브레즈네프는 의외라는 표정을 지었다. 미국주재 소련대사에게 전화를 걸었다.

"사실 여부를 확인해라."

주미대사의 보고는 구체적이었다.

"안보보좌관 키신저를 만났다. 중국의 이익이 미국의 이익과 밀접한 관계가 있다는 것이 닉슨 대통령의 의중이다. 중국을 공격하려면 3차 세계대전을 감수해야 한다."

브레즈네프는 중국과 상극이던 미국이 결정적인 시점에 중국 편을 들지도 모른다는 점을 간과했다. "그간 미국에게 농락당했다"며 개탄했다. 미국은 소련이 최대의 적이라는 생각을 바꿔본 적이 없었다.

마오쩌둥도 저우언라이와 코시긴의 합의를 무시했다. 인력과 물자를 분산시켰다. 1년간 베이징이 술렁거렸다. 마오는 우한으로, 린뱌오는 쑤저우로 거처를 옮겼다. 베이징의 지도급 인사들도 서쪽의 산간지역으로 이동했다. 시내에는 저우언라이와 총참모장 황융성(黃永勝)만 남고 다수의 원로들은 베이징에서 광저우까지 연결되는 중요 지역으로 보냈다. 전쟁 준비가 끝나자 베이징대학도 이전을 서둘렀다. 전국의 과학 인재들이 운집해 있는 과기대학은 일찌감치 안후이(安徽)에 터를 잡았다.

미·중 관계 회복에 나선 닉슨

미국은 기회를 놓치지 않았다. 동유럽 주재관들이 중국 외교사절과 접촉을 시도했다. 소련과 밀접한 국가가 대부분이었다. 중국 애기만 나오면 딴소리하기 일쑤였다. 화장실 갔다가 안 오는 경우도 많았다. 닉슨이 직접 나섰다. 1970년 10월 25일, 백악관 집무실에서 중국 방문을 앞둔 파키스탄 대통령 야히아 칸에게 당부했다.

"미·중 관계 회복이 중요한 시점이다. 베이징에 고위 관리를 극비리에 파견하고 싶다. 최종 목표는 우호 관계 수립이다. 내 말을 베이징 측에 구두로 전달해주기 바란다."

11월 10일 베이징, 저우언라이와 회담을 마친 야히아 칸이 저우에게 다가갔다.

"할 말이 있다."

2주 후, 야히아 칸은 워싱턴 주재 파키스탄 대사를 통해 저우의 구두 답신을 닉슨에게 전달했다.

"중국 영토 대만에 주둔 중인 미군 철수 문제를 토의하기 위한, 닉슨 대통령 특사의 베이징 방문을 환영한다."

12월 16일, 닉슨도 답신을 보냈다.

"중화인민공화국과 미국 간에는 풀어야 할 문제들이 많다. 대만 문제도 그중 하나다. 동아시아와 태평양 지구의 긴장 상태가 완화되면, 그 지역의 미군을 감소시키는 것이 미국의 정책이다."

파키스탄을 통한 양국의 서신 왕래가 시작됐다. 전 주영대사 지자오주(冀朝鑄)가 구술을 남겼다.

아유브 칸의 뒤를 이은 파키스탄 대통령 야히아 칸(오른쪽)은
닉슨의 중국 방문을 위한 키신저의 베이징 극비방문에 큰 역할을 했다.

"주고받은 서신은 시작도 없고 끝도 없는, 본론뿐이었다. 날짜나 시간도 적혀 있지 않았다. 주로 영문을 사용했다. 인쇄된 것도 간혹 있었지만 손으로 쓴 것이 대부분이었다. 번역은 항미원조 정전 담판 시절 개성에서 속기사로 함께 일했던 전 포르투갈 대사 궈자딩(過家鼎)과 국제사회에 낸시탕으로 널리 알려진 주석의 통역 탕원성(唐聞生)이 주로 했다."

서신 왕래는 순조롭지 않았다. 월남전이 라오스와 캄보디아로 번지자 중국이 가만있지 않았다. 미국의 인도차이나 반도 침략과 전쟁 확대를 공개적으로 비난했다. 서신 왕래도 중단됐다. 비난 문구가 예전과 달랐다. 미 제국주의 타도만 요란했다. 닉슨에 대한 공격은 한마디도 나오지 않았다.